Demokratie heute 1
Politik und Wirtschaft

Hessen

Dieter Deiseroth

Nicole Sauer-Happ

Heinz-Ulrich Wolf

Reinhard Ziegler

Schroedel

Demokratie heute 1
Politik und Wirtschaft
Hessen

bearbeitet von
Dieter Deiseroth, Nicole Sauer-Happ,
Heinz-Ulrich Wolf, Reinhard Ziegler
in Zusammenarbeit mit der Verlagsredaktion

mit Beiträgen von
Alfons Brockhausen, Dr. Detlef Eichner, Olaf Eineder,
Marc Gollon, Dr. Jelko Peters, Antje Ungerer

Zu diesem Schülerband sind lieferbar:
Lehrerhandreichungen mit Kopiervorlagen
(Bestell-Nr. 978-3-507-11011-3)
Digitale Lehrermaterialien / CD ROM
(Bestell-Nr. 978-3-507-11014-4)

 Schroedel aktuell — Unterrichtsmaterialien zu aktuellen Themen aus den Bereichen Politik und Wirtschaft finden Sie unter: *www.schroedel-aktuell.de*

© 2010 Bildungshaus Schulbuchverlage
Westermann Schroedel Diesterweg Schöningh
Winklers GmbH, Braunschweig
www.schroedel.de

Druck A [1]/ Jahr 2010
Alle Drucke der Serie A sind im Unterricht parallel
verwendbar.

Redaktion: Dieter Deiseroth, Niederaula
Herstellung: Corinna Herrmann, Frankfurt a. M.
Umschlaggestaltung: Jürgen Kochinke, Holle
Grafiken: Langner & Partner, Hemmingen
Illustrationen: H.-J. Feldhaus, Münster;
D. Griese, Hannover
Satz: O & S Satz GmbH, Hildesheim
Druck und Bindung: westermann druck GmbH,
Braunschweig

ISBN 978-3-507-**11007**-6

Liebe Schülerinnen, liebe Schüler,

Demokratie heute ist euer neues Buch für den Unterricht im Fach Politik und Wirtschaft. Dieser Band 1 enthält sechs Hauptkapitel: Das Leben in der Schule gestalten, Zusammenleben in der Familie, Leben in der Gemeinde, Suchtgefährdung, Umweltschutz, Jugend und Recht. Ihr könnt mit dem Buch viel über politische und wirtschaftliche Sachverhalte lernen.

Jedes Hauptkapitel besteht aus mehreren Kapiteln. So beinhaltet zum Beispiel das erste Hauptkapitel „Das Leben in der Schule gestalten" die beiden Kapitel „Zusammenleben in der Schule" und „Mitbestimmung und Mitgestaltung". Die Kapitel sind in Teilkapitel gegliedert, die jeweils aus einer Buchseite oder zwei Buchseiten bestehen. Die einzelnen Sachverhalte werden euch somit in überschaubaren Einheiten vermittelt.

Jedes Kapitel endet mit der zusammenfassenden Seite „Das Wichtige in Kürze". Dort steht kurz und einprägsam, was ihr auf jeden Fall wissen solltet. Die Seite „Das Wichtige in Kürze" kann euch auch bei der Bearbeitung vieler Aufgaben helfen und später zur Wiederholung dienen.

Die beiden Seiten „Weißt du Bescheid?" am Schluss jedes Hauptkapitels bieten euch zudem die Möglichkeit, den eigenen Wissensstand zu überprüfen. Verschiedene Formen von Rätseln, Fragenkataloge und die Auswertung von Karikaturen sorgen dafür, dass das nicht langweilig wird.

Besonderes Augenmerk legt *Demokratie heute* auf methodenorientiertes Lernen. Auf blau unterlegten Seiten werden die folgenden Methoden vorgestellt und erklärt: Rollenspiel, Befragung, Erstellen einer Mind Map, Grafiken erstellen, Karikaturen auswerten, Erkundung, Expertenbefragung, Planspiel, Textauswertung, Brainstorming, Plakate gestalten, Grafiken und Statistiken auswerten, WebQuest, Pro-Kontra-Diskussion, Beobachtung, Karikaturenrallye, Umfrage, Info-Ausstellung.

Das Internet bietet für die Arbeit im Fach Politik und Wirtschaft unendlich viele Informationen. Zur schnelleren Orientierung ist auf der folgenden Seite eine Auswahl an hilfreichen Adressen zusammengestellt.

Am Ende des Buches findet ihr ein ausführliches Stichwortverzeichnis mit Seitenverweisen und Begriffserklärungen. Greift auf diese Seiten zurück, wann immer es euch hilfreich erscheint.

Wo dieses Zeichen steht, sind Aufgaben in einer bestimmten Form schriftlich zu beantworten. In das Buch dürft ihr auf keinen Fall schreiben! Deshalb müsst ihr die vorgegebenen Tabellen, Übersichten oder Rätsel auf ein Blatt übertragen oder das Arbeitsblatt benutzen, das euch eure Lehrerin oder euer Lehrer aushändigt.

Die Autoren

Das Leben in der Schule gestalten

Hessisches Kultusministerium .... www.kultusministerium.hessen.de

Landesschülervertretung Hessen .... www.lsv-hessen.de

Webportal Schülermobbing .... www.schueler-mobbing.de

Mobbing in der Schule .... www.schueler-gegen-mobbing.de

D.A.S. Rechtsportal (Streitschlichtung, Mobbing) .... www.das-rechtsportal.de

Zusammenleben in der Familie

Bundesministerium für Familie, Senioren, Frauen und Jugend .... www.bmfsfj.de

Hessisches Ministerium für Arbeit, Familie und Gesundheit .... www.sozialministerium.hessen.de

Shell Jugendstudie .... www.shell-jugendstudie.de

Deutsches Kinderhilfswerk e.V. .... www.kindersache.de

Verband alleinerziehender Mütter und Väter, Bundesverband e.V. .... www.vamv.de

Familienpolitik .... www.familienpolitik.de

Leben in der Gemeinde

Hessischer Städte- und Gemeindebund .... www.hsgb.de

Hessischer Landkreistag .... www.hessischerlandkreistag.de

Hessisches Landesportal .... www.hessen.de

Hessische Landeszentrale für politische Bildung .... www.hlz.hessen.de

Suchtgefährdung

Bundesarbeitsgemeinschaft Kinder- und Jugendschutz .... www.jugendschutz-in-stichworten.de

Hessische Landesstelle für Suchtfragen .... www.hls-online.org

Alkohol- und Suchtselbsthilfe e.V. Darmstadt .... www.ass-darmstadt.de

Bundeszentrale für gesundheitliche Aufklärung .... www.bzga.de

Umweltschutz

Hessisches Ministerium für Umwelt, Energie, Landwirtschaft und
Verbraucherschutz .... www.hmuelv.hessen.de

Hessisches Landesamt für Umwelt und Geologie .... www.hlug.de

Bundesministerium für Umwelt, Naturschutz und Reaktorsicherheit . www.bmu.de

Umweltbundesamt .... www.uba.de

Lexikon der Nachhaltigkeit .... www.nachhaltigkeit.info

Bundesverband Erneuerbare Energie e.V. .... www.bee-ev.de

Deutsche Umwelthilfe e.V. .... www.duh.de

BUND (Bund für Umwelt und Naturschutz Deutschland) .... www.bund.net

NABU (Naturschutzbund Deutschland e.V.) .... www.nabu.de

GREENPEACE .... www.greenpeace.de

Jugend und Recht

Bundesministerium der Justiz .... www.bmj.de

Hessisches Ministerium der Justiz, für Integration und Europa .... www.hmdj.hessen.de

Bundesarbeitsgemeinschaft Kinder- und Jugendschutz .... www.jugendschutz-in-stichworten.de

Jugendschutz im Internet .... www.jugendschutz.net

Polizeiliche Kriminalprävention der Länder und des Bundes .... www.polizei-beratung.de

Das Leben in der Schule gestalten

In der Schule seid ihr tagtäglich mit vielen anderen zusammen. Ein harmonisches Schulleben und eine gute Klassengemeinschaft sind für den angestrebten Lernerfolg bedeutsam. Deshalb ist es wichtig, dass ihr miteinander auskommt. Niemand darf einfach machen, was er will. Jeder muss wissen, was er tun darf und was nicht. Damit das Zusammenleben in der Klasse und in der Schule möglichst reibungslos funktioniert, sind Regeln notwendig, wie Entscheidungen getroffen und Konflikte gelöst werden sollen.

Die folgenden Buchseiten beschäftigen sich mit dem Leben in der Schule und gehen unter anderem auf diese Fragen ein:

■ Was ist für das Zusammenleben in der Schule und insbesondere in der Klasse wichtig?

■ Wie können Konflikte vermieden und bereits entstandene Konflikte gelöst werden? Welche Aufgabe haben Streitschlichterinnen und Streitschlichter?

■ Welche Möglichkeiten haben Schülerinnen und Schüler, ihre Interessen zu vertreten? Welche Rolle spielt dabei die SV?

■ Welche Rechte und welche Pflichten haben Schüler und Schülerinnen? Wie können sie das Schulleben mitgestalten?

■ Welche Eigenschaften sollte ein Klassensprecher, eine Klassensprecherin mitbringen?

■ Wie war die Schule früher? Was sagen ältere Menschen zu ihrer Schulzeit damals?

Die Klassengemeinschaft ....

Susanne: Herr Baumann hat einfach gesagt, ich wäre ab jetzt die Verantwortliche für das Klassenbuch. Warum muss gerade ich mich darum kümmern? Die anderen tun gar nichts!

Timo: Eigentlich finde ich die Klasse okay. Mir gefällt aber nicht, dass ich neben Alan sitzen muss. Ich würde lieber neben Patrick sitzen. Mit dem verstehe ich mich viel besser als mit Alan.

Michael: Gruppenarbeit finde ich blöd. Immer, wenn wir als Gruppe etwas machen sollen, geht der Streit los. Franco tut gar nichts und Dominik spielt sich als der große King auf, der alles besser weiß.

Claudia: Melanie, Yvonne und Daniela – die drei denken wohl, sie sind die Tollsten. Ständig hängen sie in den Pausen zusammen, tuscheln über die anderen und giften sie an.

Mirko: In unserer Klasse gibt es oft Streit. Ich wäre lieber in der 7c, die haben schon einen Klassenausflug gemacht. Wir seien viel zu undiszipliniert für so etwas, sagt Frau Rath, unsere Lehrerin.

Mona: Ich bin froh, dass ich neben Claudia sitze, wir sind richtig gute Freundinnen. Einige Mädchen in der Klasse schneiden mich, die sind neidisch, dass ich bessere Noten als sie habe.

Unser Klassenporträt

Jede Schülerin und jeder Schüler eurer Klasse bringt zunächst ein Porträtfoto mit in den Unterricht.

Dann klebt jede Schülerin ihr und jeder Schüler sein Foto in die Mitte eines größeren Blattes und zeichnet um das Foto herum Sprechblasen. In diese Sprechblasen schreibt jeder hinein, was er den anderen über sich selbst mitteilen möchte, zum Beispiel:

- Hobby
- Lieblingsbücher
- Lieblingsfilme
- Erwartungen an die Klasse
- ...

Zum Schluss werden alle Blätter unter der Überschrift „Unsere Klasse" auf einem langen Streifen Packpapier aufgeklebt und im Klassenzimmer ausgehängt. So habt ihr ein Klassenporträt, auf dem sich jede Schülerin und jeder Schüler vorstellt.

Diese Aussage finde ich … Mädchen ◯ Junge ◯	falsch	eher falsch als richtig	eher richtig als falsch	richtig
1. Die Klasse hat kaum einen Zusammenhalt.				
2. An Diskussionen im Unterricht nehmen immer nur wenige Schülerinnen und Schüler teil.				
3. Wenn die Lehrerin oder der Lehrer nicht in der Klasse ist, geht es drunter und drüber.				
4. Es gibt mehrere Schülerinnen und Schüler bei uns, die immer die Antwort zuerst geben wollen.				
5. Hier in der Klasse kümmert sich keiner um den anderen.				
6. In dieser Klasse werden von den Schülerinnen und Schülern oft Vorschläge zur Verbesserung des Unterrichts gemacht.				
7. In dieser Klasse kann man viel lernen.				
8. In unserer Klasse herrscht ein guter Klassengeist, also ein Gefühl der Zusammengehörigkeit.				
9. Ein Teil der Klasse träumt im Unterricht meistens vor sich hin.				
10. In dieser Klasse dauert es lange, bis man Freunde findet.				
11. Einige Schülerinnen und Schüler unserer Klasse sieht man in den Pausen oft allein.				
12. Im Unterricht arbeitet fast immer die gesamte Klasse mit.				
13. Noten spielen bei uns in der Klasse eine große Rolle.				
14. Viele Schüler der Klasse sind miteinander befreundet.				
15. In dieser Klasse sieht jeder in seinem Mitschüler einen Gegner.				
16. In unserer Klasse wurde schon öfter etwas zusammen geplant und unternommen.				

Wie ist unsere Klasse?

Die Tabelle enthält Aussagen zum Verhalten von Schülern in der Klasse. Benutze das Arbeitsblatt oder übertrage die Tabelle auf ein Blatt Papier. Es reicht auch aus, von jeder Aussage nur die Nummer zu notieren. Beurteile dann diese Aussagen. Gib auf dem Blatt keinen Namen an. So kann jeder ehrlich das ankreuzen, was für ihn zutrifft. Lediglich durch ein „J" oder „M" könnt ihr festhalten, ob die Bewertung von einem Jungen oder von einem Mädchen stammt.

Wenn ihr alle Bewertungen an der Tafel zusammenfasst, lässt sich erkennen, ob es in eurer Klasse Probleme gibt. Erstellt die Zusammenfassung an der Tafel in Form von Strichlisten. Unterscheidet dabei farblich zwischen den Angaben von Jungen und Mädchen. So erkennt ihr, ob die Jungen und Mädchen bestimmte Punkte unterschiedlich beurteilen.

1 _In jeder Klasse kann es Probleme geben. Welche werden in den Äußerungen der Schülerinnen und Schüler auf Seite 8 deutlich?_

2 _Macht Vorschläge, wie man diese Probleme lösen könnte._

3 _Erstellt in eurer Klasse ein „Klassenporträt"._

4 _Zur Tabelle: Geht vor, wie im Kasten beschrieben. Besprecht dann anhand der Ergebnisse, ob es in eurer Klasse Probleme gibt und wie sie möglicherweise abgebaut werden können._

Verhalten in der Klasse..

Situation 1

Vanessa will sich an ihren Gruppentisch setzen, allerdings fehlt ein Stuhl. Am benachbarten Gruppentisch ist ein Stuhl noch nicht besetzt.

A Vanessa nimmt sich den Stuhl und sagt: „He, Leute, den brauche ich!"
B Vanessa wendet sich an die am Gruppentisch Sitzenden: „Hallo, Tom, hallo, Denise! Kann ich den Stuhl nehmen? Anne fehlt heute, da braucht ihr ihn doch nicht – oder?"
C Vanessa zieht den Stuhl wortlos zu sich herüber.

Situation 2

Kathi braucht zum Unterstreichen einen Rotstift, hat aber keinen dabei. Sie sagt zu ihrer Nachbarin:

A „Hast du einen Rotstift für mich?"
B „Christina, ich habe keinen Rotstift, möchte aber schnell etwas unterstreichen. Gibst du mir deinen, bitte?"
C „He, her mit dem Rotstift!"

Situation 3

Wladimir will hinten im Klassenzimmer zwischen dem Bücherregal und einem Gruppentisch durchgehen. An der engen Stelle blättert Florian gerade in einem Buch. Wladimir sagt:

A „Aus dem Weg!"
B „Florian, lässt du mich bitte mal durch?"
C „Hallo, Florian, Platz machen!"

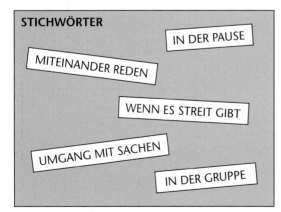

STICHWÖRTER

IN DER PAUSE

MITEINANDER REDEN

WENN ES STREIT GIBT

UMGANG MIT SACHEN

IN DER GRUPPE

Wenn Menschen zusammenleben und zusammenarbeiten, kann nicht jeder machen, was er will. Deshalb muss verabredet werden, wie man sich in bestimmten Situationen verhalten soll. Solche Regeln sind auch in der Schule wichtig.

Eine Klassenordnung enthält Regeln für das Verhalten der Schülerinnen und Schüler einer Klasse untereinander und während des Unterrichts. Klassenordnungen können unterschiedlich sein, denn es kommt darauf an, was Lehrer und Schüler einer bestimmten Klasse verabredet haben – oft nur mündlich, manchmal auch schriftlich.

UNSERE KLASSENORDNUNG

- Wenn eine Schülerin oder ein Schüler Geburtstag hat …
- Am Morgen beginnt der Unterricht damit, dass …
- Wer die Hausaufgaben nicht erledigt hat, der …
- Am Ende des Unterrichts …
- Das Abwischen der Tafel …
- Kommt eine Schülerin oder ein Schüler zu spät zum Unterricht …
- Betritt während des Unterrichts eine andere Person das Klassenzimmer …
- Unter den Bänken …
- An die Wände im Klassenzimmer …
- Muss eine Schülerin oder ein Schüler während des Unterrichts auf die Toilette …
- In den Pausen soll im Klassenzimmer …
- Wenn eine Schülerin oder ein Schüler einen anderen beschimpft …
- Gesprochen werden darf während der Stillarbeit …
- Essen und Trinken …
- Für die Ordnung im Klassenzimmer …
- Jacken, Anoraks und andere Kleidungsstücke …
- Die Pflanzen im Klassenzimmer …
- Herumrennen im Klassenzimmer …
- Wer im Unterricht etwas sagen will …
- Die Fenster dürfen …

Unsere Klassenordnung

1. _____
2. _____
3. _____
4. _____
5. _____
6. _____
7. _____
8. _____
9. _____
10. _____

Diskussion der Klassenordnung

1   Entscheide für jede der drei Situationen, welche der angegebenen Möglichkeiten du jeweils für die beste
    hältst. Begründe deine Auswahl.
2   Entwickelt aus den Stichwörtern Regeln für gutes Verhalten in der Klasse.
3   Formuliert aus den Satzanfängen eine Klassenordnung, die für euch gelten soll. Überlegt dabei: Welche
    Regelungen würdet ihr weglassen, welche noch hinzufügen?

Wohin beim Klassenausflug? ....

Die 7b besteht aus 15 Schülerinnen und 13 Schülern. Klassenlehrer ist Herr Käuper. Als er der Klasse für den Monat Juni einen Ausflug ankündigt, sind alle begeistert. Auf seine Frage, wohin es denn gehen soll, melden sich viele zu Wort.

Denise: Ich bin dafür, dass wir eine Burg besichtigen. Im Fernsehen läuft gerade die Serie „Burgen in unserem Land". Das ist sehr interessant.

Sebastian: Burgen sind langweilig. Ich will lieber Action! Am besten wir machen eine Wanderung zu einem Freibad und verbringen dort den Tag.

Nicole: Freibad? Und vorher noch wandern? Das ist ja wie Sportunterricht. Warum fahren wir nicht nach Kassel? Dort können wir ins Kino gehen.

Dirk: Kino? Das ist doch kein Klassenausflug! Das kann ich auch mit meinen Eltern machen.

Boris: Du vielleicht – ich nicht! Meine Eltern gehen nie ins Kino. Ich finde, ein Kinobesuch mit der ganzen Klasse ist eine prima Idee.

Udo: Die Kinovorstellungen sind aber erst am Nachmittag. Und was machen wir bis dahin?

Nicole: Das ist doch kein Problem. Wir können uns die Läden anschauen und Eis essen gehen.

Yvonne: Läden anschauen? So was Blödes! Da finde ich Sebastians Vorschlag mit dem Freibad viel besser. Das macht wenigstens Spaß!

Jan: Ich bin für die Burg.

Mirko (laut): Ich will ins Freibad!

Julia (lauter): Nein, nach Kassel!

Herr Käuper: Halt, halt! Wenn alle schreien, wird das nichts. Jetzt müssen wir zuerst einmal überlegen, wie die Frage nach dem Ausflugsziel entschieden werden soll.

Nicole: Herr Käuper soll das entscheiden. Als Klassenlehrer weiß er das doch am besten. Er muss den Ausflug ja auch organisieren.

Timo: Das ist doch ganz einfach: Wir stimmen ab! Jeder hat eine Stimme. Wir machen dann das, wofür es die meisten Stimmen gibt. Die anderen müssen sich damit eben abfinden.

Abstimmung nach Mehrheit? Wir sind 28 – wenn dann 11 für das Freibad sind, 9 fürs Kino und 8 für die Burg, dann haben 11 die Entscheidung getroffen. Aber 17 sind überstimmt worden. Wenn wir abstimmen, müsste wirklich die Mehrheit der Klasse für ein Ziel sein – mindestens also 15.

Laura

Es sollten aber doch möglichst viele mit dem Ausflugsziel einverstanden sein. Bei einer Abstimmung kann es 15 gegen 13 ausgehen. Das ist zwar die Mehrheit, aber wenn 13 mit dem Ziel unzufrieden sind, dann wäre das nicht gut. Abstimmung ja, aber es sollten mindestens 19 Stimmen für einen Vorschlag sein, damit die Entscheidung auch wirklich überzeugend ausfällt.

Matthias

So eine Abstimmung bringt bloß Streit. Nachher giften sich alle gegenseitig an, nur weil ihr Ziel nicht gewonnen hat. Ich finde, das Ausflugsziel sollten die Klassensprecherin und ihr Stellvertreter mit Herrn Käuper ausmachen. Wozu haben wir sie denn als unsere ständigen Vertreter gewählt?

Andreas

Abstimmen? Ich weiß nicht. Eigentlich möchte ich auf die Burg. Aber Sebastian, Mirko und die anderen wollen ins Freibad. Wenn die sehen, dass ich für die Burg stimme, dann fallen die nachher bestimmt über mich her.

Sabrina

Herr Käuper: Nicole und Laura haben zwei Entscheidungswege vorgeschlagen, bei denen nicht abgestimmt wird und Mehrheiten keine Rolle spielen. Timo, Andreas und Sabrina haben Vorschläge für unterschiedliche Abstimmungsverfahren gemacht. Wir müssen uns jetzt auf ein Verfahren verständigen …

1 *Welcher der fünf Entscheidungswege ist deiner Meinung nach der beste? Begründe!*
Notiere auch, was dir an den anderen Vorschlägen nicht gefällt.

2 *Was würdest du Matthias sagen? Schreibe stichwortartig auf.*

Mobbing unter Schülern

Aus einem Mobbing-Blog

Hallo,
... Bin die Jüngste in der Klasse. In unserer Klasse wurde schon immer jemand gemobbt. Das Mädel, das sie als letztes gemobbt haben, war etwas dick und ist dann von der Schule gegangen .... Nun haben sie seit 2 Jahren begonnen, das auch mit mir zu machen. Sie machen sich über mich lustig, dass ich dumm wäre, langweilig, hässlich und stinke. Machen sich lustig, dass ich bei „Wer kennt wen?" kaum Freunde habe und schreiben fiese Sachen auf die Pinnwand. Schubsen mich auf dem Schulhof. Als ich einem eine CD geliehen habe, um irgendwie Freunde zu kriegen, hat er die CD vor meinen Augen kaputt gemacht und alle haben gelacht. Habe darauf hin geweint (eigentlich mehr vor Wut, habe mich aber zusammengerissen, damit sie nix merken), sie haben aber trotzdem gelacht, und nun nennen sie mich Heulsuse.

Warum sie es machen, weiß ich nicht. Bin eigentlich normal im Aussehen und eher unauffällig. Vermute, dass es etwas damit zu tun hat, dass ich nicht weggehe. Die anderen gehen immer Freitag weg oder in Vereine und meine Eltern erlauben mir nicht wegzugehen. Auf Partys darf ich auch höchstens bis 10 Uhr (und das auch nur unter Stress), während die anderen bis 12 Uhr. Die anderen glauben das nicht. Mittlerweile würde ich mich auch nicht trauen, dahin zu gehen. Hätte Angst, dass sie mich sehen. ...

Meine Mutter ist auch keine Hilfe. Sie ... versteht die Probleme nicht. Sie meinte, ich solle mich vor die anderen stellen und sagen, dass ... ich mit ihnen nichts zu tun haben will. Das ist aber nicht meine Art und ich traue mich auch nicht. Habe jetzt schon schwitzige Hände, wenn ich nur daran denke. ... Was kann ich jetzt am besten tun?

(www.blog.schueler-mobbing.de/category/schueler/ 02.03.2009)

Was ist Mobbing?

Mobbing ist viel mehr als nur jemanden hin und wieder hänseln, mit jemandem raufen oder andere ärgern. Von Mobbing spricht man, wenn jemand an einer anderen Person wiederholt und über längere Zeit herabsetzende und ausgrenzende Handlungen verübt. Dabei wird die Kluft zwischen Täter und Opfer nach jedem Übergriff größer: Der Mobber fühlt sich noch mächtiger, das Opfer fühlt sich immer mehr erniedrigt. (...)

In den allermeisten Fällen wird nicht nur auf eine Art gemobbt: Schlagen, treten, üble Gerüchte, Schimpfwörter, fiese E-Mails... – in der Regel sind Mobbing-Opfer vielen unterschiedlichen Angriffen und Erniedrigungen ausgesetzt. Und wozu dienen diese Schikanen? Mobber wollen nur eines: Sie wollen ihre Stellung in der Gruppe festigen. Indem sie wehrlose Opfer einschüchtern und ihnen immer mehr Angst einjagen, demonstrieren sie ihre Stärke und Macht. (...)

(http://mobbing.seitenstark.de/... 26.02.2009)

Mobbing – was tun?

„Ich würde mich vor das Opfer stellen und den Mobbern sagen, dass sie damit aufhören sollen."

„Ich würde Verbündete unter meinen Mitschülern suchen, um mit ihnen gemeinsam gegen das Mobbing vorzugehen."

„Ich würde es einem Lehrer sagen und ihn um Hilfe bitten."

„Ich würde es den Eltern sagen, damit sie etwas gegen das Mobbing tun."

1   *Das Mädchen berichtet, wie es von Mitschülern gemobbt wird. Notiere typische Situationen.*

2   *„Zwischen Schülern gibt es immer mal Streit! Heute nennt man das Mobbing." Was meinst du zu dieser Aussage?*

3   *Im Kasten „Mobbing – was tun?" werden vier Möglichkeiten genannt, auf Mobbing zu reagieren. Wie siehst du diese Möglichkeiten? Notiere jeweils deine Meinung.*

4   *Erkunde die beiden angegebenen Internetseiten: Was ist dir neu? Was findest du besonders hilfreich?*

MOBBING SCHLUSS DAMIT!
Eine Aktion von Seitenstark.de

www.schueler-mobbing.de
http://mobbing.seitenstark.de

Wie löst man Konflikte? ....

Konflikte gehören zum Zusammenleben von Menschen dazu. Es ist ganz natürlich, wenn Menschen unterschiedliche Meinungen und Interessen haben oder verschiedene Ziele verfolgen. In demokratischen Gesellschaften besitzen die Menschen dazu das Recht und die Freiheit. Bei der Austragung von Konflikten in einer demokratischen Gesellschaft ist es aber notwendig, dass die Beteiligten

– auf die Anwendung von Gewalt verzichten,
– den Konfliktgegner respektieren,
– seine Interessen, Ansichten und Ziele tolerieren,
– fair miteinander umgehen.

Was ist ein Konflikt?	Jeder von uns hat schon einmal mit Freunden oder in der Familie ... ① ... gehabt. Meistens beginnt es so, dass man unterschiedliche ... ② ... hat und sich nicht
Problem Dauerkonflikt Streit Meinungen	einigen kann. Der Begriff „Konflikt" kommt vom lateinischen Wort „confligere", das „zusammenschlagen" oder „zusammenprallen" bedeutet. Bei einem Konflikt gibt es zwischen Menschen, einzelnen Gruppen oder Staaten ein ... ③ ... , das für alle Beteiligten wichtig ist und geklärt werden muss. Es gibt Konflikte, die sich über Jahre immer mehr verstärken und ganze Regionen oder Staaten in einen Dauerstreit (... ④ ...) bis hin zum Krieg bringen.

(aus: Gerd Schneider / Christiane Toyka-Seid: Politik-Lexikon für Kinder, S. 160 f. Hg.: Bundeszentrale für politische Bildung, Bonn 2006)

10 Regeln zur Vermeidung oder Lösung von Konflikten

1 Nimm den anderen ernst und höre ihm zu!
2 Sage, was du empfindest und welche Meinung du hast! Tue nicht so, als ob nur du Recht haben kannst!
3 Begründe deine Meinung sachlich, mache dabei den anderen nicht schlecht!
4 Stelle den anderen nicht als dumm oder böse hin! Gehe davon aus oder hoffe, dass auch er den Konflikt vermeiden oder eine Lösung finden will!
5 Beschreibe auch das Verbindende und nicht nur das Trennende! So kannst du am besten überzeugen.
6 Wende dich gegen das Unrechte! Nimm aber auch einmal einen „Gegenstoß" hin, ohne gleich gekränkt zu sein!
7 Fürchte den anderen nicht! Tue auch nicht so, als ob es um Leben oder Tod ginge.
8 Humor ist oft die beste Entgegnung, wenn der andere unfair ist.
9 Wenn du einen eigenen Irrtum einsiehst, dann scheue dich nicht, ihn zuzugeben!
10 Unterlasse persönliche Angriffe gegen Dritte, die sich nicht wehren können und mache sie nicht lächerlich! Setze sie nicht herab, um selbst als der Größte erscheinen zu können!

Gesprächsanfang 1

Niklas: Hallo Florian, ich habe vorhin bemerkt, wie du die ganze Zeit bei mir abgeschrieben hast.
Florian: Ist das schlimm? Das machen doch viele.
Niklas: Ich finde das nicht fair. Im Sportunterricht kann ich nämlich bei dir auch nicht abschreiben.
Florian: Im Sport geht's halt nicht.
Niklas: Ja, da hast du Recht, aber deshalb muss ich in Fächern wie Mathe ausgleichen, sonst geht's ungerecht zu.
Florian: Ach, so siehst du das?
Niklas: ...

Gesprächsanfang 2

Niklas: Glaubst du, ich würde in Mathe so viel lernen, damit du dann bei mir abschreiben kannst?
Florian: Blödes Geschwätz! Man wird wohl noch abschreiben dürfen, wenn der Lehrer nichts merkt.
Niklas: Du bist ein richtiger Schmarotzer: Nichts lernen, und dann abschreiben!
Florian: So kann nur so ein Streber wie du daherreden.
Niklas: ...

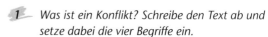

1 Was ist ein Konflikt? Schreibe den Text ab und setze dabei die vier Begriffe ein.
2 Bei welchem der beiden Gesprächsanfänge wurden die „10 Regeln ..." beachtet, bei welchem nicht? Schreibe zu dem Anfang, bei dem sie beachtet wurden, eine Fortsetzung.

Methode: Rollenspiel

Thema: Konflikte ....

Beim Rollenspiel übernimmt man eine Rolle und spielt das Verhalten eines anderen in einer vorgegebenen Situation. Ein Rollenspieler versetzt sich also in die Lage eines anderen und versucht, dessen Interessen und Ansichten im Spiel zu verdeutlichen. Durch Rollenspiele können im Unterricht menschliche Verhaltensweisen dargestellt, beobachtet und besprochen werden.

Vorbereitung

Die Ausgangslage wird gemeinsam erörtert und dabei auch besprochen, welche Ansichten, Wünsche usw. zu den Rollen gehören, die dann gespielt werden. Dann werden die Rollen verteilt, am besten auf Gruppen in der Klasse. Jede Gruppe überlegt sich für ihre Rolle Argumente, Verhaltensweisen usw. Die Gruppe wählt dann eine Spielerin oder einen Spieler. Manchmal gibt es auch Rollenkarten mit genaueren Hinweisen, wie die jeweilige Rolle zu spielen ist. Die nicht am Rollenspiel beteiligten Schüler und Schülerinnen erhalten Beobachtungsaufträge.

Durchführung

Die Szene wird möglichst ohne Unterbrechung gespielt. Die anderen beobachten das Spiel und machen sich Notizen.

Auswertung

Zunächst äußern Spieler und Beobachter das zum Spielablauf, was ihnen besonders aufgefallen ist. Dann werden die Ergebnisse der Beobachtungen ausgetauscht. Aufgrund der Besprechung kann es sinnvoll sein, das Rollenspiel zu wiederholen, zum Beispiel auch mit anderen Spielern.

Fall 1

Mustafa, Henrik und Sabine haben heute eine Stunde früher aus.
Jetzt stehen sie vor der Schule zusammen.

S: Ich habe noch keine Lust nach Hause zu gehen – da bin ich doch nur allein.

M: Meine Mutter kommt auch erst um 13 Uhr. Aber was könnten wir denn tun?

H: Wir könnten doch ins „Kauf-Center" gehen.

M: Was soll ich denn im „Kauf-Center"? Ich habe kein Geld.

H: Na und? Du kommst auch ohne Geld an der Kasse vorbei.

S: Verstehe ich nicht.

H: Ach – tut doch nicht so blöd.
Wir haben halt „aus Versehen" etwas eingesteckt.

M: Moment – sollen wir vielleicht im „Kauf-Center" klauen gehen?

H: Mann, reg' dich ab. Tommy hat gesagt, das würde richtig Spaß machen. Und außerdem zahlt alles die Versicherung!

S: Und wenn sie uns erwischen?

H: Den Tommy haben sie noch nie erwischt.

S: So eine Sonnenbrille wie Petra hätte ich auch gerne. Aber 33,95 € …

H: Na, dann lass sie eben mitgehen. Die schreiben ja immer:
„Greifen Sie zu …"

M: Aber das ist doch Diebstahl!

H: Ach, du bist ja nur zu feige!

M: Diebstahl hat mit Mut überhaupt nichts zu tun.
Und jetzt will ich dir mal etwas sagen …

Fall 2

Vor etwas mehr als einem Jahr ist die 13-jährige Svantje mit ihren Eltern in den neuen Stadtteil umgezogen. Am Anfang fiel es ihr nicht leicht, Freunde zu finden. Vor gut einem halben Jahr hat sie jedoch Anschluss an eine Clique gefunden, die sich regelmäßig in der Fußgängerzone trifft. Sie reden dann über Filme und ihre Stars, gehen Pommes frites essen und vertreiben sich so die Zeit. Seit einiger Zeit rauchen Timo, Lea und Angrit, die zur Clique gehören. Sie bieten auch Svantje immer wieder Zigaretten an, die diese bisher abgelehnt hat. Beim letzten Mal bemerkte Lea: „Stell dich doch nicht so an!"

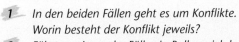

1 In den beiden Fällen geht es um Konflikte.
Worin besteht der Konflikt jeweils?

2 Führt zu einem der Fälle ein Rollenspiel durch.

Streitschlichtung durch Schüler ....

Auszüge aus einem Gespräch mit einem
Streitschlichter und einer Streitschlichterin

Ruben und Ann-Sophie

*Ann-Sophie und Ruben – ihr beide
seid Streitschlichter. Wie wird man
das denn?*

*Wir sind von unserer Beratungslehrerin angesprochen
worden. Sie hat erklärt, worum es bei der
Streitschlichtung geht. Dann hat sie gefragt,
wer dabei mitmachen will.
Da haben wir uns gemeldet.*

*Wir haben dann mit der Sozial-
arbeiterin eine Schulung gemacht.
Da haben wir erfahren, wie man
ein Schlichtungsgespräch führt
und eine Lösung finden kann.*

Wie läuft eine Streitschlichtung ab?

*Eine Streitschlichtung läuft ungefähr so ab: Aus
irgendeinem Grund bekommen zwei Schüler Streit
miteinander. Sie wenden sich dann an uns
Streitschlichter und wir machen mit ihnen einen
Termin für ein Treffen aus.*

*Wenn wir uns dann mit den beiden Streit-
hähnen treffen, erklären wir zuerst die Regeln.
Und dass es das Ziel der Schlichtung ist, dass
beide mit dem Ausgang zufrieden sind. Es gibt
also weder Gewinner noch Verlierer.*

*Dann kann jeder der Streitenden erzählen,
wie er den Fall sieht. Wichtig ist, dass dabei
keiner den anderen unterbrechen darf.
Wir Streitschlichter stellen nur Fragen,
wenn wir etwas nicht verstanden haben.*

*Danach fordern wir beide auf,
Vorschläge zur Lösung des
Konflikts aufzuschreiben. Dabei
soll jeder auch notieren, was er
selbst zu tun bereit ist.*

*Und wie kommt man
dann zu einer Lösung?*

*Das ist das Schwierigste. Wir vergleichen
die Lösungsvorschläge und versuchen dabei,
das Gespräch so zu führen, dass beide
Seiten sich am Ende auf eine gemeinsame
Lösung einigen.*

> *Gibt es auch eine Kontrolle, ob die Schlichtung erfolgreich war?*

> *Ja. Wir machen einen Termin aus – vielleicht eine oder zwei Wochen später – und dann fragen wir, ob sich beide an die Vereinbarung gehalten haben.*

Ruben

> *Welche Arten von Streitereien können denn von euch geschlichtet werden?*

> *Wir können uns nur mit kleineren Streitereien des Schulalltags befassen. Größere Streitereien, Gewalt, kriminelle Sachen oder Ähnliches gehören nicht in die Schülerschlichtung.*

Ann-Sophie

1 Marcel regt sich auf, weil Adina in sein Deutschheft gezeichnet hat.

2 Nicole ist wütend auf Herrn Rückert. Sie findet, dessen Note im Englisch-Test sei ungerecht.

3 Andreas fordert von Jan zwei Euro. Sonst bekomme er von ihm nach dem Unterricht Prügel.

4 Marc versteckt in den Pausen immer wieder Dinge von Anette, zum Beispiel ihr Stifteetui. Darüber regt sich Anette ziemlich auf.

5 Katharina streitet sich mit Sonja. Sie glaubt, Sonja habe den Brief, den sie von Benjamin erhalten hat, laut vor allen in der Klasse vorgelesen.

6 Zwischen deutschen und ausländischen Schülern gibt es Ärger. Vor dem Unterricht kam es zu einer Schlägerei. Dabei wurde Eldin verletzt.

Streitschlichtung: Streitschlichter und Streithähne an einem Tisch

1 Gibt es an eurer Schule Streitschlichter? Was wisst ihr über deren Arbeit?

2 Welche der sechs Fälle sind für eine Streitschlichtung durch Schüler geeignet, welche nicht? Begründe.

3 Streitschlichtung durch Schüler – wie ist deine Meinung dazu?

Das Wichtige in Kürze

Zusammenleben in der Schule

In der Familie ist heute ein Kind oft ein Einzelkind oder hat nur ein Geschwisterteil. Anders in der Schule: Hier muss man lernen, mit vielen anderen Kindern auszukommen. In eine Klasse gehen Schülerinnen und Schüler mit unterschiedlichen Erwartungen, Fähigkeiten und Voraussetzungen. Trotz der Unterschiede sollen alle miteinander auskommen und eine Gemeinschaft bilden.

Entscheidungen treffen

In einer Gemeinschaft müssen immer wieder Entscheidungen getroffen werden. Am häufigsten ist die Mehrheitsentscheidung. Es kann aber auch sein, dass einer allein oder eine kleinere Gruppe für die anderen entscheidet. Wichtig ist, dass das Entscheidungsverfahren vorher verabredet worden ist.

Mobbing

Mobbing in der Schule zeigt sich meist darin, dass einige in der Klasse einen Mitschüler oder eine Mitschülerin durch Beschimpfungen, üble Streiche oder Ausgrenzung fertigmachen wollen. Die Mobber wollen so ihre Macht zeigen. Je offener in einer Klasse über Mobbing gesprochen wird, desto geringer ist die Gefahr, dass gemobbt wird.

Lösung von Konflikten

Immer wieder kann es zu Konflikten kommen: zwischen einzelnen Schülerinnen und Schülern oder zwischen verschiedenen Gruppen von Schülern. Wichtig ist, dass solche Konflikte nicht mit Gewalt ausgetragen werden, sondern dass man darüber spricht. Damit Konflikte durch Gespräche gelöst werden können, sind Kompromissbereitschaft und Toleranz wichtig. Beides kann man leichter zeigen und zur Geltung bringen, wenn man bestimmte Regeln zur Lösung von Konflikten kennt.

Streitschlichter

In vielen Schulen gibt es Streitschlichter. Ältere Schülerinnen und Schüler helfen jüngeren Schülerinnen und Schülern, ihre Konflikte durch Gespräche und Vorschläge zur Verständigung zu lösen.

Matthias (15) und Sandra (16) engagieren sich in ihrer Schule freiwillig als Streitschlichter. Die ein oder andere „Gedankenstütze" an der Wand erinnert die beiden daran, wie ein stockendes Gespräch wieder in Schwung gebracht werden kann.

Welche Rechte und Pflichten hat die einzelne Schülerin, der einzelne Schüler?

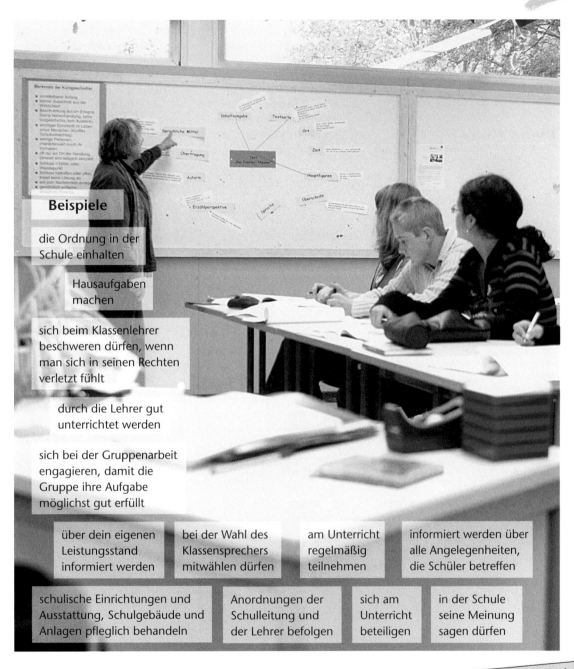

Beispiele

die Ordnung in der Schule einhalten

Hausaufgaben machen

sich beim Klassenlehrer beschweren dürfen, wenn man sich in seinen Rechten verletzt fühlt

durch die Lehrer gut unterrichtet werden

sich bei der Gruppenarbeit engagieren, damit die Gruppe ihre Aufgabe möglichst gut erfüllt

über dein eigenen Leistungsstand informiert werden	bei der Wahl des Klassensprechers mitwählen dürfen	am Unterricht regelmäßig teilnehmen	informiert werden über alle Angelegenheiten, die Schüler betreffen
schulische Einrichtungen und Ausstattung, Schulgebäude und Anlagen pfleglich behandeln	Anordnungen der Schulleitung und der Lehrer befolgen	sich am Unterricht beteiligen	in der Schule seine Meinung sagen dürfen

1   *Bei welchen Beispielen handelt es sich um Rechte der einzelnen Schülerin bzw. des einzelnen Schülers, bei welchen um Pflichten? Notiere in deinem Heft in einer Tabelle.*

2   *Welche weiteren Rechte und Pflichten fallen dir ein? Notiere sie ebenfalls.*

Rechte	Pflichten

Wer wird Klassensprecher oder Klassensprecherin? ....

Mir würde es Spaß machen, Klassensprecherin zu sein. Ich kann gut reden. Und ich setze mich auch gerne für andere ein.

Wenn die mich als Kandidat vorschlagen, lasse ich mich streichen. Wäre doch peinlich, wenn ich bei der Wahl nur wenige Stimmen bekommen würde. Petra würde sich dann sicher über mich lustig machen.

Ich will nicht Klassensprecherin werden. Warum denn gerade ich? Wenn ich gewählt werde, müsste ich auch zu den Sitzungen der Schülervertretung, vielleicht sogar in der Freizeit. Nein danke – ohne mich.

Ich finde es gut, dass es einen Klassensprecher oder eine Klassensprecherin gibt. Die können etwas für uns erreichen. Es ist doch wichtig, dass jemand den Lehrern sagt, was die Klasse will oder was ihr nicht passt.

Was heißt das denn: „Der Klassensprecher vertritt die Interessen der Schüler?" – Soll ich mich etwa für die anderen mit Frau Baumann anlegen und mit ihr herumstreiten? Dann bekomme ich am Ende schlechte Noten – und die anderen lachen sich eins ins Fäustchen.

Ich werde mich aufstellen lassen, auch wenn ich nicht weiß, ob ich gewählt werde. Wenn jeder „nein" sagt, gibt es keine Auswahl. Am Ende wird dann doch nur der coolste Typ oder das hübscheste Mädchen gewählt.

Sprecht in der Gruppe über die Ansichten der Schülerinnen und Schüler. Welche entsprechen eurer Meinung, welche nicht?

....Wahl des Klassensprechers bzw. der Klassensprecherin

Jan kommt aus der Schule nach Hause. Mit einem „Hallo, Mutti!" verschwindet er in seinem Zimmer. Offenbar ist er nicht gut gelaunt. „Gab's Ärger in der Schule?", ruft seine Mutter ihm noch nach.

Kurze Zeit später kommt Jan in die Küche und hadert: „Ach, diese blöde Klassensprecherwahl – und ich lasse mich überreden zu kandidieren … Christian meinte, ich könne doch immer so gut Streit schlichten. Saskia hat mir ebenfalls zugeredet. Und dann habe ich bei der Wahl verloren."

„Und wer ist gewählt worden?" – „Ausgerechnet Stefani, dieses Großmaul, diese Zicke, die andere nicht zu Wort kommen lässt."

„Demokratie ist Demokratie! Da entscheidet eben die Mehrheit." – „Und die zweithöchste Stimmenzahl hat Hanna bekommen, wieder ein Mädchen. Die ist jetzt stellvertretende Klassensprecherin."

„Ja, wenn die meisten von euch Jungen auch Mädchen wählen, dann seid ihr selbst Schuld." – „Das liegt doch nur daran, dass Alex vorher herumgetönt hat, es käme nicht darauf an, ob Junge oder Mädchen. Man solle die wählen, die bei den Lehrern was erreichen können."

„Ganz unrecht hat er damit nicht." – „Aber ausgerechnet Stefani! Die soll unsere Interessen vertreten – da kann ich doch nur lachen."

„Jetzt müsst ihr halt sehen, dass sie das tut, was die Mehrheit eurer Klasse will und nicht das, was sie als Großmaul gerade für richtig hält. Du solltest dich nicht allzu sehr ärgern, dass du nicht gewählt worden bist. So geht's bei demokratischen Wahlen eben." – „Na ja, immerhin hatte ich die dritthöchste Stimmenzahl."

„Achtungserfolg nennt man das." – „Ich kann schon verlieren. Jetzt gebe ich aber erst recht nicht auf. Die nächste Wahl wird kommen, dann müssen wir auf jeden Fall einen Jungen durchbringen. Da habe ich mir schon etwas überlegt …"

„Was denn?" – „Ich werde vorschlagen, dass zwei Wahlgänge stattfinden. Sollte im ersten Wahlgang ein Mädchen gewählt werden, dann achten die Jungen im zweiten vielleicht besser darauf, dass ein Junge wenigstens Stellvertreter wird."

„Keine schlechte Idee! Jetzt müsst ihr eure Interessen eben zunächst bei den Klassenversammlungen geltend machen."

Eigenschaften des Klassensprechers/der Klassensprecherin	sehr wichtig	wichtig	nicht wichtig
Fähigkeit, Streit in der Klasse zu verhindern			
Bereitschaft, sich ständig bei den Lehrern zu beschweren			
Wünsche der Schüler bei den Lehrern gut begründen können			
Gute Leistungen und Fleiß im Unterricht			
Ist von sich selbst überzeugt, gibt aber auch einmal einen Fehler zu			
Ist von sich selbst überzeugt und will immer Recht haben			
Kann gut argumentieren und hört sich auch die Argumente anderer an			
Hat schon oft eine Aufgabe für die Klasse übernommen			

1 Jan hält es für richtig, dass bei der Klassensprecherwahl ein Junge und ein Mädchen gewählt werden. Was hältst du für richtig?

2 Welche Eigenschaften sollte ein Klassensprecher bzw. eine Klassensprecherin deiner Meinung nach haben? Kreuze auf deinem Arbeitsblatt an oder notiere in deinem Heft.

Schülervertretung

B *Die Lehrpläne sind mit Stoff überfrachtet und die Klassen viel zu groß. Da muss etwas geändert werden. Wir diskutieren über diese Probleme und machen dem Kultusministerium Vorschläge.*

A *Wir senden etwa monatlich einen Brief an alle Schulen in unserer Stadt und berichten über unsere Arbeit. Unsere Aufgabe ist es zum Beispiel, bei Problemen mit den betreffenden Ämtern zu reden, etwa dem Schulamt.*

C *Ich bin der Ansprechpartner für die Klassensprecher. Da ich der Vertreter aller Schülerinnen und Schüler bin, muss ich bei Problemen oder Beschwerden mit dem Schulleiter sprechen.*

D *Wenn die Klasse Probleme mit Vertretungsstunden und Klassenarbeiten hat oder mit einem Lehrer oder einer Lehrerin nicht klar kommt, dann kommen sie zu uns und wir kümmern uns darum.*

Aus dem Hessischen Schulgesetz

§ 122

(1) ...

(2) In den Schulen der Mittel- und Oberstufe (Sekundarstufe I und II) wählt die Schülerschaft einer Klasse oder der Gruppe, die in Schulen ohne Klassenverband die Aufgabe der Klasse hat, eine Klassensprecherin oder einen Klassensprecher und eine Stellvertreterin oder einen Stellvertreter für die Dauer eines Schuljahres. (...)

(3) Die Klassensprecherinnen und -sprecher bilden den Schülerrat der Schule. Dieser wählt aus seiner Mitte die Schulsprecherin oder den Schulsprecher als Vorsitzende oder Vorsitzenden des Schülerrats und zwei Stellvertreterinnen oder Stellvertreter. Der Vorstand kann von allen Schülerinnen und Schülern unmittelbar gewählt werden, wenn die Mehrheit der Schülerschaft dies beschließt.

§ 123

(1) Die Kreis- und Stadtschülerräte werden von jeweils zwei Vertreterinnen und Vertretern des Schülerrats der Schulen, einschließlich der Ersatzschulen, eines Landkreises, einer kreisfreien Stadt oder einer kreisangehörigen Gemeinde, die Schulträger ist, gebildet. Die Vertreterin oder der Vertreter und jeweils eine Stellvertreterin oder ein Stellvertreter werden aus der Mitte des Schülerrats für die Dauer eines Schuljahres gewählt.

(2) Der Kreis- oder Stadtschülerrat wählt aus seiner Mitte die Kreis- oder Stadtschulsprecherin oder den Kreis- oder Stadtschulsprecher als Vorsitzende oder Vorsitzenden und zwei Stellvertreterinnen oder Stellvertreter. (...)

§ 124

(1) Der Landesschülerrat wird von jeweils einer Vertreterin oder einem Vertreter der Kreis- und Stadtschülerräte gebildet. Die Vertreterin oder der Vertreter und eine Stellvertreterin oder ein Stellvertreter werden aus der Mitte des Kreis- oder Stadtschülerrats für die Dauer eines Schuljahres gewählt.

(2) Der Landesschülerrat wählt die Landesschulsprecherin oder den Landesschulsprecher und zwei Stellvertreterinnen oder Stellvertreter als Landesvorstand aus seiner Mitte; bis zu acht weitere Schülerinnen und Schüler können zur Mitarbeit im Landesvorstand gewählt werden. Der Landesvorstand vertritt die schulischen Interessen der Schülerinnen und Schüler aller Schulformen und -stufen gegenüber dem Kultusministerium. (...)

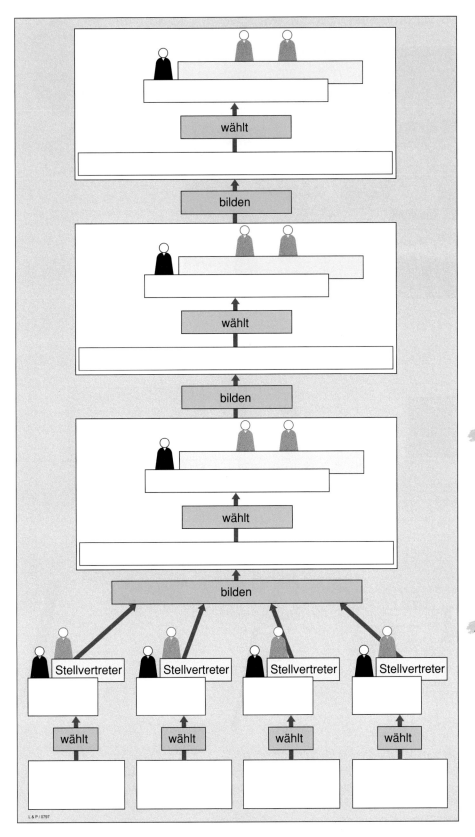

1 Die Äußerungen auf Seite 22 stammen von Schülerinnen und Schülern, die in unterschiedlichen Ämtern Aufgaben der Schülervertretung übernommen haben. Welches Amt hat die jeweilige Schülerin, der jeweilige Schüler inne?

2 Vervollständige auf deinem Arbeitsblatt die Grafik. Die notwendigen Informationen und Begriffe findest du in den links abgedruckten Auszügen aus dem Schulgesetz.

Mitgestaltung des Schullebens ....

> Ihr könnt nicht nur euer Klassenzimmer ausschmücken, die Schule bietet weit mehr Möglichkeiten zur Mitgestaltung. Auf Seite 25 findet ihr vier Beispiele.

Klassenzimmer einer 7. Klasse

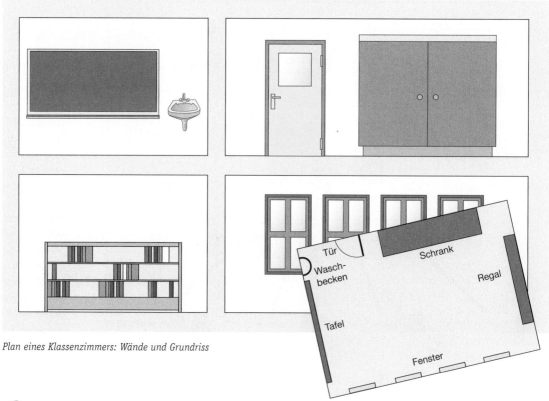

Plan eines Klassenzimmers: Wände und Grundriss

1 Sammelt Ideen für die Gestaltung eures Klassenzimmers.

2 Zeichnet jede Wand eures Klassenzimmers auf einen großen Papierbogen. Fertigt auch einen Grundriss an. Tragt dann in die Zeichnungen ein, was man nicht verändern kann: z. B. Fenster, Türen, Tafel, Waschbecken, eventuell Schränke. Zeichnet dann in Gruppenarbeit eure Vorschläge ein und vergleicht sie. Welchen Vorschlag findet ihr am besten?

Projekttage

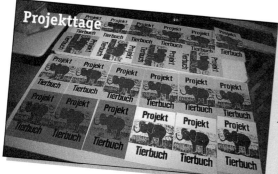

„Bei uns war die Schule drei Tage lang ganz anders als sonst. Es gab keinen Unterricht nach Fächern, sondern Projekte: z. B. etwas basteln, ein Buch drucken, Karate lernen, Burgen erkunden. Wir konnten zum Schuljahresbeginn Projektthemen vorschlagen und dann aus den Angeboten frei auswählen."

Schülerzeitung

„Wir haben eine Schülerzeitung, die heißt ‚Streber'. Da mache ich mit. Für die letzte Ausgabe habe ich Comics gezeichnet. Andere haben Interviews mit den neuen Lehrern gemacht und einen Bericht über den Ärger mit dem Schulbus geschrieben. Und über die Bundesjugendspiele gab es eine Fotoreportage. Drei- bis viermal im Jahr bringen wir eine Ausgabe heraus."

Schulfest

„Am letzten Samstag fand unser Schulfest statt. Es stand unter dem Motto ‚Jahrmarkt der Fantasie'. Das hatte sich die SV ausgedacht. Jede Klasse hat etwas beigetragen. Wir hatten einen Stand mit Geschicklichkeitsspielen aufgebaut: Ringe über Flaschen werfen, mit Magneten angeln und so. Es gab auch eine Bühne mit Programm, zum Beispiel Zauberer und Jongleure. Und an einigen Ständen boten Eltern Speisen an."

Schulhausgestaltung

„Ich mache bei der Arbeitsgemeinschaft Schulhausgestaltung mit. Unsere Kunstlehrerin leitet sie. Am Anfang des Schuljahres haben wir einige Betonwände im Schulgebäude bunt bemalt. Die waren vorher grau und trist. Jetzt sehen sie ganz toll aus! Als Nächstes werden wir die Schmierereien am Haupteingang übermalen. Jeder soll einen Entwurf machen. Ein Malerbetrieb hat uns versprochen, dass er uns mit Farbe und Tipps helfen wird."

3 Schülerinnen und Schüler können das Schulleben mitgestalten. Wie wird dies in den vier auf dieser Seite vorgestellten Beispielen deutlich?

4 Welche Aktivitäten zur Mitgestaltung hat es an eurer Schule bereits gegeben? Welche sind geplant? Ladet dazu den Schülersprecher oder die Schülersprecherin zu einem Gespräch in die Klasse ein.

5 Welche Ideen zur Mitgestaltung des Schullebens hast du?

Schule früher

Schulklasse um 1900

§ 3 Während des Unterrichts sollen die Schüler still, ruhig, in gerader und anständiger Haltung auf ihren Plätzen sitzen. Sie legen die Hände auf den Tisch und halten die Füße ruhig auf dem Boden. Alles, was den Unterricht hemmt oder stört wie Essen, Spielen, Scharren oder Stampfen mit den Füßen, Schwätzen, Lachen, eigenständiges Verlassen des Platzes ist untersagt. Hat das Kind während des Unterrichts dem Lehrer etwas zu sagen oder ihn um etwas zu bitten, so gibt es, bevor es spricht, ein Zeichen mit dem Finger.

Aus einer Schulordnung von 1869

§ 5 Die Schüler sollen ihre volle Aufmerksamkeit dem Lehrer oder bei mittelbarem Unterricht ihren schriftlichen Arbeiten zuwenden. Beim Aufsagen, Lesen und Singen sollen sie stehen, ihre Antworten sollen sie in gerader Haltung des Kopfes, laut, lautrein, wohlbetont und möglichst in ganzen Sätzen geben. Beim Schreiben und Zeichnen sollen sie aufrecht sitzen, die Brust nicht an den Tisch drücken, noch den Körper stark vorwärts biegen.

§ 18 Fluchen, Schimpfen, Schlagen, Werfen, Nachspringen nach Fuhrwerken, Anhängern oder unbefugtes Aufsitzen auf solche darf nicht vorkommen. Nach dem Abendgebetläuten sollen sich die Schulkinder nicht mehr zwecklos auf den Straßen und öffentlichen Plätzen umhertreiben.

1 Betrachte das Foto von der Schulklasse um 1900: Welche Unterschiede zu heute fallen dir auf?

2 Welche Bestimmungen aus der Schulordnung aus dem Jahr 1869 gibt es heute nicht mehr?

3 Beschreibe die hauptsächlichen Unterschiede zwischen der Schule früher und der Schule heute.

Methode: Befragung

Thema: Schule früher...

Durch eine Befragung kann eine Klasse Interessantes zu dem Thema erfahren, um das es im Unterricht geht.

Vorbereitung

Zunächst muss überlegt werden: Was wollen wir wissen? In welcher Reihenfolge wollen wir die Fragen stellen? Dann muss geklärt werden, wie die Antworten festgehalten werden sollen, zum Beispiel mit einem Kassettenrecorder.

Durchführung

Bei der Durchführung einer Befragung sind die folgenden Punkte zu beachten:

• Beim Ansprechen der Befragten erklären, wer man ist, und um Erlaubnis zur Befragung bitten.

• Erklären, welchen Sinn die Befragung hat.
• Nur Fragen stellen, die man selber versteht.
• Nicht mehrere Fragen auf einmal stellen.
• Nachfragen, wenn man etwas nicht verstanden hat oder wenn sich aus einer Antwort ein unerwarteter Gesichtspunkt ergibt.
• Sich am Ende des Gesprächs bedanken.

Auswertung

Über das Ergebnis der Befragung wird die Klasse informiert. Dazu können die aufgenommenen Interviews vorgespielt werden oder die Befragungsteams fassen die Ergebnisse zusammen. Dann kann gemeinsam verglichen werden, ob die Befragten sich in ähnlicher Weise geäußert haben oder ob sich die Antworten stark unterscheiden.

Auszug aus einer Befragung

Schülerin: Guten Tag! Wir kommen von der Linden-Realschule. Dürfen wir Ihnen einige Fragen stellen?

Passant: Fragen? Mmm.

Schüler: Im Unterricht geht es bei uns zurzeit um das Thema Schule. Einige von uns sollen Erwachsene danach fragen, was sie noch über ihre Schulzeit wissen.

Passant: Und was soll euch das nützen?

Schülerin: Na ja, so wollen wir herausfinden, wie Schule früher war. Dann können wir feststellen, was sich verändert hat.

Passant: Ach so!

Schüler: Wir lassen den Kassettenrekorder mitlaufen, damit wir nicht alle Antworten mitschreiben müssen.

Passant: Ja, meinetwegen.

Schüler: Also, können Sie sich noch an ihre Schulzeit erinnern?

Passant: Oje! Das ist lange her. Ich bin noch vor dem Krieg eingeschult worden.

Schülerin: Worauf haben Sie damals in der Schule geschrieben?

Passant: Geschrieben? Warum wollt ihr das denn wissen?

Schüler: Die Großmutter einer Mitschülerin hat uns erzählt, dass sie in der Schule mit einem Griffel auf eine Schiefertafel geschrieben hat. War das früher üblich oder war das eine Ausnahme?

Passant: Ach so! Ja, das war früher in den ersten Schuljahren üblich.

Schülerin: Wie viele Schüler waren sie in der Klasse? Waren die Lehrer streng?

Passant: Und ob! Da durfte sich niemand mucksen. Ich erinnere mich noch, dass zu Beginn der ersten Stunde zunächst einmal Fingernagelkontrolle war.

Schüler: Hatten Sie oft nachmittags Unterricht?

Passant: Mmm, das weiß ich nicht mehr so genau. Ich glaube, so ein- oder zweimal in der Woche schon. …

---

 1 Welche Hinweise zur Durchführung einer Befragung wurden in dem Gesprächsausschnitt beachtet? Welche Hinweise wurden nicht beachtet?

2 Führt eine Befragung mit älteren Menschen zum Thema „Schule früher" durch.

Das Wichtige in Kürze

Rechte und Pflichten der Schüler

Jede einzelne Schülerin und jeder einzelne Schüler hat in der Schule Rechte und Pflichten. Unter Rechten sind Freiheiten zu verstehen, die man hat, Pflichten sind Regeln, an die man sich halten muss.

Schülervertretung

Durch die Schülervertretung (SV) sollen die Schülerinnen und Schüler an der Verwirklichung der Bildungs- und Erziehungsziele mitwirken. Die Schülervertreter setzen sich für die Interessen der Schüler ein und können Aufgaben in eigener Verantwortung durchführen.

Schülervertreter/ Schülervertreterinnen

In der Mittel- und Oberstufe wählen die Schülerinnen und Schüler einer Klasse die Klassensprecherin oder den Klassensprecher und dessen Stellvertreterin oder Stellvertreter. Die Klassensprecherin bzw. der Klassensprecher vertritt die Interessen der Klasse. Alle Klassensprecher und deren Stellvertreter bilden den Schülerrat der Schule. Er ist für alle Fragen der Schülermitverantwortung zuständig, die die gesamte Schule betreffen. Der Schülerrat wählt die Schulsprecherin oder den Schulsprecher und dessen Stellvertreter. Die Schulsprecherin bzw. der Schulsprecher leitet den Schülerrat und vertritt die Interessen aller Schülerinnen und Schüler der Schule.

Verbindungslehrkräfte

Der Schülerrat kann – je nach Größe der Schule – einen oder mehrere Verbindungslehrer wählen. Die Verbindungslehrer beraten die Schülerinnen und Schüler in Fragen der SV und unterstützen sie bei der Erfüllung ihrer Aufgaben.

Stadt-, Kreis-, Landesschülerrat

Schülervertreter und -vertreterinnen gibt es in Hessen in jeder Gemeinde, im jeweiligen Kreis und für das Land insgesamt. So soll sichergestellt werden, dass die Interessen der Schülerinnen und Schüler auf jeder Ebene vertreten sind. Der Landesschülerrat kann beispielsweise seine Meinung zu Bestimmungen über die Bildungsziele, zu Rahmenplänen und Prüfungsordnungen vorbringen.

Mitgestaltung in der Schule

Schüler und Schülerinnen haben vielfältige Möglichkeiten, das Schulleben mitzugestalten. Dazu gehören die Ausgestaltung des Klassenzimmers und des Schulgebäudes ebenso wie die Mitarbeit bei Projekttagen oder Schulfesten.

Schule früher

Wie alles unterliegt auch die Schule dem gesellschaftlichen Wandel. Früher war das Schulleben durch strenge Regeln und Unterordnung gekennzeichnet. Heute gelten demokratische Regeln und die Schülerinnen und Schüler können ihre Interessen und Vorstellungen einbringen.

Weißt du Bescheid?

Löse das Rätsel. Benutze dazu das Arbeitsblatt oder notiere die gesuchten Begriffe von 1 bis 17 auf einem gesonderten Blatt. Die Buchstaben in der hervorgehobenen Spalte ergeben von oben nach unten gelesen das Lösungswort. Es ist die Bezeichnung für die Interessenvertretung der Schüler und Schülerinnen.

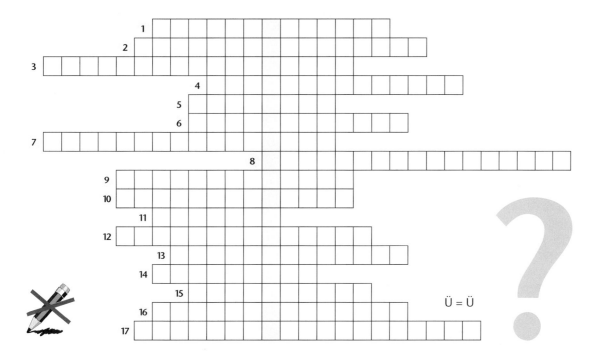

Ü = Ü

1   Gute … untereinander sind wichtig für die Atmosphäre in der Klasse.
2   An vielen Schulen gibt es …, die bei Streitigkeiten zwischen Schülern vermitteln.
3   Die … wird von der Klasse gewählt und vertritt die Interessen der Klasse.
4   In der … schreiben die Schülerinnen und Schüler Artikel über das Schulleben, aber auch andere Themen.
5   Eine Auseinandersetzung oder einen Streit bezeichnet man mit einem Fremdwort auch als … .
6   Eine … ist eine mehrtägige schulische Aktion, bei der die Schülerinnen und Schüler Themen wählen können.
7   Der … ist die Interessenvertretung der Schüler und Schülerinnen auf Landesebene.
8   Bestimmte Lehrkräfte, die …, beraten und unterstützen die Schülervertretung.
9   Der … wird vom Schülerrat gewählt und leitet dessen Sitzungen.
10 Wenn mehrere Schülerinnen und Schüler gemeinsam an einer Aufgabe arbeiten, spricht man von … .
11 Eine umfangreiche Arbeit über einen längeren Zeitraum bezeichnet man als … .
12 Die Regeln für das Verhalten der Schülerinnen und Schüler einer Klasse untereinander und während des Unterrichts können in einer … festgehalten werden.
13 Von … spricht man, wenn ein Schüler oder eine Schülerin gemeinsam mit einem Mitschüler oder einer Mitschülerin an einer Aufgabe arbeitet.
14 Das Gegenteil von Rechten sind … .
15 Wenn mehrere Personen ihre Meinungen austauschen, nennt man dies eine … .
16 Bei der Gestaltung des … können Schülerinnen und Schüler ihre Ideen einbringen.
17 Eine gute … ist für die Harmonie in der Klasse und den Lernerfolg mitentscheidend.

Weißt du Bescheid?

(Zeichnung: Markus)

(Zeichnung: Dieter Tonn, Bovenden)

Betrachte die Karikaturen: Was wollen die Zeichner jeweils ausdrücken?

Partnerarbeit: Wie würdet ihr das Problem lösen?

In einer Klasse wird gestritten, wie man es mit den Klassendiensten halten soll: Welche sind notwendig? Wer soll sie übernehmen?

Erarbeite mit deiner Partnerin/deinem Partner einen Vorschlag, wie die Klasse dieses Problem lösen kann.

Setzt euch dann mit einem anderen Team zusammen und vergleicht eure Vorschläge.

Zusammenleben in der Familie

Seit Urzeiten gibt es Familien. Menschen leben in Familien zusammen und sorgen durch ihre Kinder dafür, dass die Gesellschaft weiter besteht. Die Familie bildet somit die Grundlage der menschlichen Gesellschaft.

Für Kinder und Jugendliche ist die Familie etwas so Gewohntes, dass sie sich kaum Gedanken darüber machen. Bei genauerem Hinsehen verbinden sich mit der Familie jedoch interessante Fragen, auf die in diesem Kapitel eingegangen wird.

◼ Wie hat sich die Familie im Laufe der Zeit verändert? Welche neuen Formen des Zusammenlebens spielen heute eine Rolle?

◼ Auf welche Weise fördert und unterstützt der Staat Familien?

◼ Welche besonderen Probleme können sich für Alleinerziehende ergeben?

◼ Hat sich die Aufgabenverteilung innerhalb der Familie im Vergleich zu früher verändert?

◼ Welche Bedeutung hat die Familie für Kinder? Wie wichtig ist Erziehung?

◼ Von welchen Zielen lassen sich Eltern bei der Erziehung ihrer Kinder leiten? Welche Erziehungsmittel setzen sie ein?

◼ Dürfen die Eltern alle Entscheidungen für ihr Kind treffen? Was sagt das Gesetz dazu?

◼ Welche Konflikte kann es in Familien geben? Wie können sie gelöst werden?

Hier Wohnen
Claudia
Jürgen
Kathrin
Conrad

Familie ist …

Meine Familie ist für mich …

Georg, 7 Jahre

Familie bedeutet für mich …

Julia, 11 Jahre

Bei Familie denke ich …

Robert, 18 Jahre

Für mich ist Familie …

Frau Schubert, 27 Jahre

Was ist eine Familie?

Familie ist …

Herr Klein, 41 Jahre

Für mich ist Familie …

Frau Schneider, 50 Jahre

Für uns bedeutet Familie …

Antje Hild und Alex Dogan, beide 20 Jahre

Familie? Da denke ich …

Herr Peinl, 72 Jahre

1 Die Einstellung zur Familie hängt auch vom Alter und den Lebensumständen ab. Überlegt, was die abgebildeten Personen wohl zum Thema „Familie" sagen würden. Ergänzt die Satzanfänge in den Sprechblasen entsprechend.

2 Vergleicht eure Sätze untereinander. Gibt es Gemeinsamkeiten? Wo gibt es erhebliche Unterschiede?

3 In Umfragen wird immer wieder die Familie als Voraussetzung für ein glückliches Leben genannt. Suche nach Erklärungen und berichte.

Methode: Erstellen einer Mind Map

Thema: Was ist eine Familie? ....

> „Mind Map"
> heißt frei übersetzt
> „Ideen-Landkarte". Mit
> einer Mind Map könnt ihr
> Ideen zu einem Thema
> übersichtlich notieren
> und darstellen.

1 Auf einem großen Bogen Papier wird in der Mitte in einen Kreis oder ein Oval stichwortartig das Thema geschrieben, um das es geht. Dieser Kreis ist der zentrale Platz der „Ideen-Landkarte".

2 Ein Gedanke, der sich mit dem Thema verbindet, wird als „Hauptstraße" eingezeichnet, die vom zentralen Platz wegführt. Dazu wird ein entsprechendes Stichwort notiert.

3 Jeder neue Gedanke wird als neue „Hauptstraße" eingezeichnet und ebenfalls beschriftet.

4 Fällt euch etwas ein, was zu einer bereits eingezeichneten „Hauptstraße" gehört, so wird dieser Gedanke als abzweigende „Nebenstraße" eingezeichnet.

5 Mit einer „Nebenstraße" kann sich ein neuer Gedanke verbinden. Er wird als weitere Abzweigung in die „Ideen-Landkarte" eingezeichnet.

Eure Mind Map entwickelt sich während des Überlegens ständig weiter. Die bereits notierten Stichwörter und Gedankenverbindungen können zu immer neuen Ideen führen.

1 Erstelle eine Mind Map zum Thema „Familie". Übernimm dazu die Vorlage auf ein größeres Blatt Papier (A4, besser A3) und arbeite sie weiter aus.

2 Vergleicht eure Mind Maps: Wo ähneln, wo unterscheiden sie sich?

3 Erstellt dann an der Tafel eine gemeinsame Mind Map der Klasse zum Thema „Familie".

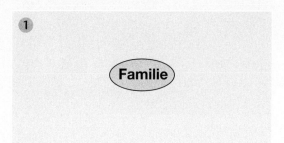

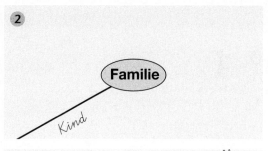

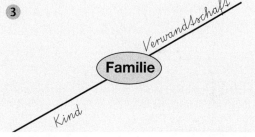

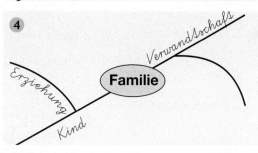

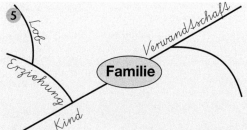

Familie – früher und heute ....

Großfamilie früher

Kleinfamilie heute

Familie Wagner 1840/Familie Wagner heute

1 *Frau Wagner ist gelernte Bürokauffrau, arbeitet allerdings nur vormittags.*

2 *Wagners haben fünf Kinder – zwei Mädchen und drei Buben.*

3 *Der Großvater und die Großmutter leben in einer Stube des Bauernhauses.*

4 *Sport ist das Lieblingsfach der Tochter, aber auch Englisch gefällt ihr.*

5 *Wagners sehen abends gerne fern, vor allem Spielfilme und Serien.*

6 *Wagners haben ein Kind, die 12-jährige Yvonne.*

7 *Schule ist meist nur in den Wintermonaten. Die Kinder lernen dann vor allem Religionslehre, Lesen, Schreiben und Rechnen.*

8 *Der unverheiratete Bruder Gottlieb arbeitet und wohnt auf dem Hof.*

9 *Die Bäuerin Karoline Elisabeth Wagner hat von morgens bis abends viel zu tun, z. B. Vieh füttern, Hausarbeiten erledigen, Wolle spinnen.*

10 *Herr Wagner hat eine ältere Schwester, die in Hamburg lebt.*

11 *Gemeinsam planen Wagners ihren Urlaub. Dieses Jahr soll es auf Vorschlag der Mutter nach Italien gehen.*

12 *Der kurze gemeinsame Feierabend wird für handwerkliche Arbeiten genutzt, z. B. Besen binden, Werkzeuge reparieren.*

13 *Sonntags besuchen Wagners immer wieder die Großmutter, die in einem Altersheim wohnt.*

14 *Die Tochter weiß nicht so recht, was ihr Vater arbeitet – nur dass er bei einer Versicherung ist und es viel mit Zahlen zu tun hat.*

15 *Der lungenkranke Großvater Jeremias wird oft wochenlang von seiner Frau und der Bäuerin im Krankenbett gepflegt.*

16 *Die Buben helfen dem Vater bei der Feldarbeit und lernen so die Arbeit des Bauern.*

17 *In Haus und Hof gilt Herrn Wagners Wort. Er allein entscheidet alle wichtigen Angelegenheiten.*

18 *Herr Wagner hat sich beim Skifahren im Winterurlaub den Fuß gebrochen und muss einige Wochen im Krankenhaus bleiben.*

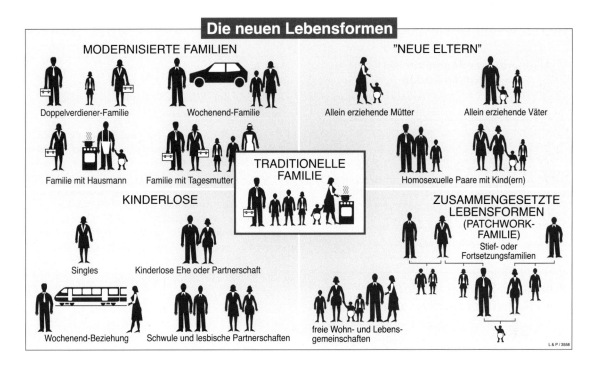

Die neuen Lebensformen

MODERNISIERTE FAMILIEN

Doppelverdiener-Familie

Wochenend-Familie

Familie mit Hausmann

Familie mit Tagesmutter

TRADITIONELLE FAMILIE

KINDERLOSE

Singles

Kinderlose Ehe oder Partnerschaft

Wochenend-Beziehung

Schwule und lesbische Partnerschaften

"NEUE ELTERN"

Allein erziehende Mütter

Allein erziehende Väter

Homosexuelle Paare mit Kind(ern)

ZUSAMMENGESETZTE LEBENSFORMEN (PATCHWORK-FAMILIE)
Stief- oder Fortsetzungsfamilien

freie Wohn- und Lebensgemeinschaften

L & P / 3558

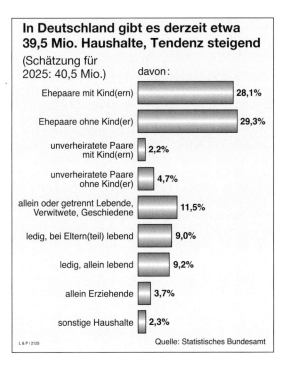

In Deutschland gibt es derzeit etwa 39,5 Mio. Haushalte, Tendenz steigend

(Schätzung für 2025: 40,5 Mio.)

davon:

Ehepaare mit Kind(ern)	28,1%
Ehepaare ohne Kind(er)	29,3%
unverheiratete Paare mit Kind(ern)	2,2%
unverheiratete Paare ohne Kind(er)	4,7%
allein oder getrennt Lebende, Verwitwete, Geschiedene	11,5%
ledig, bei Eltern(teil) lebend	9,0%
ledig, allein lebend	9,2%
allein Erziehende	3,7%
sonstige Haushalte	2,3%

L & P / 2125

Quelle: Statistisches Bundesamt

Veränderungen im Familienbild

- In unserer Gesellschaft wachsen immer weniger Kinder auf.
- Immer mehr Ehen bleiben kinderlos. Nur in etwa jedem vierten Haushalt leben heute Kinder.
- Die Zahl der Ein-Personen-Haushalte ist stark angestiegen, vor allem, weil immer mehr Menschen freiwillig als Single leben.
- Verglichen mit früher gibt es heute deutlich weniger Kinder aus großen Familien.
- Immer mehr Familien gehen auseinander. Wurde 1960 nicht einmal jede zehnte Ehe geschieden, so ist es heute mehr als jede dritte.
- Der Anteil der Alleinerziehenden hat sich in den letzten dreißig Jahren mehr als verdoppelt. Neun von zehn Alleinerziehenden sind Frauen.
- Die Zahl unehelicher Geburten nimmt zu. Auch der Anteil nichtehelicher Lebensgemeinschaften steigt seit Jahrzehnten stark an. Nichteheliche Lebensgemeinschaften und Alleinerziehende genießen heute ein höheres gesellschaftliches Ansehen als früher.

---

1 Ordne zu: Welche neun Aussagen auf Seite 34 gehören zur Familie Wagner des Jahres 1840, welche neun Aussagen zur Familie Wagner heute?

2 Welche Vorteile oder Probleme können sich aus den verschiedenen Lebensformen ergeben? Nenne einige Beispiele.

3 Welche Form des Zusammenlebens würdest du als Familie bezeichnen?

Alleinerziehende Mütter und Väter ....

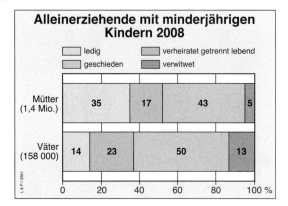

Alleinerziehende mit minderjährigen Kindern 2008

ledig   verheiratet getrennt lebend
geschieden   verwitwet

	ledig	verheiratet getrennt lebend	geschieden	verwitwet
Mütter (1,4 Mio.)	35	17	43	5
Väter (158 000)	14	23	50	13

0   20   40   60   80   100 %

Alleinerziehende – von der Gesellschaft im Stich gelassen

Ein Szeneviertel im Hamburger Westen. Galerien, Schmuckläden, Restaurants in Gründerzeithäusern. In einer ruhigen Seitenstraße ein schlichter Würfel, sozialer Wohnungsbau, im dritten Stock Katja Schepanskis Zuhause. Felix kommt zur Tür herein, seine Cordjacke fliegt an die Garderobe. Die Mutter streicht ihm über den Kopf: „Felix ist das Beste, was ich habe." Nur dieses Gefühl, ihn in Armut aufwachsen zu sehen, das ist schwer zu ertragen. Die Grübelei, wenn der Zwölfjährige ein Geschenk für eine Geburtstagsparty braucht. Oder seine Jacke in der Schule verschwunden ist ... Seit Felix auf der Welt ist, schrammt die kleine Familie am Existenzminimum entlang. Das zerrt an den Kräften, das beschädigt die Würde. „Ja, es geht uns schlecht", gesteht die 33-Jährige, von Beruf Erzieherin. Jetzt bleiben ihr nach Abzug der Kosten für Miete, Strom und Monatskarte noch rund 500 Euro zum Leben. Dieser Betrag hat einen Namen: Hartz IV. (...)

Katja Schepanski hat eigentlich alles richtig gemacht, seit sie bei ihren Eltern ausgezogen ist. Sie hat nach der Schule ein soziales Jahr absolviert, dann eine Erzieherinnenfachschule besucht und in verschiedenen Kindergärten gearbeitet. Nur dass sie mit 21 Jahren ihren Sohn bekommen hat und ihr damaliger Freund zu sehr mit sich selbst beschäftigt war, um ein Kind zu wollen, das hat sie an den Rand der Gesellschaft katapultiert. Als Felix acht Monate alt war, brachte sie ihn zur Tagesmutter, um ihre Ausbildung zu beenden. Trotzdem hat sie nie einen festen Job bekommen. Bei Vorstellungsgesprächen hieß es: „Wer passt auf, wenn das Kind krank ist?" Mit befristeten Jobs und Teilzeitarbeit hat sie sich durchgehangelt, mit ergänzender Sozialhilfe und Wohngeld. (...)

(www.brigitte.de/gesellschaft/politik-gesellschaft/dossier-alleinerziehend-56568... 27.02.2009 / Text: Astrid Joosten)

In der Armutsfalle

Die Zahl der Alleinerziehenden in Deutschland steigt ständig / Von Uta Rasche

03. Feb. 2009 (...) Die Zahl der Alleinerziehenden steigt beständig, zuletzt auf 1,57 Millionen. 2,2 Millionen Kinder wachsen derzeit mit nur einem Elternteil auf. Im Schnitt fehlt in fast jeder fünften Familie der Vater (seltener: die Mutter), es gibt bereits Schulklassen, in denen Kinder, die kontinuierlich mit beiden Eltern zusammenleben, in der Minderheit sind. In Ostdeutschland liegt der Anteil der „Ein-Eltern-Familien" bei knapp 26 Prozent, in Westdeutschland bei 16,7 Prozent aller Familien, wie der Mikrozensus für das Jahr 2007 ergab.

Die Kinder von Alleinerziehenden sind überdurchschnittlich häufig von Armut betroffen. Ihr Risiko, in schlechten finanziellen Verhältnissen aufzuwachsen, liegt bei 40 Prozent, während Kinder, die bei beiden Eltern aufwachsen, nur ein Armutsrisiko von fünf bis 13 Prozent (bei mehr als zwei Geschwistern) haben. (...) 41 Prozent der Alleinerziehenden-Haushalte erhalten derzeit Arbeitslosengeld II oder Sozialhilfe. Nur 57 Prozent gelingt es, ihren Lebensunterhalt durch Erwerbsarbeit zu bestreiten. (...)

Alleinerziehende stellen fast die Hälfte der Hartz-IV-„Bedarfsgemeinschaften" mit Kindern. Die Bedeutung der Berufstätigkeit für das eigene Wohlergehen sowie das ihrer Kinder ist dabei den allermeisten Alleinerziehenden bewusst; die meisten möchten arbeiten. Nach einer Umfrage (...) wären zwei Drittel der arbeitslosen alleinerziehenden Mütter gern berufstätig. 40 Prozent gaben als Hinderungsgrund an, keine Arbeit zu finden; etwa 20 Prozent würden sich mit einer Berufstätigkeit zusätzlich zu Haushalt und Kinderbetreuung überlastet fühlen. Nur 14 Prozent nannten fehlende Betreuungsmöglichkeiten als Grund für ihre Erwerbslosigkeit. (...)

Eine alleinerziehende Mutter mit zwei Kindern hat, selbst wenn sie arbeitet, pro Kopf allerdings nur etwa halb so viel Geld zur Verfügung wie ein vergleichbarer Paarhaushalt mit Kindern, wie das Familienministerium errechnet hat. Was oftmals nicht bedacht wird: Getrennt lebende Paare benötigen allein wegen der Aufwendungen für die doppelte Haushaltsführung ein Jahresnettoeinkommen von mindestens 10 000 Euro zusätzlich, um einen vergleichbaren Lebensstandard zu erreichen. Zwei Wohnungen, zwei Autos, zwei Telefonanschlüsse – all das will bezahlt sein. (...)

(www.faz.net 27.02.2009)

Armut macht erfinderisch

Wie eine alleinerziehende Mutter spart

„Wenn ich mit allen fünf Kindern Schuhe kaufen gehe und die sind nicht heruntergesetzt, dann muss ich 200 Euro mitnehmen. Und wenn die Kinder dann noch schnell wachsen, dann passen sie vielleicht nur zwei Monate – das tut richtig weh." Anita Behr möchte ordentliche Schuhe aus echtem Leder, die nicht so schnell auseinanderfallen. Ohne Sonderangebote geht da gar nichts. Aber wenn die reduzierten Schuhe einigermaßen bezahlbar sind, gefallen sie den heranwachsenden Töchtern oft nicht. „Und dann will ich sie auch nicht quälen", sagt Anita. Billig und schön – das ist ein seltener Glücksfall. Aber auch die Kinder wissen – ganz ohne Kompromisse geht es nie.

Alle in die gleiche Wanne

Anita spart, wo sie kann. Die Alleinerziehende käme sonst nicht über die Runden. Sohn Ferdi bekommt die Haare von der Mutter geschnitten – ohne Spiegel. „Dann kannst du nicht protestieren zwischendurch", lacht die Mutter. Alle Kinder baden im selben Wasser – und am Ende wischt Anita mit dem Wasser aus der Wanne noch den Boden. (…)

Fastfood ist zu teuer

Beim Einkaufen im Shopping-Paradies sind die vielen Versuchungen fast unwiderstehlich. Doch Anita bleibt hart, auch wenn das Fast-Food-Restaurant mit Billigpreisen lockt. Selber machen spart noch mehr. Kein Fastfood, keine Fertigpizzen – alles, was das Leben leichter macht, ist schlicht zu teuer.

Im Lebensmittelladen schaut die Hausfrau genau auf den Preis. Am liebsten geht sie sonnabends einkaufen, dann ist die frische Ware billiger, damit sie nicht über das Wochenende vergammelt. „Das Kilo Hackfleisch zwei Euro neunzig – das ist okay." Anita greift zu, denn daraus kann sie nicht nur Hamburger selber machen. Hackfleisch kann man auch gut strecken – dann reicht es länger.

(Quelle: http://reporter.zdf.de/ZDF.de)

---

1   *Werte die Grafik auf Seite 36 aus. Notiere einige wesentliche Aussagen.*

2   *Was macht der Bericht in der linken Spalte auf Seite 36 deutlich? Notiere.*

3   *„Alleinerziehende unterliegen einem hohen Armutsrisiko." Belege diese Aussage anhand von Feststellungen, die im Zeitungstext „In der Armutsfalle" getroffen werden.*

4   *Lies den Text „Armut macht erfinderisch". Mit welchen Problemen hat Frau Behr zu kämpfen? Wie versucht sie, diese Probleme zu lösen?*

Gleichgeschlechtliche Partnerschaften

Gleich am ersten Geltungstag des neuen Gesetzes wurden in Saarbrücken drei gleichgeschlechtliche Lebenspartnerschaften beurkundet. Ein Paar beim Tausch der Ringe im Rathausfestsaal.

Erster Eintrag einer gleichgeschlechtlichen Lebenspartnerschaft in Hessen am 30.8.2001. Das Ja-Wort gaben sich die beiden Frauen im Trausaal des Frankfurter Römer.

Gleichgeschlechtliche Beziehungen waren in Deutschland bis vor wenigen Jahren noch gesellschaftlich geächtet und sogar unter Strafe gestellt. Von dort war es ein weiter Weg bis zur rechtlichen Anerkennung homosexueller Partnerschaften, wie sie der Gesetzgeber 2001 beschlossen hat. Seit dem 1. August 2001 können gleichgeschlechtliche Paare in Deutschland ähnlich wie Ehepaare einen Bund für das Leben schließen und zwar in Form der „eingetragenen Lebenspartnerschaft". Zuständig für die Registrierung der Lebenspartnerschaften sind je nach Bundesland die Standesämter, die Gemeinde- und Kreisverwaltungen oder die Notare. Zur Begründung der Lebenspartnerschaft müssen die beiden Partner oder Partnerinnen persönlich erklären, dass sie miteinander eine Partnerschaft auf Lebenszeit führen wollen.

Eingetragene Lebenspartnerschaft

Standesamt Notar*

Gleichzeitige, persönliche, unbedingte und unbefristete
Erklärung
gleichgeschlechtlicher Partner, miteinander eine Partnerschaft auf Lebenszeit führen zu wollen

Die Partner sind einander zu Fürsorge und Unterstützung und zu gemeinsamer Lebensgestaltung verpflichtet

* von Land zu Land unterschiedlich geregelt

Rechtsfolgen einer Lebenspartnerschaft

1. auf Wunsch gemeinsamer Partnerschaftsname
2. Lebenspartner gelten wechselseitig als Familienangehörige
3. „kleines Sorgerecht" für Kinder des Partners
4. gegenseitige Verpflichtung zu angemessenem Unterhalt
5. ggf. Mitversicherung in der Kranken- und Pflegeversicherung des Partners
6. Regelung der Vermögensverhältnisse durch notariellen Vertrag
7. Erbrecht des überlebenden Partners
8. Aufhebung der Lebenspartnerschaft auf Antrag eines oder beider Partner durch gerichtliches Urteil

ZAHLENBILDER

130 267

A „Ich kümmere mich um den Haushalt und bin nicht erwerbstätig. Daher ist es gut, dass ich bei meinem Partner versichert bin."

B „Wenn meine Partnerin später nicht mehr arbeiten kann, werde ich für sie sorgen."

C „Wenn es mit unserer Beziehung nicht mehr klappen sollte, können wir uns auch wieder trennen."

D „Wir beide sind nun eine Familie."

E „Man muss ja an die Zukunft denken. Da beruhigt es mich, dass unser Haus nach meinem Tod meinem Partner gehören wird."

F „Meine Partnerin hat aus einer früheren Beziehung ein Kind. Ich darf für den 8-jährigen Julian in Angelegenheiten des täglichen Lebens mitentscheiden."

G „Es freut mich, dass wir nun auch den gleichen Namen haben."

H „Wir haben in einem Vertrag festgelegt, dass meine Eigentumswohnung ab jetzt auch meinem Partner gehört."

Welche Aussage hat mit welcher der in der Grafik genannten Rechtsfolgen zu tun?

Methode: Grafiken erstellen

Thema: Kinderwunsch ....

Zum Kinderwunsch fehlt meist der Partner

Berlin – Die Zahl der Deutschen, die nur noch ein oder gar kein Kind wollen, ist stark gestiegen. Lag die Zahl der gewünschten Kinder 1992 noch bei statistischen 2,0, so ist sie jetzt auf 1,7 gesunken. Das geht aus einer neuen Studie des Bundesinstitutes für Bevölkerungsforschung (BiB) hervor. [...] Der Studie liegen Interviews mit 4000 Teilnehmern zugrunde.

Im Vergleich zu Zahlen von 1992 ist der Anteil jener Frauen und Männer gestiegen, die gar keine Kinder wollen: von 9,9 auf 14,6 Prozent (Frauen) und sogar von 11,8 auf 26,3 Prozent (Männer, alle Zahlen für West- und Ostdeutschland). Allerdings beschäftigt

sich die Studie auch mit den Gründen, von denen die Befragten mehrere Antworten in Stufen von nicht wichtig bis sehr wichtig einordnen konnten. So nannten 83,1 Prozent in der Altersgruppe von 20 bis 39 Jahren als Hauptgrund, dass sie allein lebten und keinen festen Partner hätten. Der Wunsch, den Lebensstandard beizubehalten, war 61,8 Prozent ein bedeutendes Argument. Deutlich weniger galt der Grund, ein Kind nicht mit der Berufstätigkeit vereinbaren zu können (41,6 Prozent).[...]

Die Befürchtung, Freizeitinteressen aufgeben zu müssen, war für 44,5 Prozent von Belang. [...]

(Claudia Freytag, in: Kölner Stadt-Anzeiger 03. 05. 2005, http://www.ksta.de/jks/artikel.jsp?id=1114797163494)

Wenn man eine Grafik bzw. ein Diagramm zeichnen will, sollte man die folgenden Tipps beachten:

1. Was soll dargestellt werden?

Um eine Grafik erstellen zu können, muss zunächst klar sein, was damit dargestellt werden soll. Dann müssen die Daten gesammelt werden. Wenn man aus dem Artikel oben eine Grafik zum Thema „Kinderwunsch der Deutschen im Wandel" erstellen will, sucht man sich die Daten aus dem Text und erstellt folgende Tabelle:

	1992	2005
Zahl der gewünschten Kinder	2,0	1,7

2. Wie soll das Ergebnis dargestellt werden?

Es gibt verschiedene Formen für die grafische Darstellungen von Zahlen in Diagrammen:

Balkendiagramme oder Säulendiagramme. Sie zeigen oft absolute Zahlen an. Die Höhe der Säule oder die Länge des Balkens gibt die Anzahl an. Dies erlaubt einen direkten Vergleich.

Tortendiagramme oder Kreisdiagramme. Sie zeigen die prozentuale Zusammensetzung einer Gesamtmenge. Dabei ist der Kreis in mehrere Teile unterteilt, die jeweils den Anteil an der Gesamtmenge wiedergeben.

Kurvendiagramme oder Liniendiagramme zeigen eine Entwicklung an. Die Daten verschiedener Zeitpunkte können verglichen werden.

Für den Vergleich in unserem Beispiel eignet sich gut ein Säulendiagramm. Erst werden die Werte für die x- und y-Achse aufgezeichnet und dann die beiden Säulen eingetragen:

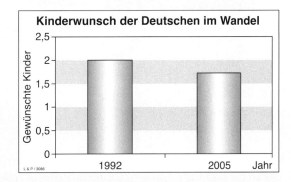

Kinderwunsch der Deutschen im Wandel

L & P / 3086

 Erstelle aus dem Zeitungsartikel eine Grafik über die Gründe für den fehlenden Kinderwunsch. Die blauen Markierungen im Text helfen dir.

Familienarbeit: Wer macht was? ....

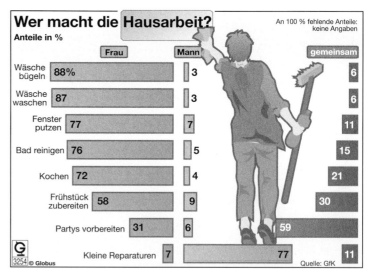

Wer macht die Hausarbeit?
Anteile in %

An 100 % fehlende Anteile: keine Angaben

	Frau	Mann	gemeinsam
Wäsche bügeln	88%	3	6
Wäsche waschen	87	3	6
Fenster putzen	77	7	11
Bad reinigen	76	5	15
Kochen	72	4	21
Frühstück zubereiten	58	9	30
Partys vorbereiten	31	6	59
Kleine Reparaturen	7	77	11

3254 © Globus   Quelle: GfK

Meinungen

1 Es ist doch klar, dass Kinder und Jugendliche ihren Eltern im Haushalt helfen müssen.

2 Schülerinnen und Schüler sollten ihr Zimmer aufräumen, mehr brauchen sie aber nicht zu tun.

3 Beim Geschirrspülen, Kochen und Wäschebügeln sollten nur Mädchen helfen. Die können das einfach besser als Jungen.

4 Kinder und Jugendliche sollten zu Hause nicht mithelfen, sonst haben sie ja keine Freizeit.

5 Autowaschen und Rasenmähen – das würde ich erledigen. Aber nur, wenn es dafür ein Extra-Taschengeld gibt.

Familienrat: Wer soll was machen?

Familie Hansen besteht aus vier Personen: Frau Hansen ist halbtags als Verkäuferin beschäftigt, Herr Hansen arbeitet als Bankkaufmann in der nahen Kreisstadt, die beiden Kinder Sonja (12 Jahre) und Bernd (15 Jahre) gehen noch zur Schule. Weil Frau Hansen künftig wieder ganztags arbeiten möchte, muss die Hausarbeit neu verteilt werden. Dazu haben sich die Hansens zusammengesetzt und zunächst einmal die anfallenden Arbeiten notiert:

Zimmer aufräumen / Reparaturarbeiten in und am Haus / Schriftverkehr mit Behörden, Banken usw. / Staubsaugen / nass wischen / Abfalleimer leeren / Bad, Küche, Toilette putzen / Blumen gießen / Hof und Gehweg kehren / Wäsche waschen / Wäsche bügeln und zusammenlegen / Fenster putzen / Auto waschen / einkaufen / Geschirrspülmaschine ein- und ausräumen / Gartenarbeiten ...

1 *Mann oder Frau? Wer wird deiner Meinung nach die Tätigkeiten auf den Fotos in der Regel erledigen?*

2 *Die Grafik gibt Hinweise, wie die Aufgaben in Familien verteilt sind. Notiere einige Feststellungen.*

3 *Jeder notiert zu den fünf Meinungen, ob er zustimmt oder nicht. Vergleicht dann eure Einschätzungen.*

4 *Mache einen Vorschlag, wie bei Familie Hansen die Aufgaben neu verteilt werden sollten.*

Methode: Karikaturen auswerten

Thema: Familie

Eine Karikatur ist eine Zeichnung, in der Personen oder Sachverhalte übertrieben, oft auch verzerrt dargestellt werden. Meistens enthält eine Karikatur eine Bildunterschrift oder einen kurzen Text. Zunächst sieht eine Karikatur durch die übertriebene Darstellung lustig aus. Dem Zeichner geht es jedoch nicht darum, einen Witz zu machen. Er möchte vielmehr den Betrachter auf ein Problem aufmerksam machen und ihn zum Nachdenken anregen. Sein Mittel dazu ist die Übertreibung in der Zeichnung bzw. der Widerspruch zwischen Text und Zeichnung.

Eine Karikatur enthält also stets eine versteckte Botschaft, welche die Meinung des Zeichners zu einem Problem wiedergibt. Der Karikaturist will erreichen, dass wir über seine gezeichnete Meinungsäußerung nachdenken und uns so selbst eine Meinung zum angesprochenen Sachverhalt bilden.

Ich hab' dir mal ein Konzept entwickelt, wie du deinen chaotischen Alltag effektiver organisieren kannst...!

* Konzept = Entwurf, Plan
** chaotisch = durcheinander, ohne Ordnung
*** effektiv = wirkungsvoll

(Gerhard Mester)

Tipps zur Auswertung von Karikaturen
Um eine Karikatur zu verstehen, geht man am besten in drei Schritten vor:
1. **Genau hinsehen:** Was ist gezeichnet? Wer oder was wird angesprochen? Was fällt in der Darstellung besonders auf?
2. **Problem erkennen:** Um welchen Sachverhalt, welches Problem geht es? Gibt der Text dazu Hinweise?
3. **Meinung deuten:** Welche Absicht verfolgt der Zeichner? Welche Meinung bringt er zum Ausdruck?

1 Werte die Karikatur zunächst allein aus. Gehe dabei nach den beschriebenen Schritten vor.

2 Vergleicht eure Auswertungsergebnisse: Wo gibt es Übereinstimmungen, wo Unterschiede in der Deutung?

Staatlicher Schutz für Familien ···

Grundgesetz Artikel 6

[Ehe – Familie – Kinder]

(1) Ehe und Familie stehen unter dem besonderen Schutze der staatlichen Ordnung.

(2) Pflege und Erziehung der Kinder sind das natürliche Recht der Eltern und die zuvörderst ihnen obliegende Pflicht. Über ihre Betätigung wacht die staatliche Gemeinschaft.

(3) Gegen den Willen der Erziehungsberechtigten dürfen Kinder nur auf Grund eines Gesetzes von der Familie getrennt werden, wenn die Erziehungsberechtigten versagen oder wenn die Kinder aus anderen Gründen zu verwahrlosen drohen.

(4) Jede Mutter hat Anspruch auf den Schutz und die Fürsorge der Gemeinschaft.

(5) Den nichtehelichen Kindern sind durch die Gesetzgebung die gleichen Bedingungen für ihre leibliche und seelische Entwicklung und ihre Stellung in der Gesellschaft zu schaffen wie den ehelichen Kindern.

Kindergeld

Elterngeld

Elternzeit

Steuererleichterungen

Mutterschutz

Ausbildungsförderung

Das .... **1** .... wird grundsätzlich bis zur Vollendung des 18. Lebensjahres gezahlt, in bestimmten Fällen, z. B. bei Studium oder Berufsausbildung, auch länger.

Beim .... **2** .... ist gesetzlich geregelt, dass jede erwerbstätige Frau sechs Wochen vor der Geburt ihres Kindes und acht Wochen danach nicht beschäftigt werden darf. Von Beginn der Schwangerschaft bis vier Monate nach der Geburt darf ihr grundsätzlich nicht gekündigt werden.

Väter oder Mütter, die ihr neugeborenes Kind selbst betreuen, erhalten .... **3** ....

Ziel des Berufsausbildungsförderungsgesetzes (BAföG) ist es, jungen Menschen, die es sich sonst finanziell nicht leisten könnten, eine ihrer Neigung, Eignung und Leistung entsprechende Ausbildung zu ermöglichen. Die Höhe dieser .... **4** .... richtet sich nach der Art der Ausbildungsstätte, der Unterbringung und dem Einkommen der Eltern.

Der Staat will Ehe und Familie durch .... **5** .... fördern. Verheiratete, von denen nur einer verdient, zahlen weniger Steuern als Alleinstehende.

Durch die .... **6** .... haben Erwerbstätige die Möglichkeit, sich eine längere Zeit ohne Sorgen um den Arbeitsplatz nur ihrem Baby widmen zu können. Es besteht für drei Jahre Kündigungsschutz, d. h. der Arbeitsplatz bleibt garantiert.

---

1 Warum wird die Familie durch das Grundgesetz ausdrücklich geschützt?

2 Die Begriffe am Rand nennen Beispiele, wie der Staat Familien durch Gesetze schützt und finanziell unterstützt. Welcher Begriff gehört zu welcher Erklärung? Ergänze den Lückentext auf deinem Arbeitsblatt oder notiere von 1 bis 6 in deinem Heft.

Das Wichtige in Kürze

Familie

Die Familie bildet die Grundlage der menschlichen Gesellschaft. Nach allgemeinem Verständnis umfasst eine Familie verheiratete Eltern und ein oder mehrere Kinder. Zur Familie im weiteren Sinne gehören auch die Verwandten. Die Vorstellung, was unter einer Familie zu verstehen ist, hat sich in den letzten Jahren mehr und mehr gewandelt.

Lebensformen im Wandel

Seit der Industrialisierung haben sich die Formen, wie Familien zusammenleben, stark verändert. Früher gab es vor allem die Großfamilie: Eltern, zahlreiche Kinder, Großeltern und unverheiratete Verwandte lebten und arbeiteten gemeinsam in einem Haushalt. Heute gibt es vor allem die Kleinfamilie (Kernfamilie). Eine Kleinfamilie besteht aus zwei Generationen: Eltern und Kindern. – In den letzten Jahrzehnten hat die Zahl der Scheidungen deutlich zugenommen. Viele Kernfamilien brechen auseinander. Zugleich nimmt die Zahl der Alleinerziehenden zu. Darüber hinaus ziehen immer mehr junge Leute zusammen, ohne zu heiraten. Als nichteheliches Kind auf die Welt zu kommen, ist heute Normalität, früher war dies ein Makel. Immer mehr Frauen und Männer entscheiden sich auch bewusst gegen eine partnerschaftliche Lebensform und leben allein. – Seit 2001 können auch gleichgeschlechtliche Paare vor einem Standesbeamten oder einem Notar erklären, dass sie miteinander eine Partnerschaft auf Lebenszeit führen wollen.

Aufgabenverteilung

In einem Familienhaushalt sind viele Aufgaben zu erledigen. Nach früheren Vorstellungen hatte sich allein die Frau um die Hausarbeit zu kümmern und die Kinder zu erziehen. Der Mann ging arbeiten und sorgte für das Einkommen der Familie. Solche alten Vorstellungen sind heute von einer partnerschaftlichen Aufgabenverteilung abgelöst worden. Dies ist vor allem für die Frauen wichtig, die durch Erwerbstätigkeit und Hausarbeit doppelt belastet sind.

Alleinerziehende Mütter und Väter

Viele Kinder werden heute von nur einem Elternteil betreut und erzogen. Ihre Mütter und Väter können ledig, verwitwet, dauernd getrennt lebend oder geschieden sein. Diese Alleinerziehenden stehen vor der Herausforderung, Familie, Beruf und Haushalt allein bewältigen zu müssen.

Schutz der Familie

Das Grundgesetz bestimmt, dass die Familie unter dem besonderen Schutz des Staates steht. Dieser Schutz zeigt sich auch darin, dass der Staat Familien mit Kindern finanziell unterstützt. So sollen die beträchtlichen Kosten, die Kinder verursachen, zu einem Teil wieder ausgeglichen werden. Solche finanziellen Hilfen sind zum Beispiel das Kindergeld, das Elterngeld, die Ausbildungsförderung und Steuererleichterungen für Familien mit Kindern. Weitere Bestimmungen sind z. B. der Mutterschutz und die Elternzeit.

Heutige Kleinfamilie

Was Kinder brauchen ....

Beispiel Marcus

Frau Layer wollte gerade ihre Geschirrspülmaschine ausräumen, als sie den kleinen Marcus im Kinderzimmer schreien hörte. „Warum schreit er denn", dachte sie, „er ist doch gut versorgt. Ich habe doch erst vorhin nach ihm geschaut." Eigentlich wollte Frau Layer gleich in das Kinderzimmer gehen – aber da fiel ihr ein, dass Frau Huber, die Nachbarin, gesagt hatte, man dürfe Babys nicht verwöhnen. Wer immer gleich renne, wenn das Kleine schreie, verhätschele das Kind nur. Außerdem sei Schreien gesund, weil es die Lungen kräftige.

Während Frau Layer die Spülmaschine ausräumte, nahm Marcus Schreien kein Ende, es steigerte sich sogar noch. Immer wieder blieb Frau Layer mit dem Geschirr in den Hand stehen und schüttelte den Kopf: „Was soll ich denn machen? Ich muss den Kleinen doch von Anfang an richtig erziehen. Aber der hört ja gar nicht mehr auf mit seinem Geschrei." Schließlich ging Frau Layer in das Kinderzimmer. Sie bemerkte, dass Marcus in die Windeln gemacht hatte. Das Baby wurde schon ruhiger, als sie es zum Wickeltisch trug. Sie hatte die besonders teuren neuen Saug-Windelhöschen gekauft, die im Werbefernsehen so empfohlen wurden.

„Für meinen Marcus ist das Beste gerade gut genug", dachte Frau Layer und freute sich darüber, wie gekonnt sie die Windeln wechselte.

Marcus war ruhiger geworden und verfolgte mit seinen Augen die Kopfbewegungen seiner Mutter. Unwillkürlich hatte Frau Layer begonnen, Koseworte zu ihrem Baby zu sprechen. „Er versteht mich ja doch nicht", dachte sie und schwieg dann. Sie trug Marcus zum Kinderbettchen und steckte ihm noch rasch den Schnuller in den Mund, damit er bald einschlafe.

Um 12 Uhr weckte sie Marcus wieder, denn nun war es Zeit, ihn zu stillen. Das Baby schrie zunächst, als sie es aus dem Bettchen holte, wurde dann aber ruhig, als Frau Layer es in den Arm nahm, ihr Kleid aufknöpfte und ihm die Brust gab. Während des Trinkens schmatzte das Baby, seine Augen beobachteten dabei die Mutter, während Frau Layer den Bericht über Kinderpflege in einer Illustrierten las. Nach dem Stillen legte sie Marcus wieder in sein Bettchen. „Jetzt ist er sicher müde", sagte sich Frau Layer und hängte eine Rassel über das Bettchen, damit das Baby etwas zum Spielen habe, wenn es aufwacht.

Beispiel Bernd

Frau Brandner war gerade beim Bügeln, als sie im Kinderzimmer den kleinen Bernd schreien hörte. „Gerade jetzt", dachte sie, „vielleicht hat er sich nass gemacht!"

Das Baby wurde schon ruhiger, als sie es zum Wickeltisch trug. Während sie die Windeln wechselte, verfolgten Bernds Augen ihre Kopfbewegungen. Frau Brandner sprach beim Wickeln mit freundlicher, sanfter Stimme. „Natürlich versteht er nicht, was ich sage", dachte Frau Brandner, „Hauptsache, er hört meine Stimme". Bernd lachte glucksend, als Frau Brandner ihm einen Kuss auf den Bauch drückte. Auch der Gummibär, der beim Zusammendrücken quietscht, schien dem kleinen Bernd zu gefallen. Er lächelte und versuchte immer wieder, nach ihm zu greifen.

Zwei Stunden später hörte Frau Brandner das Baby erneut schreien. „Jetzt wird er wohl Hunger haben", dachte sie, „eigentlich etwas früh." Im Körbchen lag Bernd mit rotem Gesicht und strampelte mit den Beinen. Frau Brandner nahm das Baby in den Arm, knöpfte ihr Kleid auf und gab ihm die Brust. Während des Trinkens schmatzte das Baby, seine Augen blickten in die Augen der Mutter. Frau Brandner lächelte und sprach mit freundlicher Stimme auf das Baby ein. Nach dem Trinken legte sie das Baby noch nicht in das Körbchen zurück. „Mit der Rassel spielt er doch so gerne", dachte sie und setzte sich mit dem Säugling an den Tisch. Der kleine Bernd lag entspannt in Frau Brandners Arm und beobachtete, wie sie die Rassel klappernd auftauchen und verschwinden ließ.

Von den Eltern lernt ein Kind nicht nur die Sprache. Es übernimmt im Laufe seiner Entwicklung auch ihre Einstellungen und Verhaltensweisen. Sie werden durch das Vorbild sowie Lob und Tadel weitergegeben. Ein kleines Kind, das seine Umwelt erkundet, begreift zum Beispiel nicht, warum es Bücher nicht zerreißen darf. Es befolgt aber das Verbot der Eltern, weil es deren Liebe nicht verlieren will. Andererseits wird ein Kind von seinen Eltern gelobt, wenn es ein erwünschtes Verhalten zeigt. Das Kind erfährt so durch Zuwendung (Zärtlichkeit, Lob, Anerkennung) oder durch Tadel (ernste Ermahnung, strenger Blick), welche Verhaltensweisen und Einstellungen von den Eltern gewünscht werden. Wenn die Eltern in bestimmten Situationen immer wieder die gleiche Reaktion zeigen, übernimmt ein Kind im Laufe seiner Entwicklung deren Einstellung. Gerade Lob ist in der Erziehung eine wichtige Hilfe, wenn Kinder versuchen, Schwierigkeiten zu überwinden. Durch die Anerkennung der Eltern wird ein Kind ermutigt und entwickelt Selbstvertrauen. Ein Kind kann aber auch entmutigt werden, wenn die Eltern ihm nichts zutrauen oder ihm alle Hindernisse aus dem Weg räumen. So hat es keine Möglichkeit, seine Fähigkeiten zu entwickeln und zu erproben. Entmutigt wird ein Kind auch, wenn von ihm Dinge verlangt werden, die es in seinem Alter noch gar nicht leisten kann.

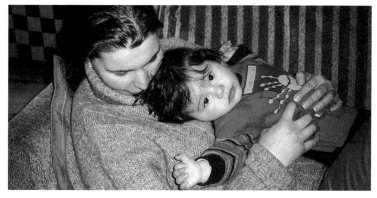

Liebe und Zuwendung sind für die Entwicklung eines Kindes sehr wichtig

(Zeichnung: © Marie Marcks, Heidelberg)

1 Frau Brandner und Frau Layer verhalten sich unterschiedlich beim Schreien des Babys, beim Füttern, beim Spielen und beim Umgang mit dem Säugling. Beschreibe die Unterschiede.

2 Auf welches Problem weist die Bildergeschichte hin?

3 Nenne einige Verhaltensweisen, die deiner Meinung nach bei der Erziehung bedeutsam sind.

Erziehungsziele – Erziehungsmittel

Erziehungsziele

Höflichkeit · Kreativität · Kritikfähigkeit · Anpassungsfähigkeit · Ausdauer · Ehrlichkeit · Gutes Benehmen · Offenheit · Ordentlichkeit · Fleiß · Hilfsbereitschaft · Pünktlichkeit · Zuverlässigkeit · Sauberkeit · Selbstständigkeit · Sparsamkeit · Toleranz · Unterordnung · Verantwortungsbewusstsein

Die 13-jährige Julia lebt mit ihrer Mutter in einer kleinen Wohnung. Da die Mutter seit Kurzem eine Vollzeit-Arbeitsstelle annehmen musste, vereinbarte sie mit Julia, dass diese bestimmte kleinere Aufgaben im Haushalt übernimmt. Das funktionierte bisher oft nicht, weil Julia die Aufträge vergaß, keine Lust dazu hatte oder so lange mit Freunden zusammen war, dass keine Zeit blieb, die Arbeit zu erledigen.

Die Mutter kritisiert auch, dass Julia so unordentlich ist. Nicht nur in Julias Zimmer bricht regelmäßig „das Chaos" aus, sondern sie lässt auch im Wohnzimmer, das der Mutter als Schlafzimmer dienen muss, alles liegen. Die Mutter ist sehr „sauer", wenn sie nach der Arbeit erst einmal eine halbe Stunde oder mehr aufräumen muss. Früher machte ihr das nichts aus, aber jetzt…! Als die Mutter ihrer Freundin ihr Leid klagt, hört sie von dieser: „Das ist Erziehungssache!" „Ich möchte aber, dass sich im Zusammenleben mit Julia eine Art Partnerschaft entwickelt", erwidert die Mutter. (…)

Erziehungsmittel

- ❏ Liebesentzug
- ❏ loben
- ❏ Vorbild sein
- ❏ tadeln
- ❏ drohen
- ❏ überzeugen
- ❏ strafen
- ❏ fördern
- ❏ unterstützen
- ❏ schlagen
- ❏ helfen
- ❏ befehlen

(aus: Kinder erziehen – aber wie? In: ZEITLUPE 30/Familie, S. 9. Hg.: Bundeszentrale für politische Bildung, Bonn 1994)

Rollenbilder

„Tanja – räume bitte die Geschirrspülmaschine aus! Ich muss noch einkaufen gehen."
„Warum denn immer ich? Das kann doch auch Frank machen!"
„Aber Tanja – Küchenarbeit ist doch nichts für Jungen. Frank hat gestern Vater geholfen, das Kaminholz in den Schuppen zu tragen. Das ist Männerarbeit!"
„Muss ich deswegen immer helfen, die gebügelte Wäsche zusammenzulegen, weil das ‚Frauenarbeit' ist?"
„Warum regst du dich denn so auf? Es ist doch gut, wenn du etwas Hausarbeit lernst. Das brauchst du doch später."
„Soll Frank doch bügeln lernen – das wird ihm später auch nützlich sein! Aber er guckt abends mit Vater lieber Sportschau…!"

Dieses Gespräch hat mit Rollenvorstellungen zu tun. Rollen ergeben sich aus den Erwartungen an das Verhalten. Früher erwartete man von Mädchen, dass sie zum Beispiel ruhig, fürsorglich und rücksichtsvoll sind. Jungen dagegen sollten stark, ohne Angst und bestimmend sein. Solche Rollenerwartungen – man spricht auch von „Rollenbildern" – werden in der Erziehung meist unbewusst weitergegeben.

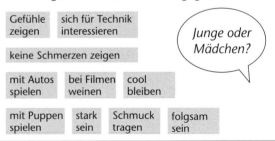

Gefühle zeigen	sich für Technik interessieren	
keine Schmerzen zeigen		
mit Autos spielen	bei Filmen weinen	cool bleiben
mit Puppen spielen	stark sein · Schmuck tragen	folgsam sein

Junge oder Mädchen?

1 Welche Erziehungsziele hältst du für sehr wichtig, welche für wichtig, welche für nicht so wichtig?

2 Wie sollte deiner Meinung nach Julias Mutter in der Erziehung vorgehen? Welche Erziehungsmittel sollte sie also einsetzen?

3 Junge oder Mädchen? Sprecht anhand der Stichworte über Rollenbilder in der Erziehung.

Typisch Mädchen – typisch Junge?

1 Holz war immer schon meine Leidenschaft. Schon mit sechs Jahren schnitzte ich meine erste Figur. Mittlerweile kann ich gut mit der Kreissäge umgehen.

2 Ich entwerfe und nähe gerne selbst Hosen und Pullover. Einige Kleidungsstücke habe ich auch schon verkauft.

3 Am Computer bin ich der Experte. Beim Programmieren und beim Spielen macht mir keiner etwas vor.

4 Ich spiele gerne Fußball. Seit ich laufen kann, renne ich hinter dem Ball her.

5 Ich mache schon das zweite Praktikum in einem Kindergarten. Mir macht es Spaß mit den Kleinen zu basteln und zu spielen.

6 Ich koche einfach gerne. Zu Weihnachten werde ich für unsere ganze Familie ein Festmenü zubereiten.

1 Ordne jede Aussage dem entsprechenden Foto zu.

2 Was fällt dir bei dieser Zuordnung auf? Notiere.

3 Wer bestimmt, was typisch für Mädchen und was typisch für Jungen ist?

Elterliches Sorgerecht

Aus dem Bürgerlichen Gesetzbuch

§ 1626 (Elterliche Sorge; Berücksichtigung der wachsenden Selbstständigkeit des Kindes)

(1) Der Vater und die Mutter haben das Recht und die Pflicht, für das minderjährige Kind zu sorgen (elterliche Sorge). Die elterliche Sorge umfasst die Sorge für die Person des Kindes (Personensorge) und das Vermögen des Kindes (Vermögenssorge).

(2) Bei der Pflege und Erziehung berücksichtigen die Eltern die wachsende Fähigkeit und das wachsende Bedürfnis des Kindes zu selbstständigem verantwortungsbewusstem Handeln. Sie besprechen mit dem Kind, soweit es nach dessen Entwicklungsstand angezeigt ist, Fragen der elterlichen Sorge und streben Einvernehmen an.

§ 1631 (Inhalt des Personenrechts, Einschränkung von Erziehungsmaßnahmen)

(1) Die Personensorge umfasst insbesondere das Recht und die Pflicht, das Kind zu erziehen, zu beaufsichtigen und seinen Aufenthalt zu bestimmen.

(2) Entwürdigende Erziehungsmaßnahmen sind unzulässig.

Fall Sabrina

Sabrina Bertold ist 16½ Jahre. Sie hat seit einigen Wochen einen 25-jährigen Freund, der einen neuen Wagen fährt und ihr „Klamotten" schenkt. Auf die Fragen ihrer Eltern nach dem Beruf ihres Freundes weiß Sabrina keine Antwort: „Darüber reden wir nicht." Sie kommt in letzter Zeit viel später nach Hause, als ihre Eltern ihr das erlaubt haben, und einige Male hatte sie ziemlich viel Alkohol getrunken. Ein Gespräch mit den Eltern über dieses Verhalten und über den Freund kommt nicht mehr zustande, weil Sabrina bei solchen Gelegenheiten schweigt. Die Eltern wollen den Freund sprechen, doch dieser findet angeblich so eine Vorstellung bei den Eltern altmodisch. Da verbieten ihr die Eltern jeden Umgang mit diesem Mann. Sabrina ist verzweifelt und reagiert wütend: „Ihr könnt nicht entscheiden, mit wem ich mich treffe."
Können dies die Eltern?

(aus: Elternrecht – Kinderrecht. In: Zeitlupe 30/Familien, S. 18. Hg.: Bundeszentrale für politische Bildung, Bonn 1994)

Minderjährig ist man, so lange man das 18. Lebensjahr noch nicht vollendet hat.

1 *Dürfen die Eltern Sabrina den Umgang mit dem Freund verbieten? Begründe.*
2 *Wie sollten sich Eltern nach dem Willen des Gesetzgebers in Konfliktfällen mit ihren Kindern verhalten?*

....Konflikte in der Familie

(Erich Rauschenbach)

„Es ist schon ein Kreuz mit unseren Eltern"

(AP/ikw). Streitende Eltern sind oft ein Alptraum für die Kinder. (...)

Grund für Elternzank gibt es reichlich. „Bei uns streiten sich unsere Eltern hauptsächlich um ihre Kinder" meint ein 16-jähriger Gymnasiast. (...) „Sie meinen, es wären die Erbanlagen bei uns, wenn wir Fehler oder Schrott machen. Aber von wem kommen die Erbanlagen? Darüber bekeilen sie sich. Es gibt dann bei uns Wortgefechte, die sind wirklich hörenswert." Auch die Eltern eines 12-jährigen Realschülers streiten wegen der Kinder: „Sie werfen sich vor, uns nicht richtig zu erziehen. Aber wenn die Eltern nicht einige Fehler machen würden, könnten wir gleich einpacken. Das wäre kein Leben mehr." (...) Auch Geld ist bei den Großen ein Streitthema, wie eine zwölfjährige Schülerin der Orientierungsstufe feststellt: „Vater ist sparsam. Mutter gibt gern aus. Wenn mein Bruder und ich dann noch mit Taschengeldforderungen kommen, ist es ganz aus. Es ist schon ein Kreuz mit unseren Eltern."

(aus: Sächsische Zeitung, 12./13.04.1996, S. 7)

1 Warum entstehen Konflikte in Familien? Die Karikaturen und der Text geben dir Hinweise.

2 Man hat festgestellt, dass an Sonn- und Feiertagen Konflikte in Familien häufiger auftreten als sonst. Warum wohl?

3 In der Pubertät kommt es öfters zu Konflikten zwischen Jugendlichen und Eltern. Notiere einige typische Beispiele.

Lösung von Familienkonflikten

Beispiel 1

Vater: Peter, mache dich bitte fertig. Wir gehen gleich spazieren.

Peter: Was? Muss ich da mit?

Vater: Hast du keine Lust zu einem Sonntagsspaziergang?

Peter: Überhaupt nicht! Ich finde Sonntagsspaziergänge schrecklich!

Vater: Spaziergänge gefallen dir nicht?

Peter: Na ja, ich gehe schon gern raus – aber es ist doch langweilig, wenn wir jeden Sonntag am Friedhof vorbei hinauf zum Buchenwäldchen gehen, um von dort die Aussicht ins Tal zu genießen.

Vater: Deine Mutter freut sich, wenn die Familie gemeinsam etwas unternimmt – und für einen Spaziergang bleibt meist nur der Sonntag.

Peter: Ich sehe ja ein, dass Mutter gern mit uns beiden etwas unternimmt, aber muss es denn immer ein Sonntagsspaziergang sein? Lars hat mich zufällig die letzten beiden Male dabei gesehen und jetzt zieht er mich damit in der Schule auf – ob ich denn schon mein „Verdauungsspaziergängchen" unternommen hätte und so …

Vater: Dir kommt ein Sonntagsspaziergang mit der Familie altmodisch vor?

Peter: Ja, ganz genau!

Vater: Du hast aber nichts dagegen, mit uns am Sonntagnachmittag etwas gemeinsam zu unternehmen, nur eben nicht gerade einen Spaziergang zum Buchenwäldchen?

Peter: Ja, das ist es.

Vater: Na, da wird sich sicher eine Lösung finden lassen. Hm – wir könnten ja heute Nachmittag in den Stadtpark gehen, dort ist eine Boule-Bahn. Mutter, du und ich könnten ein Boule-Turnier veranstalten.

Peter: Hört sich nicht schlecht an. Und am nächsten Sonntag fahren wir alle drei mit den Fahrrädern zum Silbersee.

Vater: Okay, hoffentlich ist mein Fahrrad nicht eingerostet.

Peter: Und wenn ihr wieder einmal hinauf zum Buchenwäldchen wollt – meinetwegen.

Beispiel 2

Vater: Peter, mache dich bitte fertig. Wir gehen gleich spazieren.

Peter: Was? Muss ich da mit?

Vater: Na hör' mal, spazieren gehen ist doch schön.

Peter: Ich habe aber keine Lust dazu!

Vater: An die frische Luft zu gehen, ist gut für die Gesundheit.

Peter: Ich bin doch gesund, warum soll ich dann noch raus?

Vater: Deine Mutter würde sich aber freuen, wenn die Familie wenigstens am Sonntag einmal gemeinsam etwas unternimmt.

Peter: Diese langweiligen Sonntagsspaziergänge: Am Friedhof vorbei hinauf zum Buchenwäldchen, um von dort hinab ins Tal zu schauen – ohne mich!

Vater: (ärgerlich) Ach, ich geb's auf – dann bleibst du eben zu Hause. Ich habe keine Lust, mich am Sonntag wegen eines Spaziergangs rumzustreiten.

Beispiel 3

Vater: Peter, mache dich bitte fertig. Wir gehen gleich spazieren.

Peter: Was? Muss ich da mit?

Vater: Na, hör' mal, was heißt denn „müssen"? Als ich in deinem Alter war, galt es als selbstverständlich, mit der Familie am Sonntagnachmittag spazieren zu gehen.

Peter: Spazieren gehen ist doch doof.

Vater: Doof? Du hast überhaupt keinen Familiensinn!

Peter: Wir gehen immer den gleichen Weg – das ist doch langweilig.

Vater: Du willst hier ja nur ewig vor deinem Computer sitzen!

Peter: Will ich gar nicht …

Vater: Keine Debatte, ich will nichts mehr hören! Du gehst beim Spaziergang mit und damit basta!

Peter: (wütend) Schon gut, dann gehe ich halt bei diesem blöden Spaziergang mit.

(Text „Drei Methoden …" aus: Thomas Gordon:
Familienkonferenz in der Praxis.
Wie Konflikte mit Kindern gelöst werden.
Rowohlt, Reinbek 1981, S. 164 f.)

Drei Methoden zur Konfliktbewältigung

Methode

Kommt es zu einem Konflikt zwischen Eltern und Kind, entscheiden die Eltern, wie die Lösung auszusehen hat. Sie gehen davon aus, dass das Kind ihre Lösung schon hinnehmen wird. Widersetzt sich das Kind, setzen die Eltern ihre Macht und Autorität ein, um das Kind zum Gehorsam zu zwingen.

Methode

Kommt es zu einem Konflikt zwischen Eltern und Kind, machen die Eltern einen Versuch, das Kind zu überreden, die Lösung der Eltern anzunehmen. Widersetzt sich das Kind, geben die Eltern nach und erlauben dem Kind, nach seinem Willen zu verfahren.

Methode 3

Kommt es zu einem Konflikt zwischen Eltern und Kind, fordern die Eltern das Kind auf, mit ihnen gemeinsam nach einer Lösung zu suchen, die für beide akzeptabel ist. Beide können Lösungen vorschlagen, die dann im Gespräch beurteilt werden. Schließlich entscheidet man, welches die beste Lösung ist. Dann überlegen sie, wie sie umgesetzt werden kann.

 1 Welches Gespräch und welche Methode zur Konfliktbewältigung gehören zusammen?

2 Was ist das Entscheidende bei der Methode 3?

Das Wichtige in Kürze

Frühkindliche Entwicklung

Ein Kleinkind braucht nicht nur Nahrung und körperliche Pflege, für seine Entwicklung sind Liebe und Zuneigung ebenso wichtig. Meist ist es die Mutter, die mit dem Säugling schmust, ihn anlächelt und liebevoll anspricht. Durch diesen ständigen Kontakt wird die Mutter für das Baby zur Bezugsperson, die ihm Geborgenheit und Sicherheit gibt. So entwickelt das Kleinkind Vertrauen zur Welt. Außer der Mutter können auch andere Personen (z. B. Vater, Großmutter) Bezugspersonen für ein Kleinkind sein. Wichtig für die Entwicklung ist jedoch, dass nicht immer wieder andere Personen das Kind betreuen.

Erziehung

Die Eltern sind die wichtigsten Erzieher eines Kindes. Sie beeinflussen sein Verhalten und Denken. Dabei spielt ihr Vorbild, das die Kinder nachahmen, eine große Rolle. Durch Lob und Tadel zeigen die Eltern ihrem Kind, welches Verhalten sie für richtig oder für falsch halten. So geben die Eltern ihre Einstellungen und Verhaltensweisen an ihre Kinder weiter und bereiten sie auf ein Leben in der Gemeinschaft vor. Die Vorstellungen, von denen sich Eltern in ihrer Erziehung leiten lassen, sind ihre Erziehungsziele. Sie werden stark von den Normen und Werten beeinflusst, die in einer Gesellschaft gelten. So wie diese sich ändern, ändern sich auch die Erziehungsziele. Früher waren Gehorsam, Ordnungsliebe und Fleiß wichtige Werte in der Erziehung. Heute wollen viele Eltern ihre Kinder zur Selbstständigkeit, Kreativität und zur Entfaltung ihrer Persönlichkeit erziehen. Besonders wichtig ist heute auch eine Erziehung zur Toleranz.

Rollenvorstellungen in der Erziehung

Eltern geben in der Erziehung auch ihre Vorstellungen weiter, wie sich ein Junge und wie sich ein Mädchen verhalten sollte. Solche Rollenvorstellungen ändern sich mit der Zeit ebenso wie Erziehungsziele.

Elterliches Sorgerecht

Bis zur Volljährigkeit müssen die Eltern viele Entscheidungen für ihr Kind treffen und als gesetzliche Vertreter Verträge abschließen. Nach den Bestimmungen des elterlichen Sorgerechts sollen die Eltern die Selbstständigkeit des Kindes fördern und ein partnerschaftliches Verhältnis suchen.

Konflikte

In jeder Familie, jeder Gruppe treffen immer wieder unterschiedliche Wünsche, Interessen oder Meinungen aufeinander. Aus solchen Situationen entstehen Konflikte, wenn ein Beteiligter seine Absicht durchsetzen will, ohne auf die anderen Rücksicht zu nehmen. Wenn sich alle bemühen, die Meinung der anderen zu verstehen, können solche Meinungsverschiedenheiten durch Kompromisse gelöst werden. Keinesfalls dürfen Konflikte gewaltsam ausgetragen werden.

Rollenvorstellungen ändern sich im Laufe der Zeit

Weißt du Bescheid?

Löse das Rätsel. Benutze dazu das Arbeitsblatt oder notiere die gesuchten Begriffe untereinander auf einem gesonderten Blatt. Die Buchstaben in der hervorgehobenen Spalte ergeben das Lösungswort. Es ist die Bezeichnung dafür, wie Eltern erreichen wollen, dass ihr Kind bestimmte Verhaltensweisen und Wertvorstellungen übernimmt.

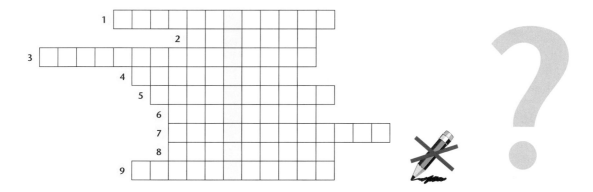

1 Ein Baby braucht das Gefühl der …, damit es Vertrauen zur Welt entwickeln kann.
2 Durch ihr … beeinflussen Eltern das Verhalten ihres Kindes.
3 Die … sind die Vorstellungen, von denen sich Eltern bei ihrer Erziehung leiten lassen.
4 Wenn in einer Familie unterschiedliche Wünsche, Interessen oder Meinungen aufeinandertreffen, können … entstehen.
5 Bis zur Volljährigkeit ihres Kindes haben die Eltern das … .
6 Kinder sind nach dem Gesetz zur … daheim verpflichtet.
7 Der ständige Kontakt mit einer festen … ist für die Entwicklung eines Kleinkindes wichtig.
8 Manche Aufgaben der früheren Großfamilie wie z. B. die Fürsorge bei …, hat heute der Staat übernommen.
9 Der staatliche Schutz der Familie ist im … und in der Landesverfassung verankert.

Betrachte die Karikatur: Was will der Zeichner ausdrücken?

(Detlef Kersten)

Weißt du Bescheid?

(Erich Rauschenbach)

Was will der Zeichner mit seiner Karikatur zum Ausdruck bringen?

Gruppenarbeit: Wie würdet ihr den Konflikt lösen?

Die beiden Fälle zeigen typische Konfliktsituationen in Familien. Wählt in der Gruppe einen Fall aus und erarbeitet einen Vorschlag, wie dieser Konflikt gelöst werden könnte.

Vergleicht dann euren Vorschlag mit den Lösungsvorschlägen, die andere Gruppen zu diesem Fall erarbeitet haben.

Fall 1: Die Lieblingsfernsehsendungen von Jens, 13 Jahre, und Ulla, 12 Jahre, kommen immer in der Zeit, in der die Familie beim Abendessen sitzt. Vater möchte, dass man sich in dieser Zeit ungestört unterhalten kann. Da redet man sich den Ärger vom Hals, plant Gemeinsames usw. Die Mutter möchte das Abendessen nicht um 45 Minuten verschieben, weil sie nicht so lange in der Küche stehen will. Die Familie hat keinen DVD-Recorder, weil sie das Geld zurzeit für andere Dinge braucht.

Fall 2: Frau Schulte und ihre beiden Töchter Caro, 15 Jahre, und Silke, 13 Jahre, bewohnen eine kleine Drei-Zimmer-Wohnung. Die Mutter hat sich das kleinste Zimmer als Schlafzimmer genommen, im größten Zimmer sind die beiden Mädchen, das dritte Zimmer wird als Wohnzimmer genutzt. Im „Kinderzimmer" gibt es dauernd Streit, denn Silke ist sehr ordentlich, Caro dagegen lässt alles, wirklich alles herumliegen, auf dem Tisch, auf dem Boden ... Der tägliche Streit soll nun ein Ende haben.

Leben in der Gemeinde

In Hessen gibt es etwa 430 Gemeinden. Jeder von euch lebt in einer dieser Gemeinden. Das kann ein Dorf, eine Kleinstadt oder auch eine Großstadt wie Frankfurt, Kassel oder Wiesbaden sein. In der Gemeinde habt ihr eure Freunde, dort fühlt ihr euch zuhause, dort geht ihr in die Schule und nutzt die Freizeiteinrichtungen. Die Gemeinde ist somit für Jugendliche der Lebensraum, in dem sie aufwachsen und wichtige Erfahrungen machen.

Die folgenden Seiten sollen euch dabei helfen, eure Gemeinde besser kennenzulernen und Antworten auf diese Fragen geben:

■ Welche Aufgaben erfüllt die Gemeinde für ihre Einwohner? Wie finanziert sie diese Aufgaben?

■ An welche Ämter der Gemeinde können sich die Einwohner mit ihren Anliegen wenden?

■ Welche Aufgaben obliegen Gemeindeverwaltung und Bürgermeister bzw. Bürgermeisterin? Wie werden beide gewählt?

■ Wie kommen Beschlüsse in der Gemeinde zustande? Wer hat letztlich das Sagen?

■ Welche Mitwirkungsmöglichkeiten haben die Bürgerinnen und Bürger?

■ Wie können Jugendliche in der Gemeinde ihre Wünsche einbringen und Interessen vertreten? Was ist ein Kinder- und Jugendparlament?

■ Engagement in der Gemeinde: Wo bieten sich interessierten Einwohnern Möglichkeiten?

■ Was sind Bürgerinitiativen? Wozu gibt es das Bürgerbegehren und den Bürgerentscheid?

Methode: Erkundung

Thema: Wir erkunden unsere Gemeinde ...

Eine Erkundung dient der realen Begegnung mit Experten, Politikern, Einwohnern, Institutionen, Behörden, Verkehrseinrichtungen usw. In der Erkundung geht es nicht nur um Wissenserwerb, sondern immer auch um das soziale Klima im Klassenverband und um die Selbsterfahrung im Umgang mit neuen Situationen. Eine Erkundung ist Unterricht – aber der Klassenraum wird verlassen, um etwas anzuschauen, zu überprüfen oder um mit jemandem ins Gespräch zu kommen. Erkundungen sollten langfristig geplant, korrekt vorbereitet und dann gemeinsam ausgewertet werden.

Wegweiser in einem Rathaus

Vorbereitung

Folgende Fragen sind zu klären:
- Welche Ziele werden angestrebt?
- Welcher Exkursionsort eignet sich dafür?
- Welche Teams wollen wir bilden?
- Wie lange soll die Erkundung dauern?
- Wie erreichen wir den Erkundungsort?
- Wie soll die Arbeit vor Ort ablaufen?
- Welche Absprachen sind vorher notwendig?
- Welche Arbeitsmittel sind notwendig?
- Was soll mit nach Hause genommen werden?
- In welcher Form soll die Auswertung der gesammelten Informationen erfolgen?

Durchführung

Mithilfe von Fragebogen und Beobachtungsbogen führt ihr die Erkundung vor Ort durch.

Auswertung

Die gewonnenen Erfahrungen werden am nächsten Schultag bzw. in der nächsten Unterrichtsstunde im Gespräch aufgegriffen.
Eine aufwendigere Form der Auswertung stellt z. B. die Erkundungsdokumentation dar, die in Form einer Klassenzeitung, Wandzeitung, Ausstellung, Fotoreportage oder Berichterstattung im Rahmen eines Elternabends angefertigt werden kann.

> **Mögliche Erkundungsziele in eurer Gemeinde**
>
> *Museum für Stadtgeschichte (Dorfgeschichte):* Hier werden geschichtlich relevante Fakten in interessanter Form präsentiert.
>
> *Rathaus:* Hier könnt ihr Informationen über die Arbeit der Gemeindevertretung bzw. Stadtverordnetenversammlung und des Bürgermeisters bzw. der Bürgermeisterin erhalten und erfahren, welche Ämter den Bürgerinnen und Bürgern zur Verfügung stehen. Informationen zur Wahl des Kommunalparlaments gibt es hier ebenfalls.
>
> *Touristenamt:* Welche Veranstaltungen in der Gemeinde stattfinden, lässt sich hier erfragen.
>
> *Kulturelle Einrichtungen und Sportstätten (Theater, Kino, Schwimmhalle usw.)*
>
> *Ihr könnt im Rahmen eurer Erkundung auch Experten befragen. Beachtet in diesem Fall die Hinweise auf Seite 61.*

1 Plant anhand des Ablaufplans eine Erkundung eurer Gemeinde.
2 Führt die Erkundung durch und wertet sie aus.

Pflichtaufgaben und freiwillige Aufgaben

Pflichtaufgaben: Diese Aufgaben muss die Gemeinde erfüllen.

Freiwillige Aufgaben: Zu ihrer Erfüllung ist die Gemeinde nicht verpflichtet.

1 Welche Aufgaben einer Gemeinde kannst du mit den einzelnen Fotos in Verbindung bringen?

2 Sieben Fotos weisen auf Pflichtaufgaben und fünf Fotos auf freiwillige Aufgaben hin. Wobei könnte es sich um Pflichtaufgaben handeln und wobei um freiwillige Aufgaben? Begründe deine Antwort.

Ämter und Einrichtungen der Gemeinde ....

Jugendamt	Feuerwehr	Schulverwaltungsamt	Ordnungsamt
Einwohnerservice	Gesundheitsamt	Frauenbüro	Standesamt
Kulturamt	Ausländerbehörde	Jugendamt	Sozialamt	Bauaufsicht
Stadtreinigung	Fundbüro	Sportamt	Kämmerei und Steuern

Mögliche Einrichtungen und Ämter einer Gemeinde/Stadt

1 *Ich möchte heiraten. Welches Amt ist für die Heirat zuständig?*

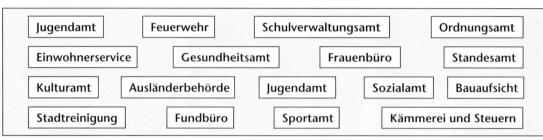

2 *Ich möchte mich über Brandschutz- maßnahmen informieren. Wer kann mir genaue Auskunft geben?*

3 *Die Radwege in unserem Bezirk sind so stark verschmutzt, dass ein hohes Unfallrisiko besteht. Wer ist da zuständig?*

4 *Ich bin umgezogen. Wo muss ich mich jetzt anmelden?*

5 *Ich möchte ein Haus auf meinem Grundstück bauen. Wo kann ich erfahren, wie hoch das Haus sein darf?*

6 *Ich plane eine längere Auslandsreise und möchte mich informieren, welche Impfungen da angeraten sind.*

7 *Ich würde gern Näheres über Ganz- tagsschulen in unserer Stadt wissen. Wer kann mir dazu umfassende Infor- mationen geben?*

8 *Ich bin Ausländer und möchte meine Aufenthaltserlaubnis verlängern lassen.*

9 *Ich habe einen Hund und muss für ihn Hundesteuer zahlen. Wo erfahre ich die Höhe der Hundesteuer?*

10 *Auf dem Spiel- platz habe ich eine Uhr gefunden. Wem die wohl gehört? Wo kann ich die Uhr abgeben?*

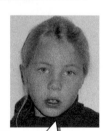

 An welches Amt bzw. welche Einrichtung der Gemeinde oder Stadt muss sich die Bürgerin, der Bürger wohl jeweils wenden?

Die Finanzen der Gemeinde

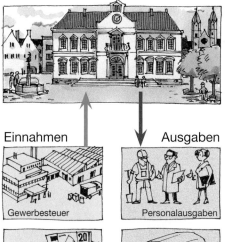

Einnahmen

Gewerbesteuer

Anteil an der Einkommensteuer

Grundsteuer

Gebühren

Zuweisungen des Landes

Ausgaben

Personalausgaben

Betriebsaufwand

Sozialhilfe

Investitionen

Auf die Dauer kann eine Famile nur so viel Geld ausgeben, wie sie auch einnimmt. Dies gilt auch für eine Gemeinde, die für die Dienstleistungen, die sie für die Bürgerinnen und Bürgern erbringt, ebenfalls Geld aufwenden muss: Beamte, Angestellte und Gemeindearbeiter müssen bezahlt werden, die Ämter und Behörden, in denen sie arbeiten, verursachen Kosten usw.

Für die Bewältigung ihrer Aufgaben kann eine Gemeinde auf Dauer nur so viel ausgegeben, wie sie auf der anderen Seite auch einnimmt. Dabei sollen sich Ausgaben und Einnahmen die Waage halten.

Auskunft über die Einnahmen und Ausgaben einer Gemeinde gibt ihr Haushaltsplan. Er gliedert sich in zwei Teile, den sogenannten Vermögenshaushalt und den Verwaltungshaushalt. In beiden Teilen werden Einnahmen und Ausgaben gegenübergestellt.

Der Vermögenshaushalt führt die Einnahmen und Ausgaben auf, die nicht regelmäßig und dauerhaft veranschlagt werden können. Das können beispielsweise Einnahmen aus dem Verkauf eines gemeindeeigenen Grundstückes sein oder Ausgaben für die Sanierung des Schwimmbads.

Der Verwaltungshaushalt hingegen weist regelmäßige, jedes Jahr wiederkehrende Einnahmen und Ausgaben aus. Beispiele dafür sind auf der einen Seite Erlöse aus dem Verkauf von Energie (Strom und Gas) durch gemeindeeigene Versorgungsunternehmen oder Steuereinnahmen und auf der anderen Seite Ausgaben für das Personal der Gemeindeverwaltung oder die Unterhaltung eines Kindergartens.

„Was ich schon immer sagte: viel zu kurz!"

1 Die neun kleinen Zeichnungen benennen Einnahmen und Ausgaben der Gemeinde. Kannst du sie den Begriffen Vermögenshaushalt und Verwaltungshaushalt zuordnen?

2 Auf welches Problem will die Karikatur hinweisen?

3 Besorgt den aktuellen Haushaltsplan eurer Gemeinde: Welche Ausgaben sind für euch Jugendliche besonders wichtig?

Interview mit einem Bürgermeister ....

1 Der Schwerpunkt liegt bei der Erweiterung der öffentlichen Einrichtungen. An erster Stelle steht dabei die Erstellung eines Flächennutzungsplans für das gesamte Gemeindegebiet. Darin wird festgelegt, was wo gebaut werden soll: Wohnungen, Sportstätten usw. Wichtig ist auch das Abwasser. Damit unsere Seen sauber bleiben und auch weiterhin zum Baden einladen, muss hier viel getan werden. Einzelmaßnahmen wie der Bau eines Kindergartens dürfen aber auch nicht vergessen werden.

Wir haben uns in der Klasse einige Fragen überlegt. Die erste Frage ist ...

2 Die sogenannten Selbstverwaltungsaufgaben der Gemeinde bestehen aus Pflichtaufgaben und solchen, die die Gemeinde freiwillig zusätzlich übernimmt. Zu den Pflichtaufgaben gehören zum Beispiel der Unterhalt von Schulen, der Bau und die Instandhaltung von Gemeindestraßen, die Wasserversorgung und die Abwasserbeseitigung. Freiwillige Aufgaben sind unter anderem die Unterhaltung von Theatern und die Veranstaltung von Konzerten. Außerdem gibt es noch die sogenannten Auftragsangelegenheiten, die die Gemeinde im Auftrag des Staates durchführt.

3 Da die Einnahmen nicht ausreichen, um alle Aufgaben zu erledigen, müssen wir eine Reihenfolge festlegen. Das ist oft schwierig. Gemeindevertretung und Bürgermeister orientieren sich dabei an der Notwendigkeit der Finanzierbarkeit. Diese muss unbedingt sichergestellt werden – durch Eigenmittel, Sponsoren und Zuschüsse des Landes.

5 Als Bürgermeister suche ich offene Gespräche mit Jugendlichen. In mehreren Vereinen bin ich aktiv tätig. Da geht es ungezwungen zu, da höre ich viele Meinungen. Was ich vermisse, sind Besuche von Schulklassen bei den Sitzungen der Gemeindevertretung. Ich unterstütze alle Aktivitäten, die helfen, dass sich Jugendliche und Gemeinde achten und gegenseitig schätzen lernen.

4 Es gibt vor allem dann Schwierigkeiten, wenn Einzelinteressen zu sehr verfolgt werden. Gemeinnutz muss vor Eigennutz gehen! Das ist aber nicht jedem bewusst. Bei dem geplanten Bau der Umgehungsstraße soll die Gemeinde zum Beispiel für Land einen überhöhten Preis an die Eigentümer zahlen.

Fragen der Schüler

A Welche Aufgaben hat eine Gemeinde zu erfüllen?

B Reichen denn die Einnahmen der Gemeinde aus, um alle Aufgaben zu erledigen?

C Welche wichtigen Entscheidungen stehen in unserer Gemeinde in der nächsten Zeit an?

D Was tun Sie für die Kinder und Jugendlichen?

E Sind alle Bürger immer mit ihren Entscheidungen einverstanden oder gibt es da auch Probleme?

Ordne jeder der fünf Antworten des Bürgermeisters die Frage zu, die die Schüler jeweils gestellt haben. Notiere dazu zum Buchstaben der Frage die Nummer der Antwort.

Methode: Expertenbefragung

Thema: Unsere Gemeinde ....

Viele Themen, die ihr im Unterricht behandelt, betreffen auch Erwachsene. Wenn ihr diese Erwachsenen befragt, könnt ihr bislang Unbekanntes erfahren. Mit „Expertenbefragung" ist somit gemeint, dass eine fachkundige Person zu ihrer Tätigkeit, zu ihren Erfahrungen usw. befragt wird.

Experten können zur Befragung in den Unterricht eingeladen werden. Ihr könnt die Experten aber auch an den Orten aufsuchen, an denen sie tätig sind, z. B. an ihrem Arbeitsplatz in ihrem Unternehmen oder in ihrem Büro in der Gemeindeverwaltung.

In einem Bürgerbüro

Im Jugendamt

Vorbereitung

Ihr müsst frühzeitig bei den Experten anfragen, ob sie zu einer Befragung bereit sind. Dabei besprecht ihr, ob sie zu euch in die Klasse kommen oder ob ihr zu ihnen geht. Ihr müsst auch mitteilen, worum es euch bei dem Gespräch vor allem geht. Dann kann sich der Experte oder die Expertin besser auf euch einstellen. Vor der Befragung macht ihr euch zur Sache kundig. Dann sammelt ihr Fragen und legt fest, wer sie stellt. Ihr müsst auch vereinbaren, wie die Antworten auf die Fragen festgehalten werden sollen, z. B. mit dem Kassettenrekorder (den Gast um Erlaubnis bitten!) oder durch Notizen mehrerer Protokollanten.

Durchführung

Beginnt eure Befragung mit einer Begrüßung und beendet sie mit einem Dank. Sagt vorab an, welcher Zeitaufwand vermutlich erforderlich ist. Benennt ggf. einen Ton- oder Filmexperten, der für die Aufnahmetechnik zuständig ist. Während des Gesprächs ist es wichtig, dass ihr nachfragt, wenn ihr etwas nicht verstanden habt.

Auswertung

Tragt die Ergebnisse eurer Befragung zusammen und haltet sie fest. Ihr könnt zu den Ergebnissen eurer Befragung gemeinsam ein Plakat gestalten oder einen Hefteintrag vornehmen.

 Was würdet ihr euren Bürgermeister oder eure Bürgermeisterin bzw. einen der Referatsleiter oder eine der Referatsleiterinnen gerne fragen? Stellt Fragen für eine Expertenbefragung zusammen und führt diese dann durch.

Das Wichtige in Kürze

Gemeinde/ Kommune

Jeder lebt in einer Gemeinde. Das kann ein Dorf, eine Kleinstadt oder auch eine Großstadt sein. Der Sammelbegriff für diese verschiedenen Siedlungen ist Kommune. Das Wort Gemeinde stammt von „gemein" im Sinne von „gemeinsam" ab, das Wort Kommune kommt aus dem Lateinischen und bedeutet „allen gemeinsam". Die beiden Begriffe bezeichnen also ein und denselben Sachverhalt. In seiner Gemeinde oder Kommune kennt man viele andere Einwohner und wird von zahlreichen Angelegenheiten gemeinsam betroffen.

Pflichtaufgaben

Die Gemeinde erfüllt für ihre Einwohner viele verschiedene Aufgaben. Es gibt Aufgaben, die in allen Gemeinden erledigt werden müssen. Hierzu gehören die Wasser- und Energieversorgung, der Unterhalt von Gemeindestraßen, Feuerwehr und Friedhof, die Führung eines Einwohnermelde-, Standes- und Wohnungsamts. Da die Gemeinden zur Erfüllung dieser Aufgaben verpflichtet sind, spricht man von Pflichtaufgaben.

Freiwillige Aufgaben

Neben den Pflichtaufgaben erfüllen die Gemeinden weitere Aufgaben freiwillig. Hierzu gehören zum Beispiel der Bau und Unterhalt von Jugendhäusern, Altenheimen, Festhallen, Schwimmbädern, Kinderspielplätzen, Sportstätten, Büchereien, Museen. Auch die finanzielle Unterstützung von Vereinen durch die Gemeinde ist freiwillig.

Gemeinde- verwaltung

Damit die Gemeinde ihre Aufgaben ordnungsgemäß erfüllen kann, benötigt sie eine Verwaltung. Die Gemeindeverwaltung berät, gewährt, überwacht, genehmigt, ordnet an und verbietet. Das Rathaus ist der Sitz der Gemeindeverwaltung. Zu den Ämtern der Gemeinde gehören zum Beispiel: Standesamt, Einwohnermeldeamt, Sozialamt, Steueramt, Ausländeramt. Damit die Bürgerinnen und Bürger nicht verschiedene Ämter aufsuchen müssen, richten immer mehr Gemeinden ein sogenanntes „Bürgeramt" ein. Dieses Amt kümmert sich um alle Angelegenheiten der Bürgerinnen und Bürger, bei denen sie mit Behörden der Gemeinde zu tun haben.

Haushaltsplan

Zur Erfüllung ihrer Aufgaben benötigt die Gemeinde Geld. Damit die Gemeinde weiß, wie viel Geld ihr zur Verfügung steht, muss sie jedes Jahr einen Haushaltsplan aufstellen. In ihm werden die erwarteten Einnahmen den geplanten Ausgaben gegenübergestellt. Zu den wichtigsten Einnahmen gehören Gebühren, Zuweisungen von Bund und Land und insbesondere Steuern. So müssen zum Beispiel Haus- und Grundbesitzer Grundsteuer zahlen und die in der Gemeinde ansässigen Unternehmen Gewerbesteuer. Die Höhe der Gewerbesteuereinnahmen hängt von der Anzahl und Gewinnsituation der Unternehmen ab. Ein wichtiger Einnahmeposten ist auch der Anteil an der Lohn- und Einkommensteuer, den die Gemeinde bekommt. Wichtige Ausgabenposten sind die Ausgaben für Schulen, Kindergärten, Kulturpflege, Gesundheit und Sport, Wohnungswesen und öffentliche Einrichtungen (z. B. Abwasserbeseitigung). Auch eine Gemeinde kann nur so viel Geld ausgeben, wie sie einnimmt. Da nicht alle Wünsche (z. B. ein neues Hallenbad) erfüllt werden können, müssen oft Vorhaben gestrichen oder zeitlich verschoben werden (Prioritätensetzung). Darüber wird in der Gemeindevertretung beraten und dann der Haushaltsplan beschlossen. Die Gemeindeverwaltung muss sich bei ihrer Tätigkeit an diese finanziellen Vorgaben halten.

Die Gemeindeordnung

In den 426 Städten und Gemeinden in Hessen werden Entscheidungen demokratisch getroffen. Dazu kommen die Bürgerinnen und Bürger jedoch nicht jedes Mal zusammen und entscheiden, sondern sie lassen sich durch gewählte Personen vertreten. Die Bürgerinnen und Bürger der Gemeinde wählen auf 5 Jahre die Gemeindevertretung. Diese vertritt dann ihre Interessen und entscheidet in allen wichtigen Angelegenheiten der Gemeinde. In Städten führt die Gemeindevertretung die Bezeichnung Stadtverordnetenversammlung.

Die gewählten Gemeindevertreter und -vertreterinnen sind ehrenamtlich tätig. Sie erhalten für ihre Tätigkeit keine Bezahlung. Die Gemeindevertreter und -vertreterinnen, die der gleichen Partei oder Wählervereinigung angehören, also die gleichen Ansichten vertreten, können jeweils eine Fraktion bilden. Im Schaubild rechts gibt es drei Fraktionen: Fraktion A, Fraktion B, Fraktion C.

Der oder die Vorsitzende beruft die Sitzungen der Gemeindevertretung ein und führt dort den Vorsitz. Die Einwohner der Gemeinde können an den Sitzungen teilnehmen, die Diskussionen verfolgen und am Ende auch Fragen stellen. Dies gilt aber nur für den öffentlichen Teil. Im sogenannten nicht öffentlichen Teil berät die Gemeindevertretung ohne Zuhörerinnen und Zuhörer, zum Beispiel über Personalangelegenheiten.

Die Gemeindevertretung bildet Ausschüsse, zum Beispiel den Haushaltsausschuss, den Bildungsausschuss oder den Jugendhilfeausschuss. Die Ausschüsse bereiten die Entscheidungen der Gemeindevertretung vor. In den Ausschüssen beraten die Gemeindevertreterinnen und Gemeindevertreter die anstehenden Probleme. Die Gemeindevertretung kontrolliert den Bürgermeister bzw. die Bürgermeisterin, außerdem kontrolliert sie die Gemeindeverwaltung.

Die Bürgerinnen und Bürger der Gemeinde wählen auf 6 Jahre die hauptamtliche Bürgermeisterin oder den hauptamtlichen Bürgermeister. In kleineren Gemeinden kann es statt einem hauptamtlichen nur einen ehrenamtlichen Bürgermeister bzw. eine ehrenamtliche Bürgermeisterin geben. Die Wahl-

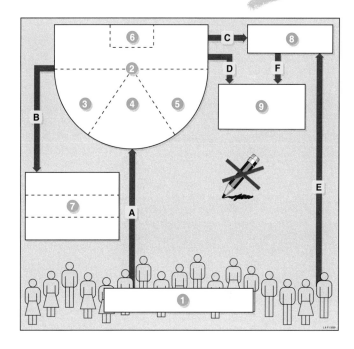

periode beträgt in diesem Fall 5 Jahre. In größeren Gemeinden trägt der hauptamtliche Bürgermeister die Bezeichnung Oberbürgermeister. Ein Oberbürgermeister oder eine Oberbürgermeisterin hat in der Regel zwei Stellvertreter bzw. Stellvertreterinnen.

Der Bürgermeister oder die Bürgermeisterin ist in der Gemeindevertretung stimmberechtigt. Er bzw. sie vertritt die Gemeinde nach außen, leitet die Gemeindeverwaltung und führt die Beschlüsse der Gemeindevertretung aus.

- Wie heißt euer Bürgermeister/Oberbürgermeister bzw. eure Bürgermeisterin/Oberbürgermeisterin?
- Welcher Partei gehört er bzw. sie an?
- Welche Parteien und Wählervereinigungen sind in eurer Gemeindevertretung oder Stadtverordnetenversammlung vertreten?
- Wie viele Sitze haben sie jeweils inne?
- Wie viele Sitze gibt es insgesamt in eurer Gemeindevertretung oder Stadtverordnetenversammlung?

Wo könnt ihr euch erkundigen, um diese Fragen zu beantworten?

1   Im Schaubild fehlen die im Text blau und gelb markierten Begriffe und Beschreibungen. Was gehört wohin? Trage auf deinem Arbeitsblatt ein oder notiere in deinem Heft.

2   Beantworte die Fragen im Kasten für deine Gemeinde oder Stadt.

Uns fehlt ein Jugendzentrum! ....

Freizeitangebote für Jugendliche? Das kann man doch bei uns vergessen, da ist überhaupt nichts los. Wir brauchen ein Haus, in dem wir uns treffen können. Dann könnten wir auch selbst aktiv sein, Veranstaltungen organisieren und so.

Saskia

Sportliche Aktivitäten gehören auf jeden Fall zu einem Jugendzentrum. Wir brauchen Angebote wie Basketball, Streetball, Fußball, Skateboard fahren.

Ralf

Wir müssen unsere Jugendlichen endlich ernst nehmen. Dazu gehört auch, dass sie hier bei uns in der Gemeinde ansprechende Freizeitangebote finden. Wir möchten, dass die Jugendlichen auch am Wochenende hier bleiben und nicht in die Großstadt fahren.

Frau Sauer

Ein Jugendzentrum mit Disco wäre prima. Dort würde ich mit meinen Freundinnen gerne hingehen, mal richtig abtanzen …

Mona

Im Jugendhaus sollte es auch Möglichkeiten zum Spielen geben: Tischtennis, Billard, Darts, Tischfußball und so weiter.

Florian

Ein Ort, an dem viele Jugendliche zusammenkommen, bringt auch Probleme. Da wird Alkohol getrunken, ordentlich Krach gemacht, die Gegend verschmutzt. Es kann sogar sein, dass die Jugendlichen dort auch Drogen nehmen.

Herr Wetzel

Jugendliche fahren mit dem Fahrrad oder Moped. Eine Fahrrad- und Mopedwerkstatt im Jugendzentrum wäre eine tolle Sache. Dort könnten wir uns gegenseitig beim Reparieren helfen und Tipps austauschen.

Mike

Ein Jugendzentrum kostet viel Geld und unsere Gemeinde ist knapp mit finanziellen Mitteln. Wir sollten unser Geld lieber für ein neues Hallenbad ausgeben, davon haben alle Bürgerinnen und Bürger etwas und nicht nur die Jugendlichen.

Frau Dingler

Jugendzentrum – ein Beispiel

Ein Jugendzentrum muss den unterschiedlichsten Wünschen und Vorstellungen von Kindern und Jugendlichen und den darin tätigen Erwachsenen gerecht werden. Es muss Räume für Spiele und Aktionen geben, eine Cafeteria, eine Diskothek, und nicht zu vergessen ein Büro für die Verwaltung.

In vielen Gemeinden wurden bereits vorhandene Gebäude zu Jugendtreffs umgebaut, seltener errichten Städte oder Gemeinden neue Häuser. Das Foto zeigt ein solches neues, als Sieger aus einem Architekturwettbewerb hervorgegangenes Jugendhaus. Es ist eine offene Begegnungsstätte für Kinder und Jugendliche.

Das Jugendzentrum ist ringförmig angelegt und nur zum Eingangsbereich hin offen. Die Kinder und Jugendlichen können sich wie in einer Höhle oder einem Schneckenhaus fühlen. Der Innenhof erinnert an ein Amphitheater. Ein frei stehender Kamin dient als Feuerstelle. Masten und Stahlseile ermöglichen es, den Hof mit einem Zeltdach zu überspannen.

Im Inneren des Gebäudes gibt es große, offene Räume, aber auch kleinere Sitznischen und Zimmer, in die sich die Besucher zurückziehen können. Die runde, fensterlose Diskothek ist in den Boden versenkt. Es wurden weitgehend nur natürliche Baumaterialien verwendet. Die Malerarbeiten haben die Jugendlichen selbst ausgeführt. In Gang gekommen ist die Sache mit dem Jugendzentrum überhaupt erst durch eine Initiative der Jugendlichen der Gemeinde.

1 Was gefällt dir an dem vorgestellten Jugendzentrum besonders?

2 Zur Errichtung eines Jugendzentrums gibt es meist unterschiedliche Meinungen. Notiere drei, vier Stellen aus den Aussagen in den Sprechblasen, die dir wichtig erscheinen.

3 Wie sollten Jugendliche vorgehen, wenn sie die Errichtung eines Jugendzentrums wünschen?

..............Fallbeispiel Jugendzentrum: Von der Idee bis zur Beschlussfassung

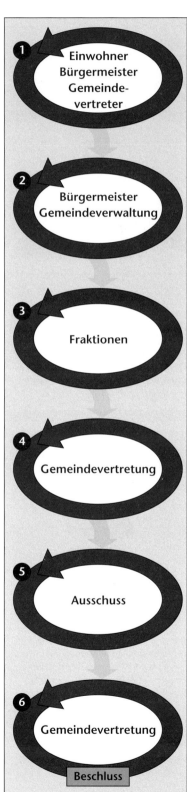

A In den Fraktionen beraten die Gemeindevertreterinnen und -vertreter über die Vorlage des Gemeindevorstands. Sie überlegen sich, welchen Standpunkt sie in der Gemeindevertretung einnehmen wollen.

B Im Jugend- und Sportausschuss wird die Vorlage eingehend beraten. Es wird z. B. über folgende Fragen gesprochen: Wie viele Räume sind nötig? Wo soll das Jugendzentrum errichtet werden? Soll es sofort oder erst in zwei Jahren gebaut werden? Welche Kosten entstehen? Nach gründlicher Diskussion kommt der Ausschuss mehrheitlich zu der Ansicht, dass das Jugendzentrum im alten Schulhaus eingerichtet werden sollte. Dazu soll dieses sofort umgebaut werden.

C Der Bürgermeister wird von Jugendlichen auf ein Jugendzentrum angesprochen. Er führt daraufhin Gespräche mit Einwohnern der Gemeinde und mit Gemeindevertreterinnen und -vertretern über die Errichtung eines Jugendzentrums. Er verspricht, das Problem „Jugendzentrum" von der Verwaltung prüfen zu lassen.

D In der ersten Sitzung der Gemeindevertretung zum Thema „Jugendzentrum" stellen die Vorsitzenden der Fraktionen ihre Standpunkte dar. Die Fraktion A vertritt die gleichen Vorstellungen wie der Gemeindevorstand. Die Fraktionen B und C wollen nicht so lange warten, sie befürworten den Umbau des alten Schulhauses in ein Jugendzentrum. Es findet eine Aussprache statt. Die Vorlage des Gemeindevorstands wird an den Jugend- und Sportausschuss überwiesen.

E Bei der nächsten Sitzung der Gemeindevertretung steht das Thema „Jugendzentrum" wieder auf der Tagesordnung. Bei dieser Sitzung soll es zu einem Beschluss kommen. Die Vorsitzende eröffnet die Sitzung der Gemeindevertretung …

F Die Fachleute in der Gemeindeverwaltung, z. B. im Jugendamt, erarbeiten für den Bürgermeister eine Vorlage. In dieser Vorlage wird z. B. festgehalten und begründet, warum ein Jugendzentrum benötigt wird, was es kosten wird und wer sich um den Betrieb kümmert. Die Vorlage endet mit dem Beschlussvorschlag: „Die Gemeinde errichtet in zwei Jahren einen Neubau für ein Jugendzentrum." Jeder Gemeindevertreterin und jedem Gemeindevertreter wird die Vorlage von der Vorsitzenden der Gemeindevertretung zur Prüfung zugeschickt.

 Das Ablaufschema zeigt, wie es zu einem Beschluss in der Gemeindevertretung kommt. Ordne jeder Station (1 bis 6) einen Textblock (A bis F) zu.

Fallbeispiel Jugendzentrum: Der Beschluss ....

Vorsitzende

Meine Damen und Herren, ich eröffne die heutige Sitzung der Gemeindevertretung. Die Einladung für die heutige Sitzung, verschiedene Unterlagen zu den Tagesordnungspunkten und das Protokoll der letzten Sitzung sind Ihnen zugegangen. Ich stelle fest, dass wir beschlussfähig sind. Es fehlen eine Gemeindevertreterin und ein Gemeindevertreter wegen Erkrankung. Sie haben sich beide entschuldigt. Haben Sie gegen das Protokoll der letzten Sitzung etwas einzuwenden? – Keine Einwände, dann ist es in der vorliegenden Form genehmigt. Wir kommen nun zu Punkt 1 der Tagesordnung: Errichtung eines Jugendzentrums. Dazu liegt Ihnen eine Vorlage des Gemeindevorstands vor. Diese Vorlage sieht vor, in zwei Jahren einen Neubau für ein Jugendzentrum zu errichten. Der Jugend- und Sportausschuss hat diese Vorlage beraten. Frau Korell, als Vorsitzende dieses Ausschusses haben Sie zunächst das Wort.

Vielen Dank, Frau Korell! Ich habe folgende Wortmeldungen notiert: zunächst der Herr Bürgermeister, dann Herr Joos und dann Frau Sperling. Herr Bürgermeister, bitte.

Bürgermeister

Der Gemeindevorstand meint, dass ein Notbehelf, wie es der Umbau des alten Schulgebäudes wäre, auf Dauer niemand dient. Für größere Veranstaltungen für die Jugend würde auch nach dem Umbau kein Saal zur Verfügung stehen. Damit ist der Ärger mit den Anwohnern in der Schlossstraße schon vorprogrammiert. Wir meinen: Lieber noch warten und dann eine optimale Lösung verwirklichen, wie es unser Vorschlag vorsieht. Das wäre auf jeden Fall der bessere Weg.

Vorsitzende

Herr Joos, Sie haben das Wort.

Frau Korell

Wir haben uns in unserem Ausschuss sehr eingehend mit der Errichtung des Jugendzentrums befasst. Dabei wurde deutlich, dass alle Ausschussmitglieder grundsätzlich für ein Jugendzentrum eintreten. Eine Fraktion will – wie der Gemeindevorstand – erst in zwei Jahren ein Jugendzentrum errichten. Die Mehrheit des Ausschusses empfiehlt jedoch den sofortigen Umbau des alten Schulhauses in der Schlossstraße in ein Jugendzentrum.

Herr Joos

Frau Vorsitzende, Herr Bürgermeister, meine Damen und Herren! Wir alle betonen immer wieder, dass wir etwas für die Jugendlichen in unserer Gemeinde tun wollen und tun müssen. Jetzt können wir beweisen, wie ernst wir das meinen. Wir können sofort damit beginnen, aus dem alten Schulhaus eine Begegnungsstätte für die Jugendlichen zu machen. Das muss nicht lange dauern – in zwei, drei Monaten kann da viel geschehen. Unsere Jugend braucht jetzt ein Jugendzentrum und nicht erst in zwei bis drei Jahren! Außerdem: Wer weiß, ob wir dann das Geld für den vorgeschlagenen teuren Neubau überhaupt haben.

> Vielen Dank, Herr Joos! Frau Sperling, Sie haben das Wort.

Frau Sperling

> Wir sind auch für die Jugend! Wir sind allerdings wie der Gemeindevorstand und der Herr Bürgermeister davon überzeugt, dass ein Neubau die bessere Lösung ist, auch wenn sich die Jugendlichen dann noch ein wenig gedulden müssen. Von der vorgeschlagenen kurzfristigen „Flickschusterei" halten wir nichts. Jetzt das Schulhaus umbauen und dann in einigen Jahren doch ein neues Jugendzentrum errichten, weil der Umbau den Notwendigkeiten vorn und hinten nicht entspricht, das ist ganz sicher die teuerste Lösung. Meine Fraktion unterstützt daher mit Nachdruck die Vorlage des Gemeindevorstands.

Vorsitzende

> Noch weitere Wortmeldungen? – Nein. Dann kommen wir zur Abstimmung. Wir stimmen über die Ausschuss- empfehlung ab. Sie sieht vor, durch den sofortigen Umbau des alten Schulhauses in der Schlossstraße ein Jugendzentrum einzurichten. Ich bitte um Handzei- chen: Wer ist dafür? 12 Stimmen! Wer ist dagegen? 7 Stimmen! Enthaltungen? 3 Enthaltungen! Damit ist die Mehrheit für den sofortigen Umbau des alten Schul- hauses und die Einrichtung eines Jugendzentrums noch in diesem Jahr. Die Vorlage des Gemeindevorstands ist somit abgelehnt. Punkt 1 der Tagesordnung ist damit erledigt, ich rufe Punkt 2 auf ...

– Es folgen weitere Wortmeldungen. –

1 Werte das Fallbeispiel „Jugendzentrum" mithilfe folgender Fragen aus:
  – **Einwohner/Bürgermeister/Gemeindevertreter:** Von wem geht die Anregung aus?
  – **Bürgermeister/Gemeindeverwaltung:** Welchen Inhalt hat die Vorlage des Gemeindevorstands?
  – **Erste Sitzung der Gemeindevertretung:** Welche Standpunkte nehmen die Fraktionen A, B und C ein?
  – **Ausschusssitzung:** Wie lautet die Empfehlung des Jugend- und Sportausschusses?
  – **Abschließende Sitzung der Gemeindevertretung:** Wie lautet der Beschluss der Gemeindevertretung? Wie ist das Mehrheitsverhältnis bei diesem Beschluss?

2 Die gelb unterlegten Textstellen in den Redebeiträgen der Vorsitzenden sind übliche Formulierungen von Vorsitzenden während Sitzungen der Gemeindevertretung. Erkläre für einige Textstellen, worin der Sinn der jeweiligen Formulierung wohl liegt.

Falls ihr gemeinsam eine Sitzung eurer Gemeindevertretung besucht, kann euch diese Doppelseite bei der Erarbeitung der Fragen für euren Beobachtungsbogen helfen: Bildet Gruppen. / Jede Gruppe notiert auf Kärtchen Beobachtungsfragen – je Kärtchen nur eine Frage. / Befestigt die Kärtchen an einer Pinnwand oder an der Tafel. Hängt die Kärtchen in Gruppen zusammen. Gruppen könnten z. B. sein: Entscheidungssache, Standpunkt der Fraktionen, Verhandlungsleitung, Beschluss. / Übernehmt die von den Gruppen erarbeiteten Fragen in einen Beobachtungsbogen, den ihr zur Sitzung mitnehmt.

Methode: Planspiel

Thema: Wir spielen Gemeindevertretung....

Bei einem Planspiel wird die Wirklichkeit vorgetäuscht, man sagt auch simuliert. Ein Problem oder ein Konflikt wird aufgegriffen und in verteilten Rollen durchgespielt. Die verschiedenen Rollen werden von Gruppen übernommen, die das Problem aus unterschiedlichen Interessenlagen sehen und zu lösen versuchen. Die Teilnehmer an dem Planspiel lernen dadurch, wie politische und wirtschaftliche Entscheidungen im Alltag zustande kommen.

Vorbereitung

In dieser Phase wird zunächst das Problem verdeutlicht, das im Planspiel durchgespielt und gelöst werden soll. Man sagt auch, die Ausgangslage wird geklärt. Die Spielregeln werden besprochen und anschließend die Gruppen gebildet.

Durchführung

Die verschiedenen Gruppen arbeiten sich in ihre Spielrollen ein und suchen dabei nach Argumenten für ihre Standpunkte. Sie planen darüberhinaus, wie sie vorgehen wollen.

Dann wird das Planspiel begonnen. Im Verlauf des Spiels muss jede Gruppe auf die Entscheidungen und Argumente der anderen Gruppen reagieren und ihre Vorstellungen vertreten.

Auswertung

Der Spielablauf und das Spielergebnis werden gemeinsam besprochen. Die einzelnen Spielgruppen berichten über ihre Absichten und ihre Vorgehensweise. Falls es eine „Beobachtergruppe" gab, berichten auch die Mitglieder dieser Gruppe.

 Führt das Planspiel „Wir spielen Gemeindevertretung" durch. Beachtet dabei die Hinweise zur Vorbereitung und Durchführung.

Hinweise z

1. Vorbereitung

Ausgangslage

Bei einer Ortsbesichtigung durch die Gemeind
vertretung wurden bei der Inspektion des Freib
des erhebliche Mängel festgestellt:
– Das Becken verliert ständig Wasser.
– Die sanitären Einrichtungen entsprechen nic
  mehr den heutigen Anforderungen.
– Die Sitz- und Liegetreppen sind verwittert.

Die Fraktionen meinen, dass man nicht einfach
Freibad schließen kann, ohne den Einwohnern e
andere Möglichkeit zu bieten. Sie haben jed
unterschiedliche Vorstellungen.

Fraktion A möchte einen gründlichen Uml
Durch Solaranlage und Wärmepumpe sollen
Betriebskosten gesenkt und die Freibadsaison
längert werden. Der Eintrittspreis muss er
werden. Er soll für Kinder 2 € und für Erwach
4 € betragen. Diese Preise decken jedoch nich
Betriebskosten. Die Gemeinde muss also fü
restlichen Kosten aufkommen.

...rbereitung und zur Durchführung des Planspiels

Fraktion B meint, dass nicht jede Gemeinde ihr eigenes Freibad braucht. Ein sehr schönes Freibad befindet sich in der Nachbargemeinde, die nur 6 km entfernt ist. Man sollte den Einwohnern der Gemeinde eine Verbundkarte anbieten. Dies ist eine Karte, die die Fahrt in einem öffentlichen Verkehrsmittel zum Freibad und Eintritt einschließt. Die Verbundkarte soll für Kinder 2 € und für Erwachsene 4 € kosten. Das jetzige Freibadgelände könnte zu einem Inline-Skater-Übungsplatz umgestaltet werden.

Fraktion C möchte das Freibad schließen. Dafür soll in Schulnähe ein kleines Hallenbad errichtet werden. Dieses Bad könnte das ganze Jahr genutzt werden, vor allem für den Schwimmunterricht der Schulen. Das jetzige Freibadgelände könnte zu einem Gelände für Ballspiele umgestaltet werden.

Gruppenbildung

– Es wird festgelegt, wer die Rolle des oder der Vorsitzenden übernimmt, z. B. durch Wahl.
– Es werden drei Fraktionen gebildet, z. B. durch Los. Keine Fraktion darf die absolute Mehrheit haben.
– Jede Fraktion wählt ihre Fraktionsvorsitzende bzw. ihren Fraktionsvorsitzenden.

2. Durchführung

1. Phase: Beratung in den Fraktionen

In den Fraktionen überlegen sich die Mitglieder möglichst viele Argumente für ihren jeweiligen Standpunkt. Man überlegt, mit welchen Gegenargumenten gerechnet werden muss und was man darauf erwidern kann. Die Sitzung wird vom Fraktionsvorsitzenden geleitet.

2. Phase: Beratung in der Gemeindevertretung

– Der Vorsitzende eröffnet und leitet die Sitzung.
– Die drei Fraktionsvorsitzenden stellen die Standpunkte ihrer Fraktionen dar. Jeder Gemeindevertreter kann Fragen an sie stellen.
– Der Vorsitzende erteilt den Gemeindevertretern das Wort.
– Eine Fraktion stellt den Antrag, die Sitzung zu unterbrechen.
– Der Vorsitzende schließt die Sitzung.

3. Phase: Beratung in den Fraktionen

– Jede Fraktion berät, ob sie sich dem Vorschlag einer anderen Fraktion anschließen kann und wo man kompromissbereit ist.
– Die drei Fraktionsvorsitzenden können miteinander Kontakt aufnehmen, um Kompromisse auszuhandeln.

4. Phase: Beratung und Beschluss in der Gemeindevertretung

– Der Vorsitzende eröffnet und leitet die Sitzung.
– Die drei Fraktionsvorsitzenden stellen die Ergebnisse ihrer Beratung vor. Jeder Gemeindevertreter kann Fragen stellen.
– Der Vorsitzende erteilt jeweils das Wort.
– Der Vorsitzende führt die Abstimmung durch. Jeder hat eine Stimme. Die Gemeindevertreter sind nicht an den Vorschlag ihrer Fraktion gebunden. Stimmenthaltungen werden nicht mitgezählt.

Das Wichtige in Kürze

Gemeinde-vertretung/ Stadtverordneten-versammlung

In jeder Gemeinde müssen fortwährend Entscheidungen getroffen werden. Da die Bürgerinnen und Bürger hierzu nicht ständig zusammenkommen können, wählen sie Personen, die sie vertreten. Die Wahl der Gemeindevertreter erfolgt auf fünf Jahre. In Städten werden sie Stadtverordnete genannt. Die Gemeindevertretung oder Stadtverordnetenversammlung entscheidet über alle wichtigen Angelegenheiten der Gemeinde oder Stadt. Die Gemeindevertreter sind ehrenamtlich tätig, erhalten also für ihre Tätigkeit keine Bezahlung. Aus ihrer Mitte wählen sie eine Vorsitzende oder einen Vorsitzenden, die bzw. der die Sitzungen der Gemeindevertretung leitet.

Fraktionen und Ausschüsse

Die Gemeindevertreter oder Stadtverordneten, die der gleichen Partei oder Wählervereinigung angehören, können sich zu Fraktionen zusammenschließen. Die Fraktionen wirken bei der Willensbildung und Entscheidungsfindung in der Gemeindevertretung oder Stadtverordnetenversammlung mit und stellen ihre Auffassungen öffentlich dar. Die Gemeindevertretung bildet Ausschüsse (z. B. Verwaltungsausschuss, Jugend- und Sportausschuss), in denen Gemeindevertreter aus den verschiedenen Fraktionen die anstehenden Themen beraten.

Gemeinde-vorstand/ Magistrat

Der Gemeindevorstand ist die Verwaltungsbehörde der Gemeinde. Er besteht aus dem Bürgermeister als Vorsitzenden und den Beigeordneten. In jeder Gemeinde sind mindestens zwei Beigeordnete von der Gemeindevertretung zu wählen. Der Gemeindevorstand vertritt die Gemeinde nach außen, bereitet die Beschlüsse der Gemeindevertretung vor und führt diese aus. In Städten führt der Gemeindevorstand die Bezeichnung Magistrat.

Bürgermeister/ Bürgermeisterin

Der hauptamtliche Bürgermeister oder die hauptamtliche Bürgermeisterin wird auf sechs Jahre von den Bürgerinnen und Bürgern der Gemeinde direkt gewählt. Jede Wählerin und jeder Wähler hat eine Stimme. Gewählt ist, wer mehr als die Hälfte der gültigen Stimmen erhält (Mehrheitswahl). Wenn im ersten Wahlgang keine Kandidatin, kein Kandidat über 50 Prozent der Stimmen erhält, findet ein zweiter Wahlgang statt. Dann ist gewählt, wer die meisten Stimmen bekommt. In Städten mit mehr als 50 000 Einwohnern lautet die Amtsbezeichnung für den Bürgermeister Oberbürgermeister bzw. Oberbürgermeisterin. In kleineren Gemeinden kann es ehrenamtliche Bürgermeister oder Bürgermeisterinnen geben. Diese werden für eine Amtszeit von fünf Jahren gewählt. Der Bürgermeister oder die Bürgermeisterin vertritt die Interessen der Gemeinde, leitet die Gemeindeverwaltung und sorgt dafür, dass die Beschlüsse der Gemeindevertretung ausgeführt werden.

Abstimmung bei einer Gemeindevertretersitzung

Eine Klasse macht Vorschläge

Sehr geehrte Frau Bürgermeisterin,

in den letzten Wochen haben wir, die Klasse 7 A der Realschule, auf Fotostreifzügen unsere Stadt erkundet. Wir waren überrascht, wie viele Straßen, Plätze und Parks uns kaum bekannt waren und was sich in den letzten Jahren alles verändert hat. Besonders toll finden wir natürlich den neuen Spielpark, der für viele von uns bereits zu einem Lieblingstreff geworden ist.

Bei unseren Erkundungsgängen sind uns allerdings auch Dinge aufgefallen, die aus unserer Sicht unbedingt verbessert werden sollten. Wir würden Ihnen gern in einem Gespräch schildern, was uns besonders am Herzen liegt. Wir glauben nämlich, dass Erwachsene viele Dinge mit anderen Augen sehen und nicht erkennen, was für Kinder und Jugendliche wichtig ist. Unsere Vorschläge könnten wir Ihnen anhand von Fotos und Skizzen erläutern. Vielleicht lässt sich etwas davon verwirklichen.

Einige Mängel möchten wir bereits an dieser Stelle ansprechen. Leider gibt es im Umkreis unserer Schule noch immer nicht genug sichere, besonders gekennzeichnete Fahrradwege. Rotfarbige Fahrradwege, getrennt von den Fahrspuren für Autos, wären für uns Schülerinnen und Schüler, aber auch für die älteren Fahrradfahrer wichtig. Vielleicht würden solche Radwege auch mehr Mitschüler dazu bewegen, zur Schule zu radeln, anstatt sich von ihren Eltern mit dem Auto bringen zu lassen. Das allmorgendliche Autogedränge vor dem Schuleingang sollten Sie sich einmal anschauen!

- zusätzliche Fußgängerampeln in der Stadt
- Freigabe des Schulhofs als nachmittäglicher Spielplatz
- rotfarbige Fahrradwege mit Fahrradsymbolen
- häufigere Leerung der Mülleimer in der Innenstadt
- Einrichtung einer Verkehrsschule für 10- bis 14-Jährige
- kleinere Gruppen bei der Nachmittagsbetreuung
- attraktivere Gestaltung des Schulhofs mit Spielgeräten
- Renovierung und Ausbau des Jugendhauses
- Ausdehnung der Tempo 30-Zone im Schulbereich
- zusätzlicher Wendehammer vor der Schule
- Demontage der unnützen Verbotsschilder im Stadtpark
- regelmäßige Säuberung der Gehwege von Hundekot

Verbesserungsvorschläge einer Klasse

1 Was könnte in deiner Gemeinde, deinem Stadtteil verbessert werden? Notiere deine Vorschläge.

2 Sammelt eure Vorschläge in der Klasse und wählt einige aus, die euch besonders wichtig scheinen.

3 Beschreibt diese Vorschläge genauer und teilt sie eurem Bürgermeister/eurer Bürgermeisterin mit.

Methode: Textauswertung

Thema: Eine Stadtverordnete berichtet ....

Einen längeren Text zu verstehen, ist nicht immer leicht. <u>Durchlesen allein reicht</u> meist <u>nicht</u>, um den Inhalt zu erfassen.

Es gibt <u>zwei Methoden</u>, aus einem Text wichtige Informationen herauszuholen. Diese beiden <u>unterscheiden sich</u> danach, ob man <u>in den Text hineinschreiben darf oder nicht.</u> Auf einem kopierten Arbeitsblatt oder in einem Buch, das einem gehört, darf man Vermerke machen, unterstreichen usw. Das darf man jedoch <u>keinesfalls bei Büchern oder Zeitschriften, die man entliehen hat.</u>

Für beide Methoden gilt, dass man <u>zuerst</u> den <u>Text ganz durchliest.</u> Nur so weiß man, worum es in dem Text überhaupt geht und an welchen Stellen Informationen stehen, die man sich merken will.

Wenn man im Text Vermerke machen darf, ist das Markieren oder <u>Unterstreichen</u> sinnvoll. Allerdings unterstreichen oder markieren anfangs die meisten viel zu viel. Wenn man später den Text erneut liest oder überfliegt, dann nützen viele Markierungen wenig. Also: <u>Nicht zu viel unterstreichen</u> oder markieren!

Man sucht dafür die <u>Wörter</u> oder <u>Begriffe, die</u> am besten <u>in Kürze sagen, worum es in dem Textabschnitt geht.</u> Nur diese unterstreicht oder markiert man. Wenn man sie sieht, fällt einem beim erneuten Lesen oder Überfliegen das Wichtigste des ganzen Abschnittes wieder ein. Diese Wörter erschließen gewissermaßen den Abschnitt, sind also <u>„Schlüsselwörter" zum Verstehen des Textes.</u>

Man kann auch Zeichen auf den Rand setzen. Ein <u>Ausrufezeichen</u> passt, wenn man etwas für besonders wichtig hält. Ein <u>Fragezeichen</u> kann man anbringen, wenn man etwas nicht verstanden hat, z. B. weil ein Begriff noch im Lexikon nachgeschlagen werden muss.

Wenn man nicht in den Text schreiben darf, muss man das Wichtigste beim Durchlesen herausschreiben. Man legt ein Blatt neben den Text und notiert sich beim Durchlesen, was man sonst markiert hätte.

Dafür gibt es zwei Möglichkeiten: Man kann die Informationen genau so abschreiben, wie sie im Text stehen. Oft ist es aber besser, man fasst das Wesentliche mit eigenen Worten zusammen. Das Herausschreiben von Informationen erscheint anfangs mühsamer als das Unterstreichen oder Markieren. Der Vorteil liegt jedoch darin, dass man sich in der Regel das Geschriebene besser merken kann.

Blatt neben den Text zum Notieren

Informationen genau so abschreiben, wie sie im Text stehen

Oder: Zusammenfassung mit eigenen Worten

zwar mühsam, aber Geschriebenes merkt man sich besser

Interview für die Schülerzeitung

Katharina Herrmann, Mitglied der Stadtverordnetenversammlung

Sie sind erneut als Stadtverordnete gewählt worden, Frau Herrmann. Was hat Sie dazu gebracht, sich politisch zu engagieren?

Frau Herrmann: Eigentlich habe ich mich immer schon für Politik interessiert und mich engagiert. In meiner Schulzeit war ich zum Beispiel Klassensprecherin und später sogar Schulsprecherin. Dann, während meiner Ausbildung zur Krankengymnastin, lief bei uns die Diskussion um die Einrichtung des Spiel- und Sportparks für Kinder und Jugendliche. Als begeisterte Skateboard-Fahrerin war ich Feuer und Flamme für den Park und habe bei der Bürgerinitiative mitgemacht – schließlich sollte ja auch eine Skaterbahn gebaut werden. Wie ihr wisst, hat sich der Einsatz der Bürgerinnen und Bürger gelohnt: Der Freizeitpark ist seit langem einer der beliebtesten Treffpunkte für die Kinder und Jugendlichen in der Stadt.

Ja, der Park ist klasse! Wie sind Sie denn nun aber Stadtverordnete geworden?

Vor etwa sechs Jahren hat mich ein Bekannter angesprochen, ob ich nicht für die Wählervereinigung, in der er Mitglied war, bei der Kommunalwahl kandidieren will. Ich habe mich aufstellen lassen und bin auf Anhieb gewählt worden.

Wie schaffen Sie es, die politische Arbeit mit Beruf und Familie unter einen Hut zu bringen?

Ach, eigentlich klappt das ganz gut. Mein Mann und ich haben uns immer schon Haushalt und Kinderbetreuung geteilt. Unsere Tochter geht jetzt das dritte Jahr zur Realschule, unser Sohn das erste. Die Kinder sind schon recht selbstständig und helfen zuhause mit. Schwieriger ist das schon mit meinen Pflichten im Beruf. Ich arbeite halbtags am Vormittag in der Praxis, muss manchmal aber auch nachmittags einspringen. Viele politische Termine wie Sitzungen im Rathaus oder Besichtigungen von Straßen, Plätzen und öffentlichen Gebäuden finden schon frühzeitig ab etwa 17 Uhr statt, und oft wird es abends spät. Das belastet doch sehr.

Wie viel Zeit wenden Sie täglich für Ihre politische Arbeit auf?

Das lässt sich so nicht beantworten, die zeitliche Belastung ist ganz unterschiedlich. An Tagen, an denen Sitzungen der Stadtverordnetenversammlung stattfinden, können das vier bis fünf Stunden sein. Hinzu kommt dann noch die Zeit für die Vorbereitung auf die Sitzung: Unterlagen lesen, mich mit meinen Fraktionskollegen und -kolleginnen abstimmen, Argumente sammeln usw. Nicht selten geht für mein politisches Engagement auch noch ein großer Teil der Wochenenden drauf.

Und trotzdem macht Ihnen die Arbeit als Stadtverordnete Spaß?

Ja, sehr! Der Kontakt zu den Menschen in unserer Stadt ist wichtig für mich. Ich komme mit vielen Leuten zusammen, höre mir ihre Sorgen und Wünsche an. Es macht mir Spaß, mich für das Allgemeinwohl einzusetzen. Und besonders schön ist es, wenn man Lob für seinen Einsatz bekommt.

Gibt es etwas, das Sie bei Ihrer politischen Tätigkeit stört?

Leider gibt es viel zu wenige Bürgerinnen und Bürger, die sich in der Gemeindepolitik engagieren, sodass die Arbeit nur von wenigen getragen wird. Besonders schwierig ist es, junge Leute für die Politik und die Mitarbeit in einer Partei oder Wählervereinigung zu begeistern. Das macht mich nachdenklich.

Was haben Sie in den vergangenen Jahren politisch erreicht?

Ich bin für meine Wählervereinigung vor allem in den Bereichen Bildung, Schule und Jugend als Expertin tätig gewesen. Wir haben es geschafft, trotz gesunkener Steuereinnahmen die Grundschule komplett zu modernisieren. Für die Schulen und Sportvereine im Ort wird demnächst eine neue Sporthalle auf dem Gelände der örtlichen Realschule gebaut. Die kann von verschiedenen Schulen und Sportvereinen genutzt werde. Viele Dinge, die dringend notwendig wären, bleiben aber auch einfach liegen, weil das Geld fehlt. Mir fällt es schwer, das den Mitbürgerinnen und Mitbürgern zu erklären.

 1 Werte das Interview wie auf Seite 72 beschrieben unter den folgenden Gesichtspunkten aus: Warum engagiert sich Frau Herrmann politisch? Was gefällt ihr an der politischen Arbeit? Was stört sie dabei?

2 Vergleiche deine Textauswertung mit der einer Mitschülerin oder eines Mitschülers.

Engagement in der Gemeinde ....

Die Lebensqualität in einer Gemeinde wird nicht nur von der Arbeit der Gemeindeverwaltung und von den Entscheidungen der Kommunalpolitiker bestimmt, sondern auch von den Vereinen, Bürgerinitiativen, Parteien und sonstigen in der Gemeinde aktiven Gruppen. Solche Zusammenschlüsse von Bürgerinnen und Bürger fördern das kulturelle und das sportliche Leben; soziales Engagement hilft die Not vieler Menschen zu lindern.

Vereine, Initiativen und Parteien haben auch Einfluss auf die Kommunalpolitik. So bestimmen Sportvereine beim Bau von Sportstätten in der Gemeinde mit. Umgekehrt versuchen die Parteien, prominente Vereinsmitglieder als Kandidaten und Kandidatinnen zu gewinnen, um von deren Bekanntheit und Ansehen zu profitieren.

„Ohne die Jugendgruppe meines Vereins wäre für mich das Leben in diesem Dorf ziemlich öde. So kann ich hier auch mal was mit Leuten machen."

„Die Vereinsvorstände wimmeln von Parteipolitikern. Die versuchen doch nur Beziehungen aufzubauen, damit sie bei den nächsten Wahlen wieder genügend Wählerstimmen bekommen."

„Die Ehrenamtlichen in Vereinen tun ohne Bezahlung viel Gutes für sich und andere. Ihr Engagement hält viele Leute davon ab, ständig vor der Glotze zu sitzen und zu vereinsamen."

„Sportvereine kosten doch vor allem Geld. Ständig fordern sie neue Turnhallen oder andere Sportanlagen. Und wer einfach nur so mal kicken will, der darf nicht einmal den Rasen betreten."

„Viele Vereine bilden doch eine geschlossene Gesellschaft. Kontakte zwischen Alten und Jungen gibt es da kaum, Neubürger und Einwanderer nehmen die gar nicht erst auf. Bei Sportvereinen ist das zum Glück doch meist anders."

Bürger vor Ort werden aktiv

Beispiel 1: Jugendrotkreuz
Das Jugendrotkreuz hat ungefähr 70 Mitglieder. Mädchen und Jungen sind etwa gleichstark vertreten. Es gibt zwei Jugendgruppen, die sich wöchentlich einmal treffen. In den Gruppenstunden gibt es Unterweisung in Erster Hilfe, aber auch Spiele, Basteln und Diskussionen. Zum Jahresprogramm gehören auch Wettbewerbe, Zeltlager und Ferienfahrten. An zwei Schulstandorten haben sich Schülerinnen und Schüler zu Schulsanitätsdiensten zusammengefunden. Sie bieten Hilfe von Schülern für Schüler an.

Beispiel 2: Freiwillige Feuerwehr
Rund 1,3 Millionen Feuerwehrleute zählt der Deutsche Feuerwehrverband, davon löscht und rettet eine Million ehrenamtlich. Deutschlandweit gibt es etwa 10 000 Einsätze pro Tag. Damit ihnen der Nachwuchs nicht ausgeht, versuchen die Feuerwehren dreierlei: In vielen Kommunen gibt es Jugendfeuerwehren; Frauen werden angeworben – sie sind häufiger zu Hause und so besser für den Feuerwehrjob geeignet; und neue Hausbesitzer werden gezielt angesprochen und zum Mitmachen aufgefordert.

Beispiel 3: Parteien
Die politischen Parteien in einer Kommune sind Vereinigungen solcher Bürgerinnen und Bürger, die dauernd oder für längere Zeit in einer Gemeinde politische Interessen vertreten und bestimmte politische Ziele verfolgen. Parteien wollen und sollen auf die politische Willensbildung Einfluss nehmen; sie streben nach Macht. Die Parteien und die Kandidaten und Kandidatinnen der Parteien treten bei Wahlen gegeneinander an.

Beispiel 4: Bürgerinitiativen

Bürgerinitiativen sind meistens spontan gegründete, zeitlich begrenzte und eher lockere Zusammenschlüsse von Menschen in einer Gemeinde. Sie wollen eng umgrenzte Ziele erreichen. Bürgerinitiativen entstehen in der Regel aus einem konkreten Anlass. Ihre Mitglieder fühlen sich von einer bestimmten Entwicklung oder einem geplanten Vorhaben unmittelbar betroffen. Dafür bzw. dagegen wollen sie etwas tun. Bürgerinitiativen versuchen, ihre Absicht auf dem Wege der Selbsthilfe oder aber mittels Öffentlichkeitsarbeit und mittels politischem Druck auf die „kommunalen Entscheidungsträger" durchzusetzen – z. B. mit dem Sammeln von Unterschriften oder mit Leserbriefen.

Beispiel 5: Selbsthilfegruppen

In Selbsthilfegruppen schließen sich Menschen zusammen, denen eine bestimmte Problemlage gemeinsam ist, z. B. eine Krankheit. Mitglieder von Selbsthilfegruppen tauschen ihre Erfahrungen aus. Das trägt dazu bei, die Vereinzelung abzumildern, unter der gerade Menschen in schwierigen Problemlagen leiden. Selbst auferlegte Aufgabe solcher Selbsthilfegruppen ist es, die Situation ihrer Mitglieder in der örtlichen Gemeinschaft bekannt zu machen und ihre Interessen gegenüber Gemeinde und Öffentlichkeit zu vertreten.

Beispiel 6: Schülerlotsen

55 000 Schülerlotsen mit rot-weißen Kellen überwachen nun wieder den Weg der Erstklässler zum Unterricht. Doch in manchen Ländern wie Bayern oder dem Saarland melden sich immer weniger Ehrenamtliche.

Michael Hartje, Geschäftsführer der Deutschen Verkehrswacht: „Generell ist die Zahl der Schülerlotsen eher rückläufig. Wir beobachten in unserem Bereich ein nachlassendes ehrenamtliches Engagement. Vielleicht, weil die Jugendlichen ihre Zeit lieber mit anderen Dingen verbringen ..."

1 Was meinst du zu den Aussagen in den Sprechblasen? Begründe deine Meinung und berichte dabei auch, ob du Mitglied in einem Verein, einer Jugendgruppe oder einer Bürgerinitiative bist.

2 Ordne die Aussagen in den Sprechblasen Ⓐ bis Ⓔ Personen zu, die in einer der sechs Beispiel-Gruppen aktiv sind. Tipp: Es sind unterschiedliche Lösungen möglich.

3 Welche Gruppen engagieren sich in deiner Gemeinde, deinem Stadtteil? Wie wichtig sind diese Gruppen, Initiativen, Parteien deiner Meinung nach für deine Gemeinde, deinen Stadtteil?

4 Stelle eine Liste der Parteien zusammen, die in deiner Gemeinde aktiv sind. Notiere hinter den Abkürzungen jeweils die vollständigen Namen der Parteien.

Jugendliche, mitgemacht!

In einigen hessischen Städten und Gemeinden gibt es ein Jugendparlament, das die Interessen der Kinder und Jugendlichen gegenüber der Stadtverordnetenversammlung bzw. Gemeindevertretung vertritt und sich für die Belange der Jugendlichen einsetzt. Die Mitglieder werden von den Jugendlichen der Stadt oder Gemeinde gewählt.

In Offenbach gibt es z. B. seit 1998 das „Kinder- und Jugendparlament" (KJP). Das KJP Offenbach hat eine eigene Homepage, auf der man sich genauer über seine Arbeit informieren kann: http://jugendparlament.junetz.de/ Die Auszüge auf Seite 77 geben einen Einblick, was das KJP ist, was es kann und wie es arbeitet.

Fünf junge Leute wirken auf verschiedene Weise am Gemeindeleben mit. Sie heißen Lea, Klaus, Michaela, Mirko und Stephanie.

1. Wer ist wer?
– Stephanie ist vier Jahre jünger als Mirko.
– Mirko ist jünger als Klaus.
– Michaela ist ein Jahr jünger als Lea.

2. Wer wirkt wie mit?
A Stephanie ist Mitglied in einer BUND-Gruppe. Diese Gruppe übernimmt eine „Bachpatenschaft".
B Die jüngste Person ist Mitglied im Jugendparlament.
C Michaela sammelt Unterschriften für ein Bürgerbegehren.
D Alle Berechtigten nehmen an dem Bürgerentscheid teil.
E Alle Wahlberechtigten nehmen an der Wahl zur Gemeindevertretung teil.
F Die drei ältesten Personen machen bei der Bürgerversammlung verschiedene Vorschläge zur Erweiterung der Fußgängerzone, die große Beachtung finden.
G Die beiden jüngsten Personen arbeiten in einer Bürgerinitiative mit, die für den Bau einer Umgehungsstraße kämpft.
H Klaus ist als Mitglied einer Partei politisch tätig.
I Die Mitglieder der Bürgerinitiative führen ein Gespräch mit dem Bürgermeister.

Name					
Alter	16 Jahre	18 Jahre	19 Jahre	20 Jahre	21 Jahre
Wie wirken die einzelnen Personen in der Gemeinde mit?					

Diskussion in einem Jugendparlament

1 Wie wirken die fünf jungen Leute in ihrer Gemeinde mit? Lege eine Tabelle nach dem vorgegebenen Muster an und notiere.

2 Fragt Erwachsene, welche Möglichkeiten sie nutzen, sich am Gemeindeleben zu beteiligen.

3 Werte die Informationen über das KJP Offenbach aus. Was erstaunt dich? Was hättest du nicht erwartet?

4 Gibt es bei euch ein Jugendparlament? Wenn ja: Nehmt Kontakt auf und ladet ein Mitglied zu einem Gespräch in den Unterricht ein. Notiert vorher, was ihr wissen wollt.

WAS IST DAS KJP?

„Kinder- und Jugendparlament"

Das KJP ist eine politische, überparteiliche Interessen-vertretung von SchülerInnen in Offenbach.

Das KJP wird alle zwei Jahre gewählt. (...)

Das KJP teilt sich in zwei Gruppen:
eine für Kinder bis zur 6. Klasse (Kinderfraktion)
und eine für Jugendliche (Jugendfraktion).

Das KJP hat sich zum Ziel gesetzt, Offenbach im Sinne von Kindern und Jugendlichen zu verändern.

KINDER- & JUGENDPARLAMENT
OFFENBACH

WAS KANN DAS KJP?

- Wir haben die Möglichkeit eure Probleme den Politikern der Stadt Offenbach vorzutragen.
- Veränderungsanträge in die Stadtverordnetenversammlung zu bringen.
- Wir bringen den Oberbürgermeister zu euch in die Schulen (KJP & OB on Tour), damit ihr ihm die Meinung sagen könnt.
- Wir arbeiten mit anderen Kinder- und Jugendbeteiligungsprojekten hessenweit zusammen.
- Wir machen Veranstaltungen und Aktionen (Bsp.: Kinderfest vor dem Rathaus), um die Leute auf eure Probleme und Ideen aufmerksam zu machen.

WIE ARBEITET DAS KJP?

Zwei- bis viermal im Jahr treffen sich die Delegierten (Mitglieder des KJP) und der Vorstand des KJP in der Vollversammlung und besprechen Arbeiten und Ziele für die Zukunft.

Wichtige Aufgaben übernehmen aber die Arbeitsgruppen (AG's) oder kleine Teams von Delegierten, die ein bestimmtes Thema bearbeiten.

Wenn man bei uns an einem Thema mitarbeiten will, muss man kein KJP-Mitglied sein. Also ihr Offenba-cher SchülerInnen kommt und macht mit, damit wir gemeinsam unsere Ideen verwirklichen können.

Natürlich steht bei uns nicht nur eintönige Arbeit an – im Gegenteil – eigentlich ist immer eine gute Stimmung bei uns!

BISHERIGE ERFOLGE DES KJP

- Inline-/Skateranlage im Leonhard-Eißnert-Park
- Kinderfarm
- Baumaßnahmen am JUZ Sandgasse
- Meinungsumfrage unter Offenbacher Jugendlichen ist durchgeführt
- Spielplatzrecherche der Kinderfraktion ist ausgewertet
- Aktion Fußball für Toleranz 2003 hat stattgefunden
- Veröffentlichung des Buches: „Au Backe, so 'ne Kacke"
- Kinderstadtplan ist veröffentlicht
- Kinderinfopunkt ist eröffnet
- Beachvolleyballturnier zugunsten der Kinder der Fröbelschule veranstaltet
- Ausstellung zum Thema Mobbing

(http://jugendparlament.junetz.de/ 11. 11. 2008)

Bürgerinitiativen

www.flughafen-bi.de
www.hwvkinzigtal.de
www.buergerintiative-muellverbrennung.de
www.bi-pro.de
www.bürgerinitiative-bürstadt.de

Bündnis der Bürgerinitiativen
Kein Flughafenausbau
Nachtflugverbot von 22 - 6 Uhr

www.flughafen-bi.de

Für eine lebenswerte
Region Rhein-Main

Das Bündnis der Bürgerinitiativen ist ein Zusammenschluss von Menschen mit folgenden gemeinsamen Zielen:

– **Verringerung der Flugbewegungen** und der bestehenden Belastungen durch Fluglärm, Luftverschmutzung und Bodenverbrauch durch Flugverkehr im Rhein-Main-Gebiet
– Schaffung von rechtlich **einklagbaren Grenzen der Belastungen** für die Bürgerinnen und Bürger
– **Verhinderung des Ausbaus** des Frankfurter Flughafens, des Flughafens Wiesbaden-Erbenheim, des Luftlandeplatzes Egelsbach und aller anderen Flughäfen, Flugplätze und sonstigen Einrichtungen, die der Kapazitäts-steigerung des Luftverkehrs in der Rhein-Main-Region dienen könnten
– Schaffung von nächtlicher Ruhe durch ein absolutes **Nachtflugverbot** von 22.00 bis 6.00 Uhr
– **mehr Sicherheit vor Abstürzen**

Bürgerinitiative
HÄNDE WEG VOM KINZIGTAL

Keine neuen Bahntrassen durch Bad Soden Salmünster

Wer wir sind und unsere Ziele

(...) ist Ziel und Zweck der Bürgerinitiative
● die Verhinderung der in der Raumempfindlich-keitsuntersuchung der Deutschen Bahn AG vorgestellten und geplanten neuen Bahntrasse im Bereich der Stadt Bad Soden-Salmünster
● die Bekanntmachung von Standpunkten und Forderungen der Bürger von Bad Soden-Sal-münster bei den zuständigen Stellen, Behörden und Instanzen sowie deren Durchsetzung, erforderlichenfalls mit Rechtsmitteln
● die Veröffentlichung bautechnischer, sozialer, ökologischer und finanzieller Auswirkungen der geplanten Bahntrassen
● den Ausbau des Lärmschutzes auf den bestehenden Verkehrswegen

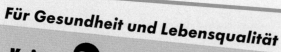

Für Gesundheit und Lebensqualität

Keine Müllverbrennungsanlage
MVA IM INDUSTRIEPARK HÖCHST
www.buergerinitiative-muellverbrennung.de

Bl-Pro
Für Umgehung B 40 / B 519

Bl-Pro Bürgerinitiative für die Umgehung B 40 / B 519

Wir sind Flörsheimer Bürgerinnen und Bürger aus den Stadtteilen Flörsheim, Weilbach, Wicker und Keramag/Falkenberg, die sich für den Bau der Umgehungsstraßen B 519 und B 40 engagieren. Wir tun dies in der Überzeugung, dass diese Umgehungsstraßen die einzige Möglichkeit sind, den Durchfahrtsverkehr aus unserer Stadt wirksam herauszubringen und damit die Menschen, vor allem an den Ortsdurchfahrten, nachhaltig von Lärm und Abgasen zu entlasten.

NEIN zur **GLOBUS-ANSIEDLUNG BÜRSTADT**

Bürgerinitiative „Gegen die Globus-Ansiedlung in Bürstadt"

(...) Der Ostteil Bürstadts ist ein Wohngebiet mit Einfamilienhäusern, bietet aber aufgrund seiner Lage weit außerhalb des Stadtzentrums auch verschiedenen ortsansässigen Vereinen Platz, die sich „im Grü-nen" seit langer Zeit angesiedelt haben. (...) Ein in die Natur einge-bettetes Fleckchen Naherholung für alle Bürger. Ein Großteil dieser Flächen soll nun an die Globus SB-Warenhaus Holding veräußert werden, denn diese möchte auf weiten Teilen des oben geschilderten Geländes ein SB-Warenhaus gigantischen Ausmaßes eröffnen. (...)

Bürgerinitiative
„Gegen die Globus-Ansiedlung in Bürstadt"

DANKE

Der Globus kommt nicht!!!!
Nachdem der Globus erst einmal abgesagt hat, werden wir die weitere Entwicklung mit Interesse verfolgen und uns im Rahmen der Möglichkeiten weiter einbringen.

Vielen Dank für Ihr Interesse.

Wie Bürgerinitiativen vorgehen können

(1) Bürger und Bürgerinnen sind mit den bestehenden Verhältnissen nicht zufrieden (z. B. kein Schwimmbad) oder wollen die Verwirklichung bestimmter Planungen (z. B. Parkhaus) verhindern.

(2) Die Bürgerinnen und Bürger versuchen Gleichgesinnte für ihr Anliegen zu gewinnen. Sie machen die anderen Einwohner auf ihr Anliegen aufmerksam, z. B. durch Handzettel, Plakate und Zeitungsanzeigen. Die Interessierten werden zu einem Treffen eingeladen.

(3) Es wird eine Bürgerinitiative gegründet – oft als Verein. Die Mitglieder wählen einen Vorsitzenden oder eine Vorsitzende. Er/Sie soll ihr Anliegen gegenüber den Parteien und der Gemeindeverwaltung deutlich machen.

(4) Die Bürgerinitiative trägt ihr Anliegen vor. Sie fordert den Bürgermeister oder die Bürgermeisterin und die Gemeindevertretung zu einer Stellungnahme auf. Dadurch wird das Anliegen allgemein bekannt. Es kommt zu einer breiten Diskussion in der Gemeinde.

(5) Die Gemeindeverwaltung und die Fraktionen der Gemeindevertretung greifen das Anliegen der Bürgerinitiative auf und suchen nach Lösungsmöglichkeiten.

Ein Politiker:

„Ich bin auch für Bürgerinitiativen. Sie müssen sich aber klarmachen, dass zu demokratischen Rechten auch die Verpflichtung gegenüber dem Gemeinwohl gehört.

Es ist eine schlimme Sache, dass immer mehr Menschen kommen und sagen:

• Natürlich will ich ein Auto fahren, aber die Straße soll gefälligst in einem anderen Stadtteil gebaut werden.

• Natürlich habe ich einen Kühlschrank, einen Geschirrspüler, eine Waschmaschine, einen Wäschetrockner, Fernsehgeräte, einen Videorekorder und eine Hi-Fi-Anlage, brauche also mehr Strom, aber ein Kraftwerk in meiner Nähe – auf gar keinen Fall!

• Natürlich will ich mit dem ICE und der S-Bahn fahren, aber neue Gleisanlagen bitte nicht vor meiner Tür, sonst werde ich meine demokratischen Rechte in Anspruch nehmen und verhindern, dass sie bei mir gebaut werden.

• Natürlich ist der Staat verpflichtet, für Vollbeschäftigung und Arbeitsplätze zu sorgen, aber eine neue Fabrik in unserem Stadtteil kommt nicht in Frage. Ich werde alle Hebel in Bewegung setzen, um den Bau zu verhindern.

• Natürlich besitze ich ein Handy, aber ein Funkmast in der Nähe meiner Wohnung geht nun wirklich zu weit.

Dies alles hat mit Demokratie nur der Form nach etwas zu tun. Hier ist eine Erziehungsaufgabe versäumt worden.

Bürgerinitiativen sind im Grunde etwas Positives. Da regen sich Bürgerinnen und Bürger und setzen sich für etwas ein. Das ist ein Punkt, wo man mit ihnen reden kann. Sie haben ja auch manchmal Recht, amtliche Pläne können verfehlt sein. Bürgerinitiativen von vornherein abzuschmettern, halte ich für falsch. Sie bieten einen guten Ansatzpunkt, um mit den Menschen zu reden: über das Abwägen der Güter, der privaten Interessen auf der einen und der öffentlichen Interessen, des Gemeinwohls auf der anderen Seite."

1 Notiere zu jeder der auf Seite 78 vorgestellten Bürgerinitiativen die Zielsetzung.

2 Worin sieht der Politiker die Vorteile von Bürgerinitiativen, worin ihre Nachteile?

3 Was will die Karikatur zum Ausdruck bringen?

Bürgerentscheid: Fallbeispiel Justizvollzugsanstalt in Hünfeld.......................

Die mittlerweile errichtete Justizvollzugsanstalt in Hünfeld mit einem angrenzenden Wohngebiet

Im Frühjahr 2000 bringt sich die Stadt Hünfeld als alternativen Standort für die in Schlüchtern geplante, umstrittene Justizvollzugsanstalt (JVA) ins Gespräch. Die Stadtverordnetenversammlung beschließt zu klären, ob und unter welchen Bedingungen die JVA errichtet werden kann. Unter den Bürgern regt sich Protest. Im Frühjahr 2001 entscheiden die Fraktionen die Standortprüfung abzubrechen, da man die angestrebte breite Unterstützung in der Bevölkerung für nicht erreichbar hält.

Im April 2001 schreibt das hessische Justizministerium einen Wettbewerb aus, der Standortkommune 2,5 Mio. € zur Verfügung stellen zu wollen, die ein geeignetes Grundstück für eine JVA anbieten und die bau- und planungsrechtlichen Rahmenbedingungen bis Ende August 2001 erfüllen kann. Insgesamt gibt es 36 Bewerberstädte, von denen fünf in die engere Wahl kommen. Hünfeld legt das beste Angebot vor und erhält den Zuschlag. Es bildet sich eine Bürgerinitiative, die für den Bau der JVA eintritt, und eine Bürgerinitiative, die dagegen ist.

In einer Bürgerversammlung im Mai 2001 werden die Bürger von der Stadtverwaltung, dem hessi-

schen Justizminister und dem Polizeipräsidenten ausführlich informiert. Der Justizminister erläutert, dass es um eine JVA für Straftäter mit einer Verbüßungsdauer zwischen sechs und 30 Monaten geht, Freigänger wird es nicht geben. Die Landesregierung gewährt der Stadt eine Investitionshilfe von 2,5 Mio. € und sichert zu, dass alle Landeseinrichtungen weiterhin in Hünfeld bleiben werden. Der Polizeipräsident erläutert, dass die JVA der Polizei vor Ort keine Mehrarbeit bringe. In anderen Städten mit Justizvollzugsanstalten habe sich die Kriminalitätsstatistik nicht verändert. In der anschließenden ausführlichen Aussprache bringen Befürworter und Gegner der Justizvollzugsanstalt ihre Meinungen vor und stellen Fragen.

Beide Bürgerinitiativen sammeln Unterschriften für ein Bürgerbegehren in ihrem Interesse. Die Mehrheit der Stadtverordneten und der Bürgermeister sind für die Errichtung der JVA. Die Bürgerinitiativen führen Informationsfahrten zu bestehenden Justizvollzugsanstalten durch.

Tatsächlich legen beide Bürgerinitiativen die notwendige Anzahl an Unterschriften für ein Bürgerbegehren vor: die Befürworter über 2700, die Gegner etwa 2100. Allerdings entspricht das Bürgerbegehren der Gegner nicht den rechtlichen Anforderungen an einen Bürgerentscheid, da es keine eindeutige Fragestellung enthält. Deshalb wird im Bürgerentscheid die Fragestellung der Befürworter zur Abstimmung gestellt, zumal diese inhaltlich die Interessen der Gegner in gleicher Weise berücksichtigt. Die Stadtverordnetenversammlung entscheidet daraufhin, das Bürgerbegehren der Befürworter zuzulassen und zur Abstimmung zu stellen. Diesem Verfahren stimmen auch die Gegner zu. Mit einer Gegenstimme entscheidet die Stadtverordnetenversammlung, dass ein Bürgerentscheid am 12. August durchgeführt wird.

Hessische Gemeindeordnung (HGO)

§ 8 b Bürgerbegehren und Bürgerentscheid

(1) Die Bürger einer Gemeinde können über eine wichtige Angelegenheit der Gemeinde einen Bürgerentscheid beantragen (Bürgerbegehren).

(3) Das Bürgerbegehren muss von mindestens Zehn vom Hundert der bei der letzten Gemeindewahl amtlich ermittelten Zahl der wahlberechtigten Einwohner unterzeichnet sein (…).

(6) Bei einem Bürgerentscheid ist die gestellte Frage in dem Sinne entschieden, in dem sie von der Mehrheit der gültigen Stimmen beantwortet wurde, sofern diese Mehrheit mindestens fünfundzwanzig vom Hundert der Stimmberechtigten beträgt. (…)

Argumente der Befürworter

- Hessen braucht Haftplätze für Straftäter. In dem Gefängnis wird es keine Schwerkriminelle und Freigänger geben. Straftäter sind keine Untermenschen. Engagierte Christen beider Konfessionen befürworten das Vorhaben aus christlicher Verantwortung.
- Hünfeld braucht Arbeitsplätze. Die JVA bringt 230 neue Arbeitsplätze. Gleichzeitig werden bis zu 300 Arbeitsplätze in der öffentlichen Verwaltung gesichert. Davon profitieren Arbeitnehmer, Handel und Gewerbe.
- Die JVA zahlt jährlich etwa 6–7 Mio. € Löhne an das Personal und kauft für etwa 2 Mio. € Waren und Dienstleistungen von Handel und Handwerk. Es fließt auch mehr Geld in die Stadtkasse. Das kommt allen zugute.
- Die JVA zahlt kräftig Abwassergebühren, Wassergeld, Strom und Gas in den gemeinsamen Topf. Davon profitieren auch die privaten Haushalte. Die Stadtwerke können weiterhin z. B. City-Bus und Anruf-Sammeltaxi für die Stadtteile finanzieren.
- Hünfeld erhält über die direkte Investitionsbeihilfe von 2,5 Mio. € hinaus zusätzlich etwa 3 Mio. € im Rahmen allgemeiner Projektförderung.

Argumente der Gegner

- Eine JVA mit 500 Insassen bedeutet, dass unsere Kleinstadt dadurch über 3 % kriminelle Einwohner bekommt. Mindestens 10 % der Inhaftierten erhalten regelmäßig Ausgang und werden in der Stadt unterwegs sein.*
- Ein Drittel aller Gefangenen sind drogenabhängig. Dieser Drogenkonsum hat Beschaffungskriminalität zur Folge und stellt eine Bedrohung für die Region dar. Eine Haftanstalt fördert Drogenmilieu, Waffenszene und Prostitutionsangebote.
- Eine JVA-Großanlage mit Stacheldraht, Wachmannschaft und ständiger Beleuchtung zerstört das Heimatgefühl und die Harmonie. Anwohner werden wegziehen. Gewerbeneuansiedlungen werden zurückgehen.
- 2,5 Mio. € können den Verlust an Sicherheit und Lebensqualität für Generationen nicht aufwiegen. Unsere Kinder und Kindeskinder werden mit der Haftanstalt weiterleben müssen.
- Wir fordern den Magistrat auf, sich um „echte" Wirtschaftsansiedlungen zu bemühen. Eine JVA blockiert die Zukunft Hünfelds und schreckt den Tourismus ab.

Anmerkung: Diese Argumentation ist nicht haltbar: (1) Melderechtlich werden Insassen einer Justizvollzugsanstalt nicht als Einwohner geführt. (2) In der Haftanstalt soll es keine Freigängereinrichtung geben.

Stimmzettel

für den Bürgerentscheid zur Frage der Ansiedlung einer Justizvollzugsanstalt in Hünfeld

Sind Sie dafür, dass die Stadt Hünfeld auf das Angebot des Landes Hessen zum Bau einer geschlossenen Justizvollzugsanstalt eingeht und die Errichtung einer Justizvollzugsanstalt an dem Standort Eckbereich BGS-Unterkunft/Schießstand/Molzbacher Straße erfolgt?

Ja ○   **Nein** ○

Auszählung der Stimmzettel

Die Entscheidung

Stimmberechtigte	12 225
Abgegebene Stimmen	7 589
Gültige Stimmen	7 543
„Ja"-Stimmen	3 892
(31,8 % der Stimmberechtigten)	
„Nein"-Stimmen	3 642
(29,7 % der Stimmberechtigten)	

1. Worum ging es bei diesem Bürgerentscheid? Wie ist er ausgegangen?

2. Beim Bürgerentscheid kann jeder Bürger und jede Bürgerin mitbestimmen. Wozu braucht man dann eigentlich noch eine Gemeindevertretung?

Bürgermeister Dr. Eberhard Fennel (rechts) gibt vor dem Rathaus das Ergebnis des Bürgerentscheids bekannt

Das Wichtige in Kürze

Mitwirkungs-möglichkeiten

Die Bürgerinnen und Bürger haben verschiedene Möglichkeiten, am kulturellen, sozialen und politischen Leben in ihrer Gemeinde mitzuwirken. Sie können in Parteien, Bürgerinitiativen und Vereinen mitarbeiten. Sie können ihre Anliegen aber auch in Gesprächen mit Gemeindevertretern und dem Bürgermeister oder der Bürgermeisterin vorbringen. Außerdem steht es ihnen offen, an Wahlen und Abstimmungen teilzunehmen.

Kommunalwahl/ Wahlgrundsätze

Nach unserem Wahlrecht müssen Wahlen allgemein, unmittelbar, frei, gleich und geheim sein. Dies gilt auch für die Gemeindewahl und die Wahl des Bürgermeisters oder der Bürgermeisterin.

Bürger-versammlung

In jeder Gemeinde sollte mindestens einmal im Jahr eine Bürgerversammlung stattfinden. Sie dient der Unterrichtung der Bürgerinnen und Bürger. Die oder der Vorsitzende der Gemeindevertretung leitet die Bürgerversammlung. Jede Bürgerin und jeder Bürger kann auf der Bürgerversammlung Fragen stellen, Vorschläge machen und auch Entscheidungen kritisieren.

Bürgerentscheid

Die Bürgerinnen und Bürger können über eine wichtige Angelegenheit in der Gemeinde einen Bürgerentscheid beantragen (Bürgerbegehren). Das Bürgerbegehren muss von mindestens 10 Prozent der wahlberechtigten Einwohner unterschrieben sein, dann kommt es zum Bürgerentscheid. Dieser ist erfolgreich, wenn die Mehrheit im Sinne der gestellten Frage entscheidet und diese Mehrheit mindestens 25 Prozent der Stimmberechtigten beträgt.

Bürgerinitiative

In Bürgerinitiativen schließen sich Einwohner oft dann zusammen, wenn sie eine bestimmte Forderung durchsetzen oder eine Entscheidung verhindern wollen.

Kinder- und Jugendparlament

Das Jugendparlament vertritt die Interessen der Kinder und Jugendlichen gegenüber der Gemeindevertretung oder Stadtverordnetenversammlung. Die Mitglieder werden von den Kindern und Jugendlichen der Stadt oder Gemeinde gewählt.

(Jan Tomaschoff)

Weißt du Bescheid?

Löse das Rätsel.
Die Buchstaben in der gelb unterlegten Spalte ergeben von oben nach unten gelesen das Lösungswort. So lautet die Amtsbezeichnung für die Leiterin der Gemeindeverwaltung in Städten mit mehr als 50 000 Einwohnern.

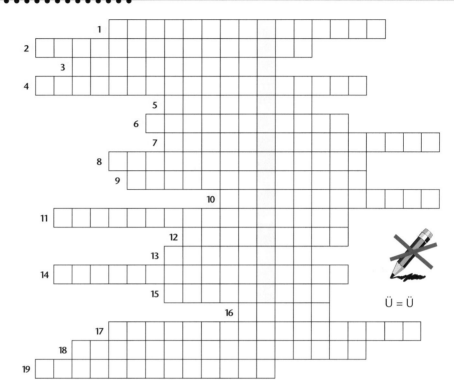

Ü = Ü

1 Die ... regelt, welche Aufgaben eine Gemeinde zu erfüllen hat und wie die Gemeinde organisiert wird.

2 Zu den ... einer Gemeinde gehört das Führen eines Einwohnermelde- und eines Standesamtes.

3 Neben den Pflichtaufgaben erfüllt die Gemeinde ... Aufgaben für ihre Einwohner. Dazu zählt z. B. der Unterhalt von Sportstätten und Spielplätzen.

4 Das wichtigste politische Gremium der Gemeinde, sozusagen ihr „Parlament", ist die ... .

5 Die Einnahmen und ... der Gemeinde müssen sich auf längere Sicht ausgleichen.

6 In den ... werden die Entscheidungen der Gemeindevertretung vorbereitet.

7 Die Bürger einer Gemeinde können über eine wichtige Gemeindeangelegenheit einen ... beantragen.

8 Dem Bürgerentscheid muss ein ... vorausgehen, das von einer festgelegten Mindestzahl der wahlberechtigten Einwohner unterzeichnet sein muss.

9 Der ... leitet die Gemeindeverwaltung.

10 In jeder Gemeinde sind Bürgerinnen und Bürger ... tätig. Sie engagieren sich sozial und setzen sich unentgeltlich für das Gemeinwohl ein.

11 In einigen hessischen Gemeinden gibt es ... . Sie vertreten die Interessen der Kinder und Jugendlichen.

12 Viele Gemeinden haben ein ... eingerichtet. Diese Stelle kümmert sich um alle Anliegen der Bürgerinnen und Bürger, bei denen sie mit Ämtern der Gemeinde zu tun haben.

13 Gemeindevertreter, die derselben Partei angehören, bilden in der Gemeindevertretung eine ... .

14 Der ... führt die Beschlüsse der Gemeindevertretung aus und vertritt die Gemeinde.

15 In Städten trägt der Gemeindevorstand die Bezeichnung ... .

16 Die Bürgermeister und Bürgermeisterinnen werden für eine Amtszeit von ... Jahren gewählt

17 Eine ... dient der Unterrichtung der Bürger. Sie sollte in jeder Gemeinde einmal im Jahr stattfinden.

18 Eine ... ist ein Zusammenschluss von Bürgerinnen und Bürgern, um ein Anliegen durchzusetzen.

19 Die Einnahmen und Ausgaben der Gemeinde werden im ... gegenübergestellt.

Was will die Karikatur auf Seite 82 zum Ausdruck bringen?

Weißt du Bescheid?

Der folgende Text beschreibt Zusammenhänge in der Gemeinde, allerdings sind eine ganze Reihe falscher Begriffe in den Text gerutscht. Ersetze die falschen Begriffe durch die am Rand aufgeführten richtigen. Benutze dazu das Arbeitsblatt oder notiere die richtigen Begriffe von 1 bis 17.

Mitbestimmung in der Gemeinde: Vorsicht, Fehler!

Stadtverordnete bei einer Sitzung

In Gemeinden und *Betrieben* ① werden Entscheidungen, die das Zusammenleben der Bürgerinnen und Bürger betreffen, *karnevalistisch* ② getroffen. Es wäre sehr schwierig, zu allen anstehenden Entscheidungen stets alle Bürger der Stadt oder der Gemeinde zu ihrer *Kontonummer* ③ zu befragen. Wie können die Bürgerinnen und Bürger ihre Meinung einbringen, die gerade im Urlaub sind oder zur Arbeit müssen? Wie sollen die Bürger ihre Meinung vertreten, die zu Hause auf *Wellensittiche* ④ aufpassen oder Kranke pflegen müssen? Was ist mit jenen, die keine Lust haben, an einer Bürgerversammlung teilzunehmen? Wer würde ihre Meinung vertreten?

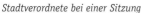

ehrenamtlich
Städten
Meinung
Bundesrepublik
Fraktion
gewinnen
Kinder
Legislaturperiode
gewählt
Wahlen
vertreten
demokratisch
beraten
akzeptieren
Fachausschüsse
Vertreter
bindende

In der *Bananenrepublik* ⑤ Deutschland ist es üblich, dass die Bürgerinnen und Bürger Vertreter wählen, die an ihrer Stelle die Entscheidungen treffen. Die *Profis* ⑥ werden auch als Repräsentanten bezeichnet. Unsere Demokratie ist deshalb eine repräsentative Demokratie. Bei den meisten Entscheidungen werden die Bürger von gewählten Repräsentanten *ausgelacht* ⑦.

In hessischen Gemeinden und Städten werden alle fünf Jahre *Turniere* ⑧ durchgeführt. Die gewählten Politikerinnen und Politiker bilden für die folgenden fünf Jahre gemeinsam die Gemeindevertretung oder Stadtverordnetenversammlung. Die gewählten Vertreter sind *hauptberuflich* ⑨ tätig. Sie üben also weiterhin ihre Berufe aus. Für ihre Tätigkeit als Politiker erhalten sie eine Aufwandsentschädigung. Die Politiker, die der selben Partei angehören oder eine ähnliche politische Ansicht vertreten, bilden jeweils eine *Stammtischrunde* ⑩.

Die Gemeindevertretung oder Stadtverordnetenversammlung teilt die anstehende Arbeit unter sich auf. Es werden thematisch zuständige Fachausschüsse gebildet. In den Ausschüssen werden dann z. B. Angelegenheiten zum Hoch- und Tiefbau oder zur Schulpolitik *verraten* ⑪ und beschlossen. Die Verwaltung der Gemeinde oder der Stadt legt zu den anstehenden Beratungen Vorschläge vor. Die Entscheidungen der *Fachverschlüsse* ⑫ dienen als Grundlage und Vorbereitung der Sitzungen der Gemeindevertretung oder Stadtverordnetenversammlung. Hier werden von den gewählten Vertretern *verbindende* ⑬ Entschlüsse gefasst. Es kommt selten vor, dass Entscheidungen in der Gemeindevertretung oder der Stadtverordnetenversammlung einstimmig getroffen werden. Meistens versuchen mindestens zwei unterschiedliche Meinungen, eine Mehrheit der Vertreter für sich zu *verlieren* ⑭. Nach der Abstimmung gibt es dann Gewinner und Verlierer. Die Gewinner haben ihre Sichtweise durchgesetzt. Die Verlierer *verachten* ⑮ ihre Niederlage und versuchen, bei der nächsten Abstimmung die Mehrheitsmeinung zu stellen.

Nach Ablauf der fünf Jahren dauernden *Hinspielrunde* ⑯ können die Bürgerinnen und Bürger neu wählen. Sie entscheiden, ob sie sich von den Politikerinnen und Politikern gut vertreten fühlen. Die Parteien oder Politiker, die nach Ansicht der Bürger gute Arbeit als Vertreter geleistet haben, werden wieder *ernannt* ⑰. Diejenigen, die in den Augen der Bürger weniger gute Arbeit geleistet haben, werden nicht wiedergewählt.

Suchtgefährdung

Kinder und Jugendliche leben in Gemeinschaft mit anderen. Sie wachsen in der Familie auf, lernen mit ihren Mitschülerinnen und Mitschülern in der Schule und verbringen einen Großteil ihrer Freizeit mit Freunden in der Clique. In solchen Gemeinschaften entwickeln Kinder und Jugendliche vielfältige Beziehungen zu anderen Menschen und lernen, sich in die Gesellschaft einzufügen. Zur Jugendzeit gehört es auch, Neues auszuprobieren. Viele Jugendliche rauchen einmal eine Zigarette oder trinken gelegentlich ein alkoholisches Getränk. Bei einer beträchtlichen Anzahl wird Rauchen und Alkoholverzehr allerdings zu einer festen Konsumgewohnheit, manche Jugendliche geraten gar in den Strudel der Sucht. Oft ist es die Gruppe oder Clique, in der Jugendliche das erste Mal mit Suchtmitteln in Kontakt kommen.

Das folgende Kapitel beschäftigt sich unter anderem mit diesen Fragen:

- Wie sehen Jugendliche sich selbst, wie sehen andere sie? Was versteht man unter Selbstbestimmung, was unter Fremdbestimmung?

- Welchen Stellenwert hat Freundschaft im Jugendalter? Wie wichtig ist die Clique?

- Was ist eine Gruppe? Welche Erwartungen hat eine Gruppe an ihre Mitglieder? Wie kann es zu Konflikten in der Gruppe kommen?

- Was wird unter Sucht verstanden? Warum geraten manche Menschen in eine Sucht?

- Welche Süchte gibt es? Worin unterscheiden sich legale und illegale Drogen?

- Wie kann der Weg in eine Sucht verlaufen? Wie kann der Abhängige oder die Abhängige aus der Sucht wieder herauskommen?

Lenas Tagebuch ....

Lena, 14 Jahre,
besucht die 7. Klasse
einer Realschule.
Jeden Tag schreibt
sie in ihr Tagebuch,
was sie bewegt.

Montag, 3.3.

Toll! Mama hat mir verboten mit den anderen ins
Kino zu gehen. Sie sagte was von „schlechter Umgang" und so, dabei kennt sie die doch gar nicht
richtig. Frau Bauer von nebenan hat Susi neulich im
Park beim Rauchen gesehen und jetzt denkt Mama
wahrscheinlich, dass ich auch rauche.

Dienstag, 4.3.

Erst der verpatzte Tag gestern und dann heute eine
Fünf in Mathe. Das kann ja nur mir passieren. Bloß
nicht Mama sagen, dann flippt sie völlig aus und
schreit rum. Morgen ist ja auch noch ein Tag.

Donnerstag, 6.3.

Tja, das war's dann für heute. Mein Mathelehrer hat
angerufen und gefragt, warum die Fünf nicht unterschrieben sei. Jetzt ist hier die Hölle los. Schule nervt
total und das „wir wollen nur dein Bestes" kann ich
auch nicht mehr hören. Woher wollen alle wissen,
was mein Bestes ist? Das Beste wäre kein Stress mehr!

Donnerstag, 13.3.

Eine Woche Hausarrest ist vorbei. Prima! In der
Woche scheint „draußen" viel passiert zu sein. Martin, Susis Bruder, gehört jetzt zu den Coolen aus der
9b. Die kiffen und rauchen heimlich im Park. Da ist
auch der süße Paul dabei.

Freitag, 14.3.

Ich war heute mit Susi im Park. Da waren wirklich Martin und Paul. Der ist ja so niedlich! Als er
mich gefragt hat, was für Musik ich höre, habe
ich nur gestottert und ein peinliches „Tokio Hotel"
rausgebracht. Bestimmt hält Paul mich jetzt für
kindisch.

Montag, 17.3.

Nachdem ich mich am Freitag so blamiert habe, hat
mich Paul heute nicht mal mehr im Hof angesehen.
Alles vorbei! Ich bin total verzweifelt. Susi will jetzt,
dass ich zu ihm gehe. Mache ich aber nicht. – Mama
will auch dauernd irgendwas, dass ich für Mathe
lerne und so. Und Papa will ohnehin, dass ich in der
Schule besser werde. Dann soll ich auch noch höf-
licher und freundlicher sein. Besonders zu Frau Bauer,
aber die kann ich nicht leiden. Nur was ich will, das
fragt keiner. Ich fühle mich wie eine Marionette …

*Fühlst du
dich auch manch-
mal wie eine
Marionette?*

1 Warum fühlt sich Lena wie eine Marionette?
2 Mit welchen Personen hat sie welche Probleme?

Lena und die anderen

Lena

Ich denke, dass ich ein fröhlicher und ehrlicher Mensch bin. Meist komme ich mit allen gut aus. Eigentlich gehe ich gerne in die Schule, auch wenn ich Klassenarbeiten und Lernen nicht so mag. Jungs gegenüber bin ich eher schüchtern, meist weiß ich nicht so genau, was ich sagen soll. Am wichtigsten sind mir meine Freunde, besonders Susi. Ihr kann ich alles anvertrauen. Mit meinen Eltern komme ich momentan nicht so gut aus. Wenn ich erzähle, was mich beschäftigt, tun sie manchmal so, als seien das keine „wirklichen" Probleme, dabei nimmt mich das echt mit.

Lena ist lieb und lustig, aber wenn sie schlechte Laune hat, dann ist sie unerträglich. Wir können aber immer über alles quatschen.

Susi

Lena war früher viel ehrlicher zu uns, in letzter Zeit verheimlicht sie uns viel. Irgendwie haben wir den Kontakt zu ihr verloren.

Lenas Vater

Was denkst du über dich?

Hier folgt eine Liste von Adjektiven, die vielleicht auf dich zutreffen. Notiere die Eigenschaften, die deiner Meinung nach auf dich zutreffen, auch solche, die nicht in der Liste stehen.

Bitte dann deinen Freund oder deine Freundin seine bzw. ihre Meinung über dich aufzuschreiben. Vergleicht eure Einschätzungen und sprecht darüber.

sportlich / liebevoll / selbstständig / stolz / nett / mitteilungsfreudig / mitmenschlich / einfühlsam / friedlich / modebewusst / politisch interessiert / pünktlich / ordentlich / zuverlässig / verrückt / anpassungsfähig / rebellisch / rücksichtsvoll / verständnisvoll / tolerant / kritisch / glücklich / zickig / sparsam / gepflegt / sensibel / kreativ / verschwiegen / flippig / demokratisch / lustig / religiös / gut informiert / selbstbewusst / konsequent / clever / fröhlich / freundlich / gut gelaunt / großzügig / kleinlich / egoistisch / intelligent / tollpatschig / geschwätzig / nachtragend / vermittelnd / witzig / …

Lenas Mutter

Lena war mal mein Sonnenschein. Sie war fröhlich und hat viel gelacht. Heute ist sie oft patzig und unhöflich. Ich weiß auch nicht, was in ihr vorgeht. Lena sollte außerdem mehr für die Schule tun. Ich denke, sie erkennt nicht, wie wichtig Lernen ist. Scheinbar geht sie auch nicht mehr gern in die Schule.

Lena ist eigentlich sehr sympathisch, ich werde aber nicht schlau aus ihr. Mal ist sie so kindisch und dann wieder sehr nett. An einem Tag spricht sie mit mir und am nächsten benimmt sie sich sonderbar.

Paul

 1 Wie sieht sich Lena, wie sehen die anderen Lena?
 2 Wo gibt es Gemeinsamkeiten in der Einschätzung von Lena, wo Unterschiede?

Fremdbestimmung – Selbstbestimmung ....

Mit **Fremdbestimmung** ist gemeint, dass man das tut, was andere von einem wollen. Das kann durch Zwang oder Verbote geschehen, aber auch durch Überredung oder Beeinflussung, die man kaum merkt.

Mit **Selbstbestimmung** ist gemeint, dass der Einzelne das tut, was er will, was er für richtig hält. Selbstbestimmung ist nur möglich, wenn man die Freiheit hat, über sein Handeln selbst zu entscheiden.

Kara: Das mit der Fremd- und Selbstbestimmung ist eigentlich sehr einfach.

Nina: Wie meinst du das?

Kara: Na ja! Alles, was ich tun muss oder was mir verboten wird, ist Fremdbestimmung.

Nina: Zum Beispiel?

Kara: Zum Beispiel die Hausaufgaben. Die in Mathematik muss ich bis morgen erledigen. Also ist das Machen von Hausaufgaben Fremdbestimmung.

Nina: Und wann wirst du sie machen?

Kara: Wahrscheinlich erst nach 17 Uhr. Vorher kommt im Fernsehen eine Tiersendung, die ich anschauen möchte.

Nina: Wenn du entscheidest, wann du die Hausaufgaben machst, dann ist das doch Selbstbestimmung.

Kara: Ja schon, aber nur der Zeitpunkt. Eigentlich ist es eine Mischung: Hausaufgaben machen – das ist Fremdbestimmung. Wann ich sie mache – das ist Selbstbestimmung.

Nina: Und ob du sie gut erledigst oder nur flüchtig – was ist das?

Kara: Eigentlich Selbstbestimmung, denn das ist ja meine Entscheidung. Aber ich will eine gute Note in Mathematik, weil das für später wichtig ist. Ist das Fremdbestimmung?

Nina: Du siehst, so einfach ist das nicht mit der Fremd- oder Selbstbestimmung. Nehmen wir mal deine neue Frisur …

Kara: Also, das habe ich selbst bestimmt!

Nina: Wirklich? Warum hast du sie geändert?

Kara: Alle haben jetzt so farbige Strähnen. Da kann ich doch nicht ohne kommen …

(Erich Rauschenbach)

1 Was verdeutlicht das Gespräch über Selbstbestimmung und Fremdbestimmung?

2 Was erlebst du als Fremdbestimmung, was als Selbstbestimmung? Notiere einige Situationen aus deinem Alltag.

3 Die Karikaturen haben mit Selbstbestimmung und Fremdbestimmung zu tun. Wie zeigt sich das?

(Walter Kurowski)

Freundschaft ....

„Ich habe viele Freunde, auf die ich mich verlassen kann. Wirkliche Freunde sind da, wenn man sie braucht, wenn es einmal Probleme gibt, um über alles zu reden, um zusammen durch dick und dünn zu gehen."

„Die Voraussetzung für eine Freundschaft ist eine gemeinsame Interessenlage. Freundschaft gestalten heißt für mich, ohne Verpflichtung und ohne Zwang zusammen sein zu können."

Freund-schaften

Hans Manz

„Könntest du notfalls das letzte Hemd vom Leib weggeben? Dich eher in Stücke reißen lassen, als ein Geheimnis verraten? Lieber schwarz werden, als jemanden im Stich lassen? Pferde stehlen oder durchs Feuer gehen?"
„Ja."
„Auch für mich?"
„Ja."
„Dann bist du mein Freund."

„Und du? Könntest du notfalls verzeihen?"
„Es kommt drauf an, was."
„Dass ich vielleicht einmal nicht das letzte Hemd hergeben, mich nicht in Stücke reißen lasse, ausnahmsweise nicht schwarz werden will, nicht in jedem Fall Pferde stehle oder durchs Feuer gehe?"
„Ja."
„Dann bist auch du mein Freund."

(aus: Hans Manz: Kopfstehen macht stark. Weinheim/Basel: Beltz & Gelberg 1978)

Von einem Freund/einer Freundin erwarte ich, dass …

Freundschaft bedeutet für mich, dass …

Lieber keinen Freund, keine Freundin als …

Echte Freunde sind für mich …

Für meinen Freund oder meine Freundin würde ich …

Zusammen mit einem Freund oder einer Freundin macht es besonders Spaß …

Keine Freunde sind für mich Menschen, die …

Freundschaft kann nicht so weit gehen, dass …

Ohne eine Freundin wäre …

1 — *Vergleiche die beiden oben abgedruckten Aussagen zur Freundschaft. Was fällt dabei auf?*

2 — *Der Text „Freundschaften" zeigt zwei unterschiedliche Auffassungen. Welche ist deiner Meinung nach die bessere?*

3 — *Ergänze die Satzanfänge.*

Die Clique – Jugendliche unter sich

Die folgenden Antworten gaben Jugendliche im Alter zwischen 13 und 15 Jahren auf die Frage „Welche Gedanken kommen dir im Zusammenhang mit eurer Clique?"

1 *In unsere Clique kommen keine Fremden mehr rein.*

2 *Ich bin mit Jenny befreundet – die neben mir.*

3 *Ohne die Clique kann ich mir mein Leben gar nicht mehr vorstellen. Das Gemeinschaftsgefühl ist toll.*

4 *In der Clique ist man unter seinesgleichen. Hier wird man für voll genommen. Und wenn man einmal auf dem Holzweg ist, dann weisen einen die anderen darauf hin.*

5 *Bei uns ist immer was los! Da kommt keine Langeweile auf.*

6 *Ich habe manchmal richtig Angst, dass die Clique zerfällt, wenn wir aus der Schule entlassen werden.*

7 *Ich mag alle in der Clique. Da ist keiner dabei, mit dem ich nicht gern zusammen bin.*

8 *Mit den anderen in der Clique kann ich jederzeit über meine Probleme und Sorgen reden. Die verstehen mich.*

9 *Was zu regeln ist, das machen wir unter uns aus.*

10 *Wir haben die gleichen Interessen und meistens auch die gleichen Ansichten.*

11 *Im letzten Sommer waren wir mit der gesamten Clique zum Kanufahren auf der Lahn. Das war klasse!*

12 *Wir treffen uns stets am Samstag und oft auch noch ein- oder zweimal in der Woche – immer die gleichen Leute. Das ist einfach super, weil wir uns alle gut kennen.*

13 *Die Clique ist für mich so etwas wie meine Familie. Ich habe ja nur meine Mutter, und die ist voll berufstätig.*

14 *Die Clique fängt mich auf, wenn ich einen Durchhänger habe. Ohne die Hilfe und den Zuspruch meiner Freunde käme ich in der Schule gar nicht mehr zurecht.*

15 *In der Clique kann nur mitmachen, wer sich den Regeln anpasst. Dazu gehört auch, dass man nicht so wie von vorgestern rumläuft. Das passt einfach nicht zu uns.*

1 Für viele Jugendliche ist die Clique eine besonders wichtige Gruppe. Welche Aussagen geben dazu Hinweise?

2 Auch diese Clique hat Erwartungen an ihre Mitglieder. Welche könnten das sein?

Gruppen und Gruppenerwartungen ....

Jeder Mensch gehört in seinem Leben verschiedenen Gruppen an. Eine Gruppe unterscheidet sich von einer zufälligen Anzahl von Menschen dadurch, dass ihre Mitglieder sich miteinander verbunden und zusammengehörig fühlen. Deshalb spricht man von einem „Wir-Gefühl" bei Gruppen. In einer Gruppe sind bestimmte Verhaltensweisen und Einstellungen erwünscht, andere unerwünscht. An das einzelne Gruppenmitglied richtet sich die Erwartung, dass es sich entsprechend verhält.

Man kann verschiedene Arten von Gruppen unterscheiden, z.B. Kleingruppe und Großgruppe. Die Kleingruppe ist durch die geringe Anzahl ihrer Mitglieder überschaubar für den Einzelnen. Jeder kennt jeden gut, man vertraut einander und kann mit jedem Gruppenmitglied meist unmittelbar in Kontakt treten. Anders bei der Großgruppe. Hier ist die Anzahl der Mitglieder so groß, dass man nicht mehr alle persönlich kennt. Deshalb ist es oft auch schwierig, Kontakt miteinander aufzunehmen.

Karla besucht die Klasse 7A der Realschule. Ihre Lieblingsfächer sind Englisch, Sport und Mathematik. Seit Beginn des neuen Schuljahres sitzt sie mit Mona, ihrer besten Freundin, Mike und Christian in einer Tischgruppe zusammen. Die vier verstehen sich gut und unternehmen öfter auch außerhalb der Schule etwas gemeinsam.

Karlas Mutter arbeitet als Bauingenieurin in einem Konstruktionsbüro. Ihr Vater ist Küchenchef in einer Kantine. Karla hat einen elfjährigen Bruder, der wie sie die Realschule besucht. Die Familie bewohnt ein geräumiges Reihenhaus am Stadtrand. Mit im Haus wohnt Karlas 69-jährige Großmutter Katharina, die Mutter ihres Vaters.

Der Treffpunkt für einige Mädchen und Jungen aus Karlas Schule ist der neue Kiosk am Stadtpark. Seit einiger Zeit gehört Karla zu dieser Freundesgruppe – oder wie sie sagt „zur Clique". Hin und wieder gehen alle gemeinsam ins Kino oder in die Eisdiele. Und manchmal fahren sie auch einfach nur so mit ihren Fahrrädern herum.

Seit einigen Monaten macht Karla beim Jugendrotkreuz mit. Für das bevorstehende Sommerfest will das Jugendrotkreuz eine Spielstraße für Kinder organisieren. Zusammen mit Kai und Sabine hat Karla Spielideen zusammengestellt. Beim nächsten Gruppennachmittag soll über die Vorschläge beraten werden.

1   Welchen vier verschiedenen Gruppen gehört Karla an?
2   Notiere für jede Gruppe das gemeinsame Ziel und zwei, drei Erwartungen, welche die jeweilige Gruppe vermutlich an Karla hat.
3   Aus den Erwartungen der Gruppe an eine Person können Konflikte entstehen. Finde ein Beispiel, das für Karla gelten könnte.
4   Welche verschiedenen Gruppen kannst du auf den Fotos erkennen?
5   Beschreibe auch hier mögliche Gruppenerwartungen.
6   Finde Beispiele für Kleingruppen und Beispiele für Großgruppen.

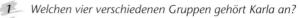

Konflikte in der Gruppe

Mit der Pubertät treten die Jugendlichen allmählich aus der Familie heraus, ohne freilich gleich am „anderen Ufer" anzukommen. Die Jugendzeit ist dadurch gekennzeichnet, dass einerseits die engen Bindungen und Kontrollen der Kindheit gelockert werden, andererseits aber der Erwachsenenstatus (...) noch nicht erreicht ist. (...)
In dieser Übergangzeit ohne eindeutigen sozialen Charakter bilden sich verstärkt Altersgruppen Gleichaltriger. (...) Es entstehen jugendliche *Cliquen* als eine „äußerst intime kleine Gruppe von Individuen, die gemeinsame Geheimnisse (sexueller und anderer Art), gemeinsame Wünsche, gemeinsame Probleme und gemeinsame Interessen haben, die z. B. auf familiärer Herkunft, Schulunternehmungen und dergleichen beruhen können."

(aus: Dieter Baacke: Die 13–18-Jährigen: Einführung in Probleme des Jugendalters. Weinheim: Beltz Verlag, 7. Auflage. 1994, S. 242)

Malte

„Ich bin der Einzige in der Clique, der sich das neue Handy nicht leisten kann. Jetzt lachen mich die anderen aus. Klar, ich hätte auch gern solch ein neues Superteil, aber dafür habe ich einfach kein Geld."

„Ich will mal einen guten Schulabschluss machen, deshalb lerne ich nachmittags lieber, als mich jeden Tag mit Freunden zu treffen. Um in allen Fächern mit vorn dabei zu sein, muss ich einfach eine Menge tun."

Petra

Mehmet

„Alle aus meiner Gruppe rauchen heimlich, aber mir ist das zu ungesund und teuer. Wenn ich die angebotene Zigarette ablehne, werde ich gleich als altmodisch tituliert. Was soll denn am Rauchen cool sein?"

Michael

„Immer wollen alle meine neuesten Computer-Spiele ausleihen und dann bekomme ich sie ewig nicht zurück. Das nervt mich. Wenn ich aber mit ihnen ins Schwimmbad will, nehmen sie mich meist nicht mit. So ein Computer-Freak habe da nichts zu suchen. Kaum habe ich ein neues Spiel, sind alle wieder nett zu mir."

„In unsere Clique kommt kein Fremder rein. Wir sind eine eingeschworene Gemeinschaft. Das finde ich momentan doof, denn Andreas würde gerne bei uns dabei sein, aber die anderen wollen ihn nicht. "

Claudia

Maria

„Ich habe einen tollen Nagellack in der Parfümerie gesehen, aber der kostet 15 €. So viel Geld habe ich nicht. Tanja meint, dass wir ihn einfach klauen sollten, das würde eh keiner merken. Aber ich traue mich nicht. Wobei – gefallen würde er mir schon ..."

„Die Jungs aus der 10b sind echt klasse. Sie malen heimlich tolle Graffitis an die S-Bahnen und Hauswände. Einer sagte, dass es ein totaler Kick sei, ob man erwischt wird oder nicht. Ich finde das cool – was aber, wenn man von der Polizei wirklich erwischt wird?"

Martin

„Annette meinte neulich, dass ich blöd sei, immer so viel Fahrgeld für die Monatskarte auszugeben. ‚Schwarzfahren – Geld sparen', das sei ihr Motto. Sie nimmt das Fahrgeld von ihrer Mutter, kauft sich dann aber Klamotten davon. Hm, ich weiß nicht ..."

Johanna

1 *Lies den Text „Mit der Pubertät ..." und formuliere mit eigenen Worten, was eine Clique ausmacht.*
2 *Jeder der Jugendlichen hat einen bestimmten Konflikt. Um welchen Konflikt geht es jeweils?*

Markenbewusstsein

Markenfieber

(…) Markenfieber ist ansteckend. Was in und was out ist, wird nicht im stillen Kämmerlein sondern auf der Straße, auf dem Schulweg, auf dem Schulhof, in der Disco, im Sportverein, im Jugendclub entschieden. Dort werden Klamotten, Bikes, Skates und was sonst noch gerade aktuell ist, beäugt und begutachtet, vor- und nachgemacht, bewundert und abgelehnt. Wer irgendwo dazugehören will, wird sich dem Outfit und dem Lifestyle der jeweiligen Clique anpassen. Jedenfalls bei den Sachen, die eine symbolische Bedeutung haben und als Erkennungszeichen dienen. Der Druck der Clique, Angst vor dem Gelächter der Klassenkameraden, Werbeeinflüsse, das Gefühl, sich etwas leisten zu können, das Wohnumfeld, mangelndes Selbstbewusstsein und die Hoffnung, durch teure Dinge mehr Ansehen zu bekommen, sind Gründe, warum viele Jugendliche das Beste vom Besten haben wollen. (…)

(aus: Zeitlupe Nr. 35, S. 10. Hg.: Bundeszentrale für politische Bildung, Bonn)

Es gibt Jugendliche, die jede Woche eine neue Jeans, neue Schuhe, ein neues Shirt oder einen neuen Pullover haben. Oft handelt es sich dabei um Kleidung von teuren Marken. Viele Jugendlichen verdienen sich durch Nebenjobs ein paar Euro dazu, damit sie dem Markendruck innerhalb der Schule überhaupt standhalten können. Für die meisten Kinder und Jugendlichen ist aber nach wie vor das Taschengeld die wichtigste Einnahmequelle. Hinzu kommen Geldgeschenke bei besonderen Anlässen wie Geburtstag und Weihnachten.

Welche Marken „in" sind, bestimmen letztendlich die Jugendlichen selbst. Noch vor Jahren galt z. B. Adidas als „out". Heute sind Bekleidung und Turnschuhe dieser Marke „in". Morgen kann dies schon wieder ganz anders sein. Die Vorlieben der Jugendlichen ändern sich rasch und ein neuer Trend ist schnell geboren. Dies ist ein Grund, warum sich viele Eltern sträuben, den Markenwünschen ihrer Kinder nachzugeben. Ein anderer ist, dass in vielen Familien das Geld nicht reicht, um die meist teuren Sachen zu kaufen.

Leider ist es heute oft so, dass man in der Clique und bei Klassenkameraden nur akzeptiert wird, wenn man bestimmte Klamotten trägt. Die „falsche" Jeans, schon wird man belächelt, das Shirt ohne Aufdruck XY, schon wird man ausgegrenzt. Die Trends werden bisweilen sogar von den beliebtesten Mädchen und Jungen der Schule gesetzt. Sie zeigen den anderen, „was man trägt". Auf jeden Fall aber orientieren sich die Jugendlichen an ihren Idolen und Stars, wollen aussehen und gekleidet sein wie diese. In Zeitschriften und Illustrierten ist zu sehen und zu lesen, wie man den „Style" bekommt, der angesagt ist. Die Werbung tut ein Übriges.

Ansehen genießen, anerkannt werden, dazugehören – wer will dies nicht? Schnell wird so aus Markenfieber ein erheblicher Markendruck.

> *Für mich kommt nur Markenbekleidung in Frage. Dafür jobbe ich so oft wie möglich, da muss die Schule halt mal zurückstehen.*

> *Coole Klamotten sind schick, aber nicht das Wichtigste. Was heute viel kostet, ist morgen bereits wieder „out". Trotzdem fallen wir Jugendliche nur zu gern auf die Werbesprüche herein.*

1 — *Warum können bestimmte Marken heute „in" und morgen „out" sein?*

2 — *Was meinst du zu den Aussagen in den Sprechblasen?*

3 — *Kann man sich gegen Markendruck wehren? Diskutiert darüber in der Klasse.*

4 — *Führt eine Umfrage „Jugendliche im Markenfieber?" durch, z. B. an eurer Schule. Die Materialien auf dieser Seite können euch Anregungen für Fragestellungen geben. Beachtet bei eurer Umfrage auch die Hinweise auf Seite 157.*

Methode: Brainstorming

Thema: Wie stellen wir uns die Zukunft vor?...

In einer Klasse oder Gruppe wird man immer wieder versuchen, zu einer Frage oder Problemstellung möglichst viele Ideen und Gedanken zusammenzutragen. Dafür eignet sich eine Gesprächsform, die man Brainstorming nennt. Übersetzt heißt das so viel wie „Gedankensturm". Brainstorming ist also eine Methode, die jeden in einer Gruppe dazu bringen soll, spontan seine Gedanken zu äußern. So soll eine Ideensammlung entstehen, die dann gemeinsam diskutiert wird. Beim Brainstorming gelten drei Regeln:

1. Jeder in der Gruppe darf das sagen, was ihm zur Frage durch den Kopf geht, auch wenn der Gedanke ungewöhnlich ist.
2. Es ist verboten, eine Äußerung sofort zu kritisieren oder zu bewerten. Das würde den Gedankenfluss in der Gruppe hemmen. Erst wenn alle ihre Ideen eingebracht haben, wird darüber diskutiert.

3. Jeder darf Ideen von anderen aufgreifen, ergänzen oder weiterentwickeln.

Ein Brainstorming kann auf unterschiedliche Weise durchgeführt werden. Die einfachste Form ist die, jeden Schüler und jede Schülerin in der Klasse der Reihe nach das sagen zu lassen, was ihm bzw. ihr zur Frage einfällt. Das geht rasch, allerdings weiß später in der Auswertungsphase nicht mehr jeder, was alles gesagt worden ist. Deswegen ist es oft sinnvoll, die Äußerungen schriftlich festzuhalten. Das kann so geschehen, dass zwei vorher bestimmte Schüler bzw. Schülerinnen abwechselnd die Äußerungen stichwortartig notieren, z. B. an der Tafel oder auf einer Folie für den Tageslichtprojektor. Es kann auch jeder seinen Gedanken in Kurzform auf ein Blatt oder Kärtchen schreiben. Diese Notizen werden laut vorgelesen und dann an die Tafel oder Pinnwand geheftet.

Führt das Brainstorming „Wie stellen wir uns die Zukunft vor?" in der Klasse durch.

Das Wichtige in Kürze

Gemeinschaft

Der Mensch lebt in Gemeinschaft mit anderen. Solche Gemeinschaften können eine engere Lebensbeziehung zwischen wenigen Menschen sein, z. B. Ehe, Familie, Freundschaft. Sie können auch eine größere Gruppe von Menschen umfassen, z. B. Nachbarschaft, Dorfgemeinschaft. Allein schon zur materiellen Sicherung des Lebens (z. B. Nahrung, Wohnung) ist jeder Mensch auf andere angewiesen. Die Gemeinschaft hilft aber nicht nur, schwierige Situationen besser zu meistern. Glück, Freude, Anerkennung und Geborgenheit können nur im Zusammenleben mit anderen erfahren werden.

Selbst-bestimmung – Fremd-bestimmung

Mit Selbstbestimmung ist gemeint, dass der Einzelne das tut, was er will. Die Freiheit des Einzelnen, über sein Handeln selbst zu bestimmen, hat allerdings Grenzen: Jeder muss die Gesetze und die Rechte der anderen beachten. Mit Fremdbestimmung ist gemeint, dass man tut, was andere sagen und wollen. Das kann durch Zwang oder Verbote geschehen, aber auch durch Überredung und Beeinflussung, die man oft kaum merkt.

Freundschaft

Menschen schließen Freundschaften, haben also ein engeres, von Vertrauen geprägtes Verhältnis zu einer anderen Person. Gerade in der Jugend sind Freundschaften wichtig. Mit Freunden kann man persönliche Dinge besprechen.

Clique

Gleichaltrige schließen sich in „Cliquen" zusammen. Eine solche Gruppe wird meist durch gleiche Vorlieben, gleiche Abneigungen und gleiches Verhalten zusammengehalten. Für Jugendliche ist die Clique wichtig, weil sie eine gewisse Geborgenheit vermittelt. Außerdem bietet sie die Möglichkeit, die Freizeit mit Gleichaltrigen zu verbringen.

Gruppe

Aus drei oder mehr Personen wird dann eine Gruppe, wenn die Mitglieder ein gemeinsames Ziel verfolgen und daraus ein Zusammengehörigkeitsgefühl, ein „Wir-Gefühl", entwickeln. In eine Gruppe kann man fest eingebunden sein, weil man entweder in sie hineingeboren wurde (Familie) oder dazu verpflichtet ist (z. B. Schulklasse). Eine Gruppe kann sich aber auch nur aufgrund gemeinsamer Neigungen bilden. Hier gehört man der Gruppe freiwillig an (z. B. Verein, Clique).

Erwartungen

Eine Gruppe hat Vorstellungen darüber, wie sich ein Gruppenmitglied zu verhalten hat. Solche Erwartungen beeinflussen das Verhalten. Die Gruppe belohnt oder bestraft das Verhalten des einzelnen Gruppenmitglieds. Verhalten, das den Erwartungen entspricht, trifft auf Lob, Anerkennung, Beachtung. Bei unerwünschtem Verhalten kann sich die Kritik und die Missachtung der Gruppe bis zum Gruppendruck steigern: „Wenn du nicht mitmachst, dann hau ab!"

Konflikte in der Gruppe

Innerhalb von Gruppen treten auch Spannungen und Konflikte auf. Diese können z. B. dadurch ausgelöst werden, dass Gruppenmitglieder die Erwartungen der Gruppe nicht erfüllen. Kompromissbereitschaft und Toleranz sind wichtige Voraussetzungen für die Lösung von Konflikten in der Gruppe.

Marken-bewusstsein

Für viele Jugendliche ist es heutzutage sehr wichtig, dass sie Kleidung von bestimmten Herstellern tragen. Die Marke und das Label spielen eine große Rolle beim Kauf.

Sucht – was ist das eigentlich?

Sucht – das ist für mich, wenn jemand nur noch an seinen Stoff denkt und alles um sich herum vernachlässigt. Diese Leute sind für mich süchtig, egal ob es sich hier um Alkohol, Drogen oder Esssucht handelt.

Frau Helfmann

Sucht? Das sind doch die, die immer am Bahnhof herumlungern. Halt süchtig sind, nach Drogen wie Heroin und Crack. Die nehmen doch jede Menge von dem Zeug und das schon seit Jahren. Die sind meist auch total runtergekommen.

Herr Happ

Meine Nachbarin ist süchtig – süchtig nach Talkshows! Sie schaut den ganzen Tag nur diese Shows und tut nichts anderes mehr.

Thilo

Wir trinken jeden Abend ein Gläschen Wein. Das ist keine Sucht, eher eine liebe Gewohnheit. Sucht ist für mich, wenn jemand mehr als ein Glas täglich trinkt.

Frau Reich

Na ja, von Sucht kann man doch erst sprechen, wenn jemand regelmäßig einen bestimmten Stoff einnimmt, Drogen zum Beispiel. Ich selbst bin Raucher, aber das ist doch keine Sucht, das machen viele heute.

Herr Lehmann

Sucht hat für mich auch damit zu tun, dass Leute schwach sind und keine Freunde haben. Die hängen dann so rum, trinken und werden Alkoholiker. Alkoholabhängigkeit ist für mich Sucht.

Franziska

Mein Bruder macht den ganzen Tag Computerspiele und surft im Internet. Seine Freunde lassen sich nur noch selten blicken, da er sich ohnehin nicht um sie kümmert. Zum Abendessen ist er auch kaum an den Tisch zu kriegen. Ich glaube, er ist süchtig – süchtig nach dem Computer.

Patrick

Sucht ist für mich, wenn jemand dauerhaft etwas einnimmt. Mit der Zeit nimmt er mehr und mehr. Freunde und Familie werden ihm immer gleichgültiger, nur noch die Sucht beherrscht sein Leben. Dabei ist es egal, ob er Drogen oder Medikamente nimmt.

Jennifer

Immer wenn ich Ärger mit meinem Chef habe, dann esse ich eine Tafel Schokolade. Danach fühle ich mich gleich besser. Als neulich mal keine Schokolade mehr in der Schreibtischschublade war, da wurde ich ganz kribbelig. Meine Kollegin meint, dass ich süchtig nach Schokolade sei, aber das ist doch keine Sucht.

Frau Klingel

Mit meinen Kumpels rauche ich ab und an mal eine Zigarette. Aber wir sind doch nicht süchtig, denn wir könnten jederzeit wieder aufhören. Sucht ist für mich, wenn jemand nicht mehr mit etwas aufhören kann.

Dominik

Wenn sich jemand nur noch dann besser fühlt, wenn er irgendetwas nimmt, dann ist er für mich süchtig.

Herr Lippert

Lies die Aussagen. Wo würdest du von Sucht sprechen, wo nicht? Begründe!

Gespräch mit der Drogenbeauftragten ....

Nina und Daniel führen eine Expertenbefragung zum Thema „Sucht" durch. Sie befragen Frau Beer, die Drogenbeauftragte an ihrer Schule.

Daniel: Hallo, Frau Beer, vielen Dank, dass Sie sich Zeit für uns nehmen. Gleich unsere erste Frage: Ist eigentlich jede Suchtform gleich?

Frau Beer: Nein, man unterscheidet zwischen der sogenannten stoffgebundenen und der stoffungebundenen Sucht. Stoffgebundene Sucht bedeutet, dass die oder der Süchtige von einem ganz bestimmten Stoff abhängig ist: Alkohol, Nikotin oder Heroin zum Beispiel.

Nina: Und was ist dann stoffungebundene Sucht?

Frau Beer: Der Süchtige braucht hier für sein Wohlbefinden keine Droge, seine Sucht äußert sich in einer bestimmten Verhaltensweise. Es gibt eine Vielzahl nichtstofflicher Süchte: Spielsucht, Arbeitssucht, Kaufsucht, Essstörungen ...

Daniel: Im Zusammenhang mit Sucht taucht häufig der Begriff „Suchtmittel" auf. Können Sie uns genauer erklären, was damit gemeint ist?

Frau Beer: Das Suchtmittel braucht der Süchtige, um seine Sucht zu befriedigen. Es ist der Stoff, den er konsumiert, also einnimmt.

Daniel: Könnte man also sagen, dass er sein Mittel „sucht"? Kommt daher der Begriff „Sucht"?

Frau Beer: Sucht hat durchaus auch mit suchen zu tun. Viele Menschen suchen etwas, um sich besser zu fühlen und bleiben dann manchmal bei einem Mittel hängen: Zigaretten, Alkohol oder auch nur Schokolade.

Nina: Aber wenn ich mal eine Tafel Schokolade auf einmal esse, weil ich Frust habe, dann bin ich doch nicht süchtig?

Frau Beer: Nein, natürlich nicht! Ein Süchtiger konsumiert das Suchtmittel fortwährend und erhöht außerdem ständig seine Dosis, also die Menge.

Daniel: Mein Vater hat Angst, dass ich über die falschen Leute mit illegalen Drogen in Kontakt kommen könnte. Was bedeutet denn „illegal" überhaupt?

Frau Beer: Illegal heißt „nicht legal", also vom Gesetzgeber verboten. Man darf den Stoff weder besitzen, noch konsumieren oder gar damit handeln. Illegale Drogen sind solche, die man nicht in Geschäften bekommt.

Nina: Wie wird dann so etwas verkauft?

Frau Beer: Die Verkäufer von illegalen Drogen nennt man Dealer. Das Wort stammt aus dem Englischen und bedeutet Händler. Die Dealer verkaufen den Stoff auf der Straße, in Parks, in Kneipen oder auch im Bahnhof. Meist hat ein Dealer einen Kundenstamm. Die Süchtigen kennen sich oft untereinander und es entsteht so etwas wie Mundpropaganda, wo man den besten Stoff bekommt.

Nina: Und was passiert, wenn ein Dealer von der Polizei erwischt wird?

Frau Beer: Dann bekommt er eine Strafe. In schweren Fällen wurden schon langjährige Haftstrafen verhängt.

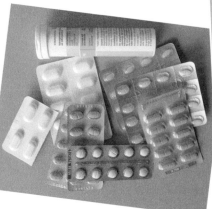

Daniel: Sind eigentlich alle Drogen illegal?

Frau Beer: Nein, es gibt auch legale Drogen wie Alkohol und Zigaretten. Allerdings darf man dir keinen Alkohol und keine Zigaretten verkaufen, solange du noch nicht 18 Jahre alt bist. Das steht so im Jugendschutzgesetz.

Nina: Ist Alkohol genauso eine Droge wie Heroin?

Frau Beer: Prinzipiell ja, denn alles, was abhängig machen kann, bezeichnet man als Droge. Man unterscheidet allerdings harte und weiche Drogen. Harte Drogen sind die illegalen Drogen, also Heroin, Ecstasy, Crack, LSD usw., die extrem körperlich und psychisch abhängig machen. Aber es wäre falsch zu glauben, die weichen, legalen Drogen seien weniger gefährlich! Auch weiche Drogen, zum Beispiel Alkohol, können das Leben eines danach Süchtigen völlig zerstören.

Daniel: Eine Frage zum Schluss: Wovon sind in Deutschland eigentlich die meisten Menschen abhängig?

Frau Beer: Die meisten sind von Nikotin abhängig. Es gibt insgesamt etwa sieben Millionen Raucher in Deutschland, die mehr als 20 Zigaretten pro Tag konsumieren.

Daniel: Und wie viele Alkoholabhängige gibt es?

Frau Beer: Genau kann das niemand sagen. Man schätzt, so ungefähr zwei Millionen.

Nina: Vielen Dank für das Gespräch, Frau Beer!

Schreibe die wichtigsten Informationen aus dem Text heraus. Die unterlegten Begriffe helfen dir dabei.

Ursachen für Drogenkonsum ....

Die Gründe, warum Kinder und Jugendliche zu Drogen greifen, liegen in der jeweiligen Person, ihrem gesellschaftlichen Umfeld und der wechselseitigen Wirkung zwischen der Person und dem Umfeld. Kinder und Jugendliche sind besonders dann gefährdet, wenn sie keine Möglichkeiten sehen, ihre Probleme wie zum Beispiel schulische und familiäre Konflikte zu lösen. Dabei hat Sucht immer eine Geschichte. Damit ist gemeint, dass Sucht ein Verhalten ist, das nach und nach entsteht und oft ganz harmlos beginnt.

Körper, Seele
- schlechte körperliche Verfassung
- Verlangen nach positiven Erlebnissen* und Gefühlen*
- Vergessenwollen, Verdrängen unangenehmer Gefühle
- schwaches Selbstwertgefühl* Minderwertigkeitsgefühl
- unbefriedigte Sehnsüchte*
- Bedürfnisse* nach Liebe, Zuwendung, Anerkennung, Verständnis
- Ausweichen vor der Klärung von Konflikten

Gesellschaft
- zu Hause sich allein überlassen sein
- soziales Ausgegrenztsein, Einsamkeit
- Gruppendruck
- Krisen und Konflikte* in Beziehungen und Freundschaften
- Misserfolge in Schule oder Beruf

Suchtmittel
- starke und schnelle Wirkung
- leichte Verfügbarkeit
- hohe Abhängigkeitsgefahr
- regelmäßiger, unkontrollierter Gebrauch; Missbrauch

Jeder braucht Erfolge, positive Erfahrungen und Erlebnisse ...

- Freunde treffen und ...
- In der Englischarbeit ...
- Bei der Vereinsmeisterschaft ...
- Nach einem Streit mit der Freundin wieder ...
- Bei den Bundesjugendspielen ...
- Die Lieblingsmusik hören und dabei ...
- ...

Drogen? Ich mache Jazztanz und singe in einer Band. Das bringt Spaß – und wenn unser Publikum mitgeht und unsere Musik gut findet, ist das schon ein gutes Gefühl. Kla wir trinken gelegentlich auch Alkohol, aber härtere Drogen – da könnte ich das Tanzen u Singen doch gleich vergessen! Ich glaube, da schlittern viele rein, weil sie einen Ersatz für etwas anderes suchen, das sie nicht haben.

1 Das Schaubild enthält mit Sternchen versehene Begriffe. Erläutere anhand von Beispielen, wie die mit diesen Begriffen ausgedrückten Sachverhalte mit der möglichen Entstehung von Sucht zusammenhängen.

2 Um gegen die Entstehung von Sucht gewappnet zu sein, braucht jeder Mensch Erfolge, positive Erfahrungen und Erlebnisse. Diese stärken ihn und verleihen ihm seelische „Abwehrkräfte". Übertrage die Satzanfänge in dein Heft und ergänze sie.

3 Erkläre, warum Menschen, die keine oder zu wenige positive Erfahrungen und Erlebnisse haben, eher suchtgefährdet sind als andere.

Folgen der Sucht

Legale Drogen und auch die Abhängigkeit von ihnen sind gesellschaftlich akzeptiert. Niemand würde komisch reagieren, wenn man in der Öffentlichkeit raucht oder trinkt. Der extreme und übermäßige Konsum von _____1_____ Drogen hat jedoch, neben den gesundheitlichen Folgen, auch soziale Folgen für die Abhängigen. Alkoholiker reagieren oft missgestimmt und unberechenbar auf ihre Umwelt. Der übermäßige _____2_____ von Alkohol führt zu Risiken im Straßenverkehr und am Arbeitsplatz. Somit wird nicht nur der Süchtige selbst, sondern auch sein Umfeld gefährdet. Teilweise müssen die _____3_____ entlassen werden, da sie ein zu großes Risiko im Arbeitsprozess darstellen. Oft führt dies dazu, dass sie sich noch weiter in ihren Suchtproblemen verstricken und in einen „Teufelskreis" geraten.

Bei illegalen Drogen sind die Probleme in aller Regel noch viel größer. Meistens werden diese Süchtigen von der _____4_____ ausgegrenzt, von vielen auch gleich vollends abgeschrieben. Als drogenabhängig gelten für die meisten Menschen diejenigen Süchtigen, die _____5_____ Drogen nehmen. Fällt jemand erst einmal negativ durch den _____6_____ von illegalen Drogen auf, wird er meist schnell von seinem gewohnten Umfeld (Schule, Familie usw.) gemieden. Er hat somit noch mehr Probleme, die ihn meistens weiter in seine Sucht treiben.

Viele Drogenabhängige begehen Straftaten, um an Geld für ihren Stoff zu kommen. Die _____7_____ im Milieu der Abhängigen nimmt immer mehr zu. Sie begehen _____8_____, sowohl bei Privatleuten als auch in Geschäften. Sie stehlen Geld, Wertsachen, Schmuck, technische Geräte und andere Gegenstände, die sich zu Geld machen lassen. Die Ware wird meist an _____9_____ weiterverkauft, um rasch an Geld für die Drogen zu kommen. Selbst Freunde und Familienangehörige werden bestohlen. Häufig werden auch Autos aufgebrochen, um Wertgegenstände zu entwenden und sie anschließend zu verkaufen. Nicht selten wird gleich das gesamte Fahrzeug gestohlen. Oftmals sind Diebstähle mit Einbrüchen in Privat- und Geschäftshäuser verbunden.

Je nach Grad seiner Abhängigkeit verliert der Süchtige jegliche _____10_____ um an Geld zu kommen. Nicht wenige Süchtige – Frauen wie Männer – prostituieren sich sogar, um Geld für den Kauf von Drogen zu verdienen. Dabei nehmen viele große gesundheitliche _____11_____ in Kauf, so sehr beherrscht sie ihre Sucht. Erschreckend ist, dass diese Süchtigen oft noch sehr jung sind.

Wortkärtchen:
Hemmungen · Gesellschaft · Hehler · Süchtigen · Konsum · legalen · Risiken · Diebstähle · harte · Beschaffungskriminalität · Genuss

Ergänze auf deinem Arbeitsblatt den Lückentext oder notiere auf einem Blatt von 1 bis 11.

Abhängigkeit ....

Wenn man physisch von einem Suchtmittel abhängig ist, verlangt der Körper ständig nach diesem Mittel. Wird es dem Körper nicht zugeführt, reagiert er mit Entzugserscheinungen: Der Süchtige schwitzt, bekommt feuchte Hände, beginnt zu zittern. Diese Erscheinungen, man sagt auch Symptome, halten so lange an, bis der Süchtige das Suchtmittel nimmt. Wenn man psychisch, also seelisch von einem Stoff abhängig ist, dann tut man alles dafür, um an den Stoff zu kommen. Psychisch Abhängige vernachlässigen oft ihre Familie und ihre Freunde, da sich all ihre Gedanken nur noch um das Suchtmittel und dessen Beschaffung drehen.

Warum werden manche Menschen süchtig, andere nicht? Diese Frage lässt sich nicht so einfach beantworten. „Typische Erkennungsmerkmale" für Menschen, die in die Suchtfalle geraten, gibt es nicht. Viele kleine Faktoren, ähnlich wie bei einem Puzzle, können dazu führen, dass jemand süchtig wird. Schwierige Lebenssituationen wie Arbeitslosigkeit, Einsamkeit oder Trauer können einen Weg in die Sucht begünstigen. Andere Betroffene haben in ihrer Kindheit schlimme Erfahrungen gemacht

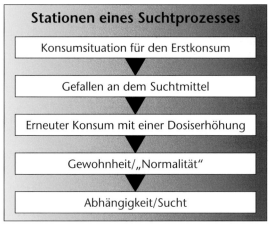

Stationen eines Suchtprozesses

Konsumsituation für den Erstkonsum

▼

Gefallen an dem Suchtmittel

▼

Erneuter Konsum mit einer Dosiserhöhung

▼

Gewohnheit/„Normalität"

▼

Abhängigkeit/Sucht

und versuchen sie nun zu verdrängen. Aber auch die Suche nach einem „Kick" und Erlebnishunger können in die Sucht führen.

Durch den Griff zur Flasche oder der Pille fühlt man sich zu Beginn gut und erlebt vielleicht Stimmungen und Gefühle, die man noch nie hatte. Man „merkt" sich diesen Effekt und in ähnlichen Situationen greift man erneut zum Suchtmittel: Abhängigkeit entsteht.

Co-Abhängigkeit

In aller Regel sind die Angehörigen von Süchtigen von deren Sucht ebenfalls betroffen. Man spricht hier von „Co-Abhängigkeit". Oft beschaffen Familienangehörige sogar Stoff um des lieben Friedens willen. Die Angehörigen konsumieren den Stoff zwar nicht selbst, aber sie unterstützen und fördern auf diese Weise die Abhängigkeit des Süchtigen. Hierzu ein Beispiel:

Frau Noll: *„Seit mein Mann alkoholsüchtig ist, dreht sich unser ganzes Leben nur noch um ihn. Kaum vorstellbar, wie sauer, aggressiv und gereizt er ist, wenn nicht täglich eine Flasche Schnaps im Kühlschrank steht! Oft brüllt er dann mich oder die Kinder an und manchmal rutscht ihm auch die Hand aus. Ich kaufe dann lieber am nächsten Tag einen Vorrat an Alkohol – was soll ich denn sonst machen? Wenn mein Mann seinen Stoff nicht kriegt, dann ist er unerträglich. Außerdem, was sollen die Nachbarn denn denken?"*

Nicola Noll: *„Wenn mein Vater nicht sein Bierchen und seinen Schnaps bekommt, wird er laut und brüllt uns alle an. Am Wochenende fängt er meist schon morgens mit dem Trinken an. Oft schickt er mich zum Kiosk, um Nachschub zu holen, aber ich bekomme keinen Alkohol, da ich noch zu jung bin. Manchmal dreht er dann ganz durch. Später tut ihm sein Verhalten immer leid. Gott sei Dank kauft Mama jetzt immer ausreichend Alkohol ein, dadurch ist die Situation zu Hause erträglicher geworden. Ich wünsche mir oft, dass alles so wäre wie früher."*

Der Fall Alexander

Alexander ist 16 Jahre und geht in die 10. Klasse der Realschule. Seine Noten sind gut, er gehört zu den besten Schülern in der Klasse. Im nächsten Jahr möchte er seinen Abschluss machen und eine Ausbildung zum Maler- und Lackierer beginnen.

Nach den Herbstferien kommt Eva neu in die Klasse. Sie gefällt Alexander von Anfang an, obwohl sie ganz andere Interessen hat als er. Am liebsten mag sie Techno-Musik. Für die Schule hat Eva nicht viel übrig. Sie wurde vom Gymnasium verwiesen, nachdem sie bereits das zweite Mal sitzen geblieben ist.

Tim hat Geburtstag und lädt neben seinem Freund Alexander auch Eva zu seiner Geburtstagsparty ein. Dort kommen die beiden ins Gespräch und verabreden sich für das kommende Wochenende. Eva schlägt den Besuch einer Techno-Party vor. Alexander ist zunächst skeptisch, aber da Eva ihm so gut gefällt, sagt er zu.

In der Disco fällt ihm auf, dass Eva anders ist als sonst. Sie tanzt unaufhörlich und kichert dabei ohne Ende. Mit ihr reden kann er nicht wirklich, denn sie tanzt völlig aufgedreht um ihn herum und hört ihm auch nicht zu. Alexander ist enttäuscht. Dann sieht er, wie jemand Eva eine kleine Pille in die Hand drückt und sie ihm heimlich dafür Geld gibt. Alexander ist geschockt. Als er Eva nach der Pille fragt, meint sie nur lässig, dass doch jeder mal Drogen nimmt. Die einen kiffen, die anderen trinken und sie hat halt beim Tanzen die richtige Stimmung, wenn sie eine Ecstasy-Pille einwirft. Dann fühlt sie sich frei und gelöst und vergisst alles um sich herum, auch Hunger und Durst. Nur noch die Musik und der Tanz sind ihr dann wichtig.

Alexander will mit ihr reden, aber da ist sie schon in der Menge verschwunden. Er beobachtet sie weiter und merkt, wie schön sie eigentlich beim Tanzen aussieht und dass sie viel gelöster wirkt. Plötzlich kommt der Typ, der Eva die Pille verkauft hat und bietet auch ihm eine an. Alexander zögert erst, aber dann denkt er sich, dass einmal kein Mal ist und schluckt die Pille.

Ein halbes Jahr später:

Alexander und Eva sind jetzt ein Paar. Sie gehen seit fünf Monaten miteinander. Den Wunsch eine Ausbildung zu machen hat Alexander aufgegeben. Er ist jetzt jede Woche mit Eva auf Partys und in Discos. Seine Noten sind sehr schlecht geworden, wahrscheinlich muss er sogar die zehnte Klasse wiederholen. Das ist ihm egal. Alexander nimmt jetzt regelmäßig Ecstasy, er mag, wie er sich nach dem Konsum fühlt und wie „schwerelos" er dabei ist. Er konsumiert nicht nur am Wochenende bei Partys, sondern immer öfter auch in der Woche. Häufig nimmt er sogar zwei Ecstasy Tabletten pro Tag, da ihm eine alleine nicht mehr reicht. Eva und er kiffen jeden Morgen vor der Schule heimlich im Park. Das ist für sie schon Normalität geworden, ein liebes Ritual.

Die Partys und Discobesuche, die Ecstasy-Pillen und das Haschisch kosten viel Geld. Alexanders Ersparnisse gehen zur Neige. Neulich hat er sogar einfach 100 Euro aus dem Portemonnaie seiner Mutter genommen. Seine Freundschaft mit Tim hat Alexander beendet, einzig Eva ist ihm wichtig. Was mit seiner Zukunft wird, ist ihm egal. Er will jetzt leben und nicht an später denken.

Alexanders Eltern sind verzweifelt. Sie kommen mit ihrem Sohn nicht mehr ins Gespräch, er kapselt sich immer mehr ab. Auch die Gespräche mit den Lehrern haben nichts bewirkt und je mehr Druck Alexander bekommt, desto aggressiver wird er. Die Lehrer haben den Verdacht geäußert, dass Alexander Drogen nimmt, aber das kann seine Mutter nicht glauben: Alexander ist doch ein vernünftiger Junge, so meint sie. Der Vater hat jetzt häufiger Streit mit der Mutter, da auch er den Verdacht hat, dass mit Alexander etwas nicht stimmt. Aber an seinen Sohn kommt er nicht ran. Froh ist er jedoch darüber, dass Alex Eva als Freundin hat, denn sein Sohn erzählt sehr positiv von ihr. Außerdem trifft er sich auch immer zum Lernen mit Eva, manchmal sogar am Wochenende. Verwundert sind die Eltern nur darüber, dass Alexanders Noten sich so drastisch verschlechtert haben, aber das ist bei Jungen in der Pubertät öfter der Fall. Wenn er die zehnte Klasse nicht schaffen sollte, dann soll er sie halt einfach noch einmal machen.

---

1 *Im Fall Alexander lassen sich die fünf Stationen eines Suchtprozesses (Abbildung auf Seite 102) wiederfinden. Notiere für jede Station, wie dies bei Alexander war.*

2 *Wie könnten seine Eltern Alexander helfen? Wer könnte noch helfen?*

3 *Erläutere den Begriff „Co-Abhängigkeit". Greife dabei auf das Beispiel der Familie Noll zurück.*

Methode: Plakate gestalten

Thema: Werbung gegen das Rauchen

Natürlich gibt es starke Raucher, die sehr lange leben. Ihr Körper hat ungeheure Kräfte. Doch das ist so selten wie ein Sechser im Lotto. Die Lebenserwartung eines Rauchers ist drastisch verkürzt. Im Durchschnitt stirbt ein Raucher in Deutschland 12 Jahre früher als ein Nichtraucher.

Lungenkrebs ist eine Krebsform, die nahezu ausschließlich bei Rauchern auftritt. In Deutschland sterben ca. 30 000 Menschen pro Jahr an Lungenkrebs – ca. 97 % davon sind (oder waren) Raucher, die entweder zu spät oder gar nicht auf den blauen Dunst verzichtet haben.

Neben Lungenkrebs treten auch Mundhöhlen-, Zungen-, Kehlkopf-, Zahnfleisch- und Speiseröhrenkrebs bei Rauchern um ein Vielfaches öfter auf als bei Nichtrauchern.

Die ersten Zigaretten werden gewöhnlich mit 10 bis 12 Jahren heimlich im Kreis von Spielkameraden probiert. Man raucht aus Neugier und Erlebnisdrang, um die Erwachsenen zu imitieren, aber auch, um in der Gruppe von den anderen akzeptiert zu werden. Nur wenige rauchen in diesem Alter schon so lange und intensiv, dass erste Gewöhnungserscheinungen auftreten. Die nächsten Raucherfahrungen werden mit 14 bis 16 Jahren gesammelt. In diesem Alter entscheidet sich meistens, ob jemand Raucher wird. Großen Einfluss übt das Beispiel der Eltern, Geschwister und Freunde aus.

Jugendliche rauchen – „eine tickende Zeitbombe"

Bonn – Immer weniger Kinder und Jugendliche in Deutschland rauchen. Dies sei auch ein Erfolg der Anti-Rauch-Kampagnen wie dem europaweiten Nichtraucher-Wettbewerb „Be Smart – Don't Start" an Schulen, berichtete die Deutsche Krebshilfe am Dienstag in Bonn. Dennoch griffen rund 20 Prozent der 12- bis 17-Jährigen regelmäßig oder gelegentlich zur Zigarette. „Das ist eine tickende Zeitbombe", sagte Krebshilfe-Sprecherin Eva Kalbheim. (...)

2001 rauchten nach Angaben der Bundeszentrale für gesundheitliche Aufklärung (BZgA) noch 28 Prozent der 12- bis 17-jährigen Schüler. Im Jahr 2005 seien es nur noch etwa 20 Prozent. Dennoch habe der Nikotin-Konsum unter Kindern und Jugendlichen noch „dramatische Ausmaße", sagte Kalbheim. Das durchschnittliche Einstiegsalter betrage 11,6 Jahre. Etwa ein Viertel der 12- bis 13-Jährigen zeigten bereits nach den ersten vier Wochen des Zigarettenkonsums Abhängigkeitssymptome.

Die Krebshilfe warnte vor Schleichwerbung in Film und Fernsehen. Von der Tabakindustrie gesponserte, rauchende Filmberühmtheiten vermittelten Kindern und Jugendlichen einen zu positiven Eindruck von der Droge Tabak. Das Vorbild der Kino- oder Fernsehstars steigere die Neigung zum Rauchen einer US-Studie zufolge um das 16fache.

Der Wettbewerb „Be Smart – Don't Start" richtet sich an alle 11- bis 14-jährigen Schüler und soll den Einstieg ins Rauchen verhindern.

Inhaltsstoffe im Tabakrauch

Nikotin ist ein starkes Gift. Die tödliche Dosis beträgt rund 50 mg. Diese Menge ist in etwa 50 Zigaretten enthalten. Da sich der Rauchvorgang über einen längeren Zeitraum erstreckt, kann der Körper ständig einen Teil des Giftes abbauen und ausscheiden. Daher kommt es selbst bei hohem Zigarettenkonsum nicht zu einer sofortigen tödlichen Vergiftung. Körperliche Veränderungen zeigen sich oft erst nach vielen Jahren.

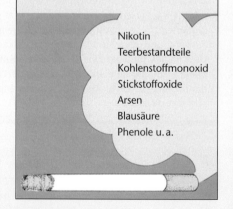

Nikotin
Teerbestandteile
Kohlenstoffmonoxid
Stickstoffoxide
Arsen
Blausäure
Phenole u. a.

(aus: dpa / Kölner Stadtanzeiger, 07. 06. 2005)

Ein Plakat ist eine großflächige Gestaltung aus Bild und Text, die öffentlich ausgehängt wird. Plakate sollen Blicke anziehen und die Betrachter zum Nachdenken und Handeln anregen.

Vorbereitung

Ihr müsst zunächst klären, wen ihr mit eurem Plakat ansprechen wollt und welche Aussage das Plakat enthalten soll. Dann stellt sich die Frage, mit welchen Mitteln ihr das gesteckte Ziel am besten erreichen könnt. Dabei geht es unter anderem um diese Fragen:
– Welches Wort bzw. welche Worte sollen auffallen?
– Welche Zeichnung oder welches Foto passt dazu?
– In welcher Weise soll Farbe bei der Gestaltung eingesetzt werden?

Beachtet stets: Ein gutes Plakat basiert auf einer Idee (nicht auf zwei!), enthält einen pfiffigen Spruch, ist spannend oder witzig gestaltet und muss von Autofahrern begriffen werden, die an der Ampel halten.

Überlegt auch, wo ihr eure Plakate aufhängen wollt und wen ihr möglicherweise um Genehmigung fragen müsst.

Durchführung

Besorgt das notwendige Material, z. B. alte Tapeten- bzw. Papierrollen oder andere Plakate, deren Rückseiten verwendet werden können. Denkt an Farben, Filzstifte, Lineal, Zirkel usw. Farbflächen und große Buchstaben können auch aus Tonpapier ausgeschnitten werden.

Fertigt zuerst Entwürfe und prüft sie kritisch:
– Versteht man die Aussage des Plakates?
– Werden sich die Adressaten angesprochen fühlen?
– Ist die Gestaltung auffällig?

Ihr könnt eure Entwürfe auch anderen zur Begutachtung vorlegen.

Entweder fertigt ihr dann von einem besonders gelungenen Entwurf mehrere Plakate oder von verschiedenen Entwürfen je ein Plakat.

Schülerinnen und Schüler bei der Gestaltung von Plakaten

 Gestaltet Plakate, die eure Mitschüler und Mitschülerinnen davon abhalten sollen, Raucher bzw. Raucherinnen zu werden.

Vorsicht Wasserpfeife! ....

Wir rauchen heute in der Clique eine Wasserpfeife – das ist cool und macht Spaß. Mach doch mit!

Rauchen? Nein danke! Ich ruiniere mir doch nicht meine Gesundheit.

Ach, hab dich nicht so! Wasserpfeife rauchen ist nicht so schädlich wie Zigaretten qualmen.

Bist du dir da wirklich sicher?

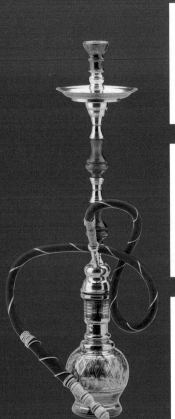

Ist das Rauchen der Wasserpfeife wirklich harmloser als das Rauchen von Zigaretten? **Nein!**

Das Rauchen von Wasserpfeifen (Shishas) ist genauso schädlich wie das Rauchen einer Zigarette! Tabakrauch ist ein Giftgemisch – auch der einer Wasserpfeife.

Ist die Wasserpfeife gesundheitsschädlich? **Ja!**

Der Tabak in der Wasserpfeife wird nicht wie bei der Zigarette direkt verbrannt, sondern er wird bei niedrigen Temperaturen verschwelt. Dabei entstehen Gifte wie Acetaldehyd, Acrolein oder Benzol in hohen Konzentrationen.

Können durch das Rauchen von Wasserpfeifen Infektionskrankheiten übertragen werden? **Ja!**

Im Speichel können sich Krankheitskeime befinden, die bei der Verwendung von nur einem Mundstück von einem Raucher an den anderen weitergegeben werden. Shisha-Rauchen kann ansteckende Krankheiten übertragen: Lippenbläschen, Gelbsucht und die Lungenkrankheit Tuberkulose.

Gelangt beim Shisha-Rauchen Teer in deine Lunge? **Ja!**

Beim Shisha-Rauchen gelangt viel Teer in deine Lunge und verklebt dort die lebenswichtigen Lungenbläschen. Dadurch funktioniert deine Lunge schlechter.

Gefährdest du beim Shisha-Rauchen auch andere? **Ja!**

Mit dem Rauchen einer Wasserpfeife in einem geschlossenen Raum belastest du auch die Gesundheit anderer.

Filtert das Wasser die Schadstoffe heraus? **Nein!**

Das Wasser in der Shisha kühlt nur den Qualm, sodass dieser beim Einatmen nicht so im Hals kratzt. Reinigen kann das Wasser den Rauch aber nicht.

Macht das Rauchen von Wasserpfeifen süchtig? **Ja!**

Durch das lange Rauchen einer Wasserpfeife nimmst du noch mehr Nikotin auf als beim Rauchen einer Zigarette. Nikotin macht süchtig.

Beim Shisha-Rauchen nimmst du besonders viel Nikotin auf. VORSICHT: Suchtgefahr!

(Auszüge aus dem Flyer: Vorsicht Wasserpfeife! Hg.: Bundeszentrale für gesundheitliche Aufklärung, Köln, o. J.)

 Setze mit einem Mitschüler, einer Mitschülerin das Gespräch oben fort. Berücksichtigt dabei die Informationen im Kasten.

Weitere Infos zu den Gefahren des Shisha-Rauchens findest du auf der Internetseite www.rauch-frei.info

Wenn Daddeln zur Sucht wird

Sie verbringen Stunden vor dem Computer. Sie bewegen sich als Zauberer, Ork oder Krieger durch virtuelle Welten und kämpfen Schlachten gegen Gleichgesinnte. Sie verbringen immer mehr Zeit an ihren Computern, soziale Kontakte verkümmern, die Leistungen in der Schule oder im Job werden schlechter, bis sogar der Schulabbruch oder der Verlust des Arbeitsplatzes droht.

Internet- und Computerspielsucht wird dieses Phänomen von Experten genannt. Die Suchtkriterien ähneln dabei der Alkoholsucht. Die Betroffenen verlieren die Kontrolle über ihren „Internetkonsum", sie müssen ständig ihre tägliche Dosis erhöhen, um ihr Glücksgefühl zu erreichen, und sie haben ähnliche Entzugserscheinungen wie Alkoholiker: Ohne Internetzugang werden sie aggressiv und nervös.

Mitte der 90er-Jahre sprachen amerikanische Wissenschaftler zum ersten Mal von der Onlinesucht. Seitdem häufen sich die Fälle auch in Deutschland. „Besonders durch die immer preiswerter werdenden Internetverbindungen konnten wir einen Zuwachs der Süchtigen beobachten", stellt Jannis Wlachojiannis fest. Der Sozialpädagoge leitet die Beratungsstelle für Computerspiel- und Internetsüchtige „Lost in Space" der Caritas in Berlin. „Lost in Space" existiert seit Oktober 2006, nachdem die Nachfrage nach einer Beratung in den Jahren zuvor immer größer wurde.

Mit Beratungsgesprächen und Freizeitangeboten wie dem gemeinsamen Fußball- oder Beachvolleyballspiel versucht „Lost in Space" den Abhängigen Möglichkeiten aus der Sucht aufzuzeigen. „Leute, die regelmäßig zu uns kommen, berichten über eine relativ schnelle Reintegration ins Real-Life", sagt der Berliner Sozialpädagoge. Die Zahl der Ratsuchenden steigt bei „Lost in Space": Im Jahr 2007 seien 200 Personen beraten worden, in diesem Jahr seien es bis August schon 160 gewesen, sagt Wlachojiannis.

Betroffen von der Internet- und Computerspielsucht seien in der Regel männliche Spieler im Alter von 14 bis 30 Jahren, sagen die Experten einhellig. Der Großteil der Betroffenen ist süchtig nach Online-Rollenspielen wie „World of Warcraft", „Everquest" oder „Herr der Ringe". Die Suchtgefahr sei bei diesen Spielen besonders groß, denn das Spiel laufe im Internet auch dann weiter, wenn der Computer ausgeschaltet sei, erklärt Klaus Wölfling, Leiter der Ambulanz für Internet- und Computerspielsucht an der Uni-Klinik Mainz.

Erfolge im Spiel ließen sich nur durch zeitlichen Einsatz und in einer Gruppe mit anderen Mitspielern erzielen, erläuterte Wölfling (…). Wer dem Spiel fernbleibe, gefährde den Erfolg der Gruppe. Dadurch entwickelten sich die sozialen Bindungen und Pflichten immer weiter.

Die Probleme in der realen Welt werden nach seinen Worten größer, je länger und öfter der Spieler am Computer sitzt. Die Flucht in die virtuelle Welt solle die Probleme in der realen Welt kompensieren. So entstehe ein gefährlicher Sog, dem sich mancher Spieler nicht mehr entziehen könne.

„Die pathologische Nutzung des Internets ist oft Ausdruck und Symptom weiterer Probleme oder psychischer Störungen", sagt Klaus Oelbracht. Er ist der stellvertretende psychologische Leiter der Christoph-Dornier-Klinik in Münster, die seit April 2007 stationäre Therapien für Internetsüchtige anbietet. Es gebe aber auch Fälle, in denen psychische Störungen erst durch eine Onlinesucht entstehen, gibt Wölfling zu bedenken. „Wenn jemand ein Jahr lang nur vor dem Computer sitzt und spielt, hat das auch Auswirkungen auf die Psyche."

Therapieren lässt sich eine Online-Rollenspielsucht nur schwer. Dass ein Spieler in der Therapie einen normalen Umgang mit einem solchen Spiel erlernen kann, glaubt Wölfling nicht. Darauf ziele die Behandlung aber auch nicht ab. Ziel sei es, dass die Süchtigen einen funktionalen Umgang mit dem Computer erlernten und dass die Folgeschäden der Sucht behoben werden könnten. „Wenn zum Beispiel ein Student sein Studium, dem er wegen des Spielens nicht mehr nachgegangen ist, wieder aufnimmt und auch zum Abschluss bringt, dann ist das ein Erfolg."

Wie viele Menschen in Deutschland unter einer Onlinesucht leiden, kann Wölfling nicht sagen. Repräsentative Zahlen dazu gebe es bisher nicht. „Wir wissen nicht genau, wie viele es sind, wir wissen nur, dass es sie gibt."

(Falk Sinß/Associated Press, in: Höchster Kreisblatt / Frankfurter Neue Presse, 26. 09. 2008, S. 8 / KUS)

„Computerspiele: Zeitvertreib mit Suchtgefahr!" – Belege dies mithilfe des Zeitungstextes.
Markiere dazu auf dem Arbeitsblatt die Textstellen, die entsprechende Aussagen enthalten.

Komatrinken ....

Wie Jugendliche zu Trinkern werden

Die „Druckbetankung" ist das Problem. Der Körper reagiert zu spät auf den Alkohol, wenn er ganz schnell und dann auch noch hochprozentig heruntergekippt wird. Normalerweise stellen sich bei übermäßigem Trinken Unwohlsein und Müdigkeit ein. Hier nicht. „Und das kann lebensgefährlich sein", (...) Gut, wenn die jugendlichen Komatrinker, um die es hier geht, dann schnell in ein Krankenhaus kommen. Sonst drohen Unterkühlung, Erbrechen mit der Gefahr des Erstickens und Nierenversagen, aber auch das Risiko, Opfer von Gewalttaten zu werden. Das „Komasaufen", nach dem britischen Vorbild auch „Binge Drinking" genannt, grassiert. Der Fall des 16-jährigen Berliner Schülers, der voriges Jahr nach einer Flatrate-Party in einer Kneipe und 52 Gläsern Tequila ins Koma fiel und nach vier Wochen starb, war nur ein besonders dramatischer Fall von immer mehr promillebedingten Abstürzen.

Erst kürzlich haben nach der Suchtbeauftragten der Bundesregierung auch die Krankenkassen Alarm geschlagen. Eine Million Euro kostet sie die Behandlung der sturzbesoffenen Jugendlichen im Krankenhaus, meldeten sie, Tendenz steigend. Die Zahl dieser Komatrinker mit Krankenhauseinlieferung hat sich seit 2003 fast verdoppelt: Zuletzt waren es über 1800 im Jahr. Die Gesamtkosten der Behandlung der Komatrinker werden auf mehrere Millionen Euro jährlich geschätzt.

Die Entwicklung ist frappant. Zwar trinken weniger Jugendliche Alkohol. Aber die es tun, tun es immer früher und immer hochprozentiger. Der „gelegentliche Konsum" von Alkohol ging bei Schülerinnen und Schülern im Vergleich zur letzten Erhebung 2003 etwas zurück, wie es in einem Bericht der Bundesregierung heißt. Ein Grund dafür: Das zeitweilige Trendgetränk Alkopops – süße Limo mit Schnapsbeimi-schung – wurde durch höhere Besteuerung erfolgreich zurückgedrängt. Gleichzeitig stiegen die getrunkenen Gesamt-Alkoholmengen bei den Jugendlichen aber an. Während die Zwölf- bis 17-Jährigen 2005 im Durchschnitt „nur" 34 Gramm reinen Alkohol pro Woche zu sich nahmen, waren es 2007 schon 50 Gramm – die Menge in zwei Halbliterflaschen Bier oder einer halben Flasche Wein.

Das heißt: Die Dosis pro Anlass steigt. „Binge Drinking" ist dabei die exzessivste Form, definiert als Konsum von fünf oder mehr alkoholhaltigen Getränken hintereinander. 2005 „bingten" 20 Prozent der Jugendlichen nach eigenen Angaben einmal im Monat, 2007 waren es schon 26 Prozent. Bei den älteren Jugendlichen, den 16- und 17-Jährigen, tut es inzwischen jeder und jede zweite.

„Bei Mädchen und jungen Frauen ist der langfristige Trend zu mehr Alkoholräuschen ungebremst", berichtete jüngst der Mannheimer Suchtforscher Professor Manfred Laucht auf einer Tagung. Bei den Jungen, die bei den Trinkmengen vor den Mädchen liegen, gab es nach seinen Angaben in den 80er-Jahren einen Tiefstand, aber seither steigt auch bei ihnen die Rate der Rauscherfahrungen wieder an. Zudem sinkt das Einstiegsalter weiter. Laucht verweist auf die dramatischen Folgen, die das hat: Mehrere Studien deuten darauf hin, dass Jugendliche in besonderem Maße suchtgefährdet sind. „Je früher jemand mit dem Alkoholkonsum beginnt, desto höher ist sein späteres Risiko, alkoholabhängig zu werden", berichtet der Forscher. Eine aufwendige Mannheimer Studie, die 384 Personen in ihrer Entwicklung von der Geburt bis ins Erwachsenenalter begleitet, zeigt: Der frühe Beginn des Rauschtrinkens ist mit einem deutlich erhöhten Alkoholkonsum im jungen Erwachsenenalter verknüpft. Als Risikofaktoren identifizierten die Wissenschaftler: psychische Probleme der Jugendlichen, ein überaktives Temperament, ein „sozial auffälliger" Freundeskreis und die Herkunft aus schwierigen Familienverhältnissen. (...)

(Joachim Wille, in: Frankfurter Rundschau,
© FR-online.de 2008 07.07.2008)

Jugend und Alkohol: Der Pegel steigt

So viel reinen Alkohol trinken 16- bis 17-Jährige pro Woche (in Gramm)

	2004	2005	2007
Jungen	126,5 g	107,6	154,2
Mädchen	54,1	41,7	52,6

So viel Prozent der 16- bis 17-Jährigen haben im vergangenen Monat an einem Tag fünf oder mehr Gläser Alkohol getrunken

	2004	2005	2007
	52 %	48	63
	33	31	37

So viel Prozent der 16- bis 17-Jährigen konsumieren mindestens ein Mal im Monat Alcopops

	2004	2005	2007
	45 % 48	23 29	18 17

Quelle: BZgA   Keine Erhebung für 2006

G 1463 © Globus

1 Was ist mit „Komatrinken" gemeint?

2 Worin liegen die besonderen Gefahren des „Komatrinkens"? Liste anhand des Zeitungstextes auf.

3 Welchen Zusammenhang zwischen Einstiegsalter und späterer Alkoholsucht belegen Studien?

4 Fasse die Aussagen der Grafik in einem kurzen Text zusammen.

Der Weg aus der Sucht

Jürgen Horn, 39 Jahre, verheiratet, drei Kinder

Jürgen Horn war alkoholabhängig, hat es aber geschafft,
seine Sucht zu überwinden. Er berichtet über den Weg
in die Sucht und darüber, wie er wieder von ihr los kam:

Mein Weg in die Sucht verlief unbemerkt und mit Unterbrechungen. Eigentlich fing alles aber schon sehr früh an. Als Jugendlicher unternahm ich mit meinen Kumpels oft Ausflüge an den nahe gelegenen See. Da kam immer reichlich Bier mit. Es war toll, wenn wir am See einen gehoben haben – wir fühlten uns erwachsen und stark. Damals war ich so 15, 16 Jahre alt.

Ich habe dann meinen Schulabschluss gemacht und eine Ausbildung zum Maschinenschlosser begonnen. Da konnte ich zwar nicht mehr so oft mit meinen Freunden losziehen, aber im Betrieb gab es auch öfter das eine oder andere Bierchen. Nach getaner Arbeit sind wir außerdem regelmäßig einen trinken gegangen. Ich war der Jüngste, wollte aber auch nicht als Grünschnabel dastehen und habe deshalb tüchtig mitgebechert.

So richtig überhand nahm das mit dem Trinken aber erst, als mein Vater starb. Da war ich gerade 18 geworden. Meine Mutter hat nur noch geweint und sich abgekapselt. Die ganze Situation setzte mir sehr zu. Irgendwann habe ich gemerkt, dass ich mich nach ein, zwei Gläschen Schnaps viel besser fühle. Es hat dann nicht lange gedauert, bis aus dem Gläschen eine ganze Flasche am Tag wurde …

Als ich Inge, meine Frau, kennenlernte, ging das mit dem Trinken rapide zurück. Inge gab mir Halt, wir hatten große Pläne: Kinder, ein Häuschen im Grünen, schöne Urlaubsreisen … Nach der Hochzeit kamen dann auch rasch unsere Kleinen. Mit drei Kindern in der beengten Mietwohnung, das war nicht das Gelbe vom Ei. Wir verschuldeten uns hoch, um den Traum vom eigenen Haus zu verwirklichen. Und dann kam es, wie es kommen musste: Die Auftragseingänge in meiner Firma nah-

men ab und einer ganzen Reihe von Kollegen wurde gekündigt. Mich als Familienvater traf es zunächst zwar nicht, aber ich wurde die Angst nicht mehr los, dass auch ich irgendwann dran sein würde. Und dann unser großer Schuldenberg…

Mit drei kleinen Kindern war es unmöglich, dass Inge mitverdient. Die ganze Last lag auf meinen Schultern, so dachte ich jedenfalls. Um mal abzuschalten, trank ich häufiger wieder ein Bierchen. Das beruhigte aber nur für einen kurzen Moment. So nahm das mit dem Trinken bei mir rasch wieder zu. Inge machte mir deswegen immer häufiger Vorwürfe. Einmal hat sie mir sogar mit Trennung gedroht, als ich ziemlich betrunken aus der Kneipe nach Hause kam: Mit einem Alkoholiker könne sie nicht zusammenleben. So ernst habe ich meine Situation damals gar nicht gesehen. Was sind schon ein paar Bier und eine Flasche Schnaps, so dachte ich. Eigentlich hätte ich es besser wissen müssen, spätestens dann, als die Kinder anfingen, sich für mich zu schämen. Ihre Freunde brachten sie auch kaum noch mit.

Dann geschah der dumme Arbeitsunfall. Ein Kollege wurde verletzt, weil ich eine Maschine unsachgemäß bediente. Ausgerechnet an diesem Tag hatte ich morgens bereits einen kleinen genommen und alle brachten mein Fehlverhalten gleich mit dem Alkoholgenuss in Verbindung. „Der Horn ist Alki" hörte ich sie hinter meinem Rücken tuscheln. Da begann ich dann doch mir ernsthaft Gedanken zu machen. Mein Chef forderte mich auf Sonderurlaub zu nehmen und etwas gegen meine Alkoholsucht zu unternehmen.

Als Inge auch noch mit Scheidung drohte, stellte ich mich endlich meinem Alkoholproblem und ging zu einer Beratungsstelle. Bei den

„Anonymen Alkoholikern" merkte ich, dass viele mit dem Alkohol Probleme haben, nicht nur ich. Die Gespräche in der Gruppe haben mir sehr geholfen, ich fühlte mich verstanden. Die Beraterin sagte immer wieder, dass man den Weg aus der Sucht nur schafft, wenn man dies selbst will und sich auch eingesteht, dass man Alkoholiker ist. Am Anfang fiel mir das schwer, denn Alkoholiker waren bis dahin für mich immer nur die anderen. Inge hat in der Gruppe für betroffene Partner mitgemacht und so konnten wir über meine Sucht viel besser und offener reden.

Nachdem ich mich für ein Leben ohne Alkohol entschieden hatte, kam eine harte Zeit. Mein Körper litt extrem unter dem Alkoholentzug. Ich zitterte, bekam Schweißausbrüche und war gereizt. Inge, die Kinder, unsere Freunde – alle waren sehr verständnisvoll. Erst während der Entzugsphase wurde mir vollends bewusst, wie tief ich im Alkoholsumpf steckte. Zwei Wochen war ich damals im Krankenhaus und stand unter ständiger Aufsicht. So schlimm diese Zeit für mich war, so lehrreich war sie. ‚Nie mehr trinken', dieser Vorsatz hat sich fest in meinem Kopf eingebrannt.

Seit fast drei Jahren bin ich jetzt „trocken". Mir ist, als hätte ich ein neues Leben geschenkt bekommen. Meine Arbeitsstelle habe ich noch, die Raten für unser Haus können wir gut bezahlen und in der Familie ist alles wieder okay. So viel Glück hat nicht jeder! Alkohol darf ich nie wieder trinken, denn schon der kleinste Schluck kann mich in die Sucht zurückwerfen. An manchen Tagen fällt es mir leicht darauf zu verzichten, an anderen kostet es Kampf und Überwindung. Ich bin mir aber sicher, dass ich es schaffen werde."

Beschreibe die Stationen auf dem Weg in die Sucht und die Stationen auf dem Weg heraus aus der Sucht. Notiere dazu aus jedem Absatz von Jürgen Horns Schilderung zwei, drei Stichwörter.

Das Wichtige in Kürze

Sucht

Sucht ist eine Form der physischen und psychischen Abhängigkeit. Je nach Art des Stoffes kann die Sucht mehr oder weniger körperlich abhängig machen. Von Sucht spricht man, wenn der Süchtige seine Dosis, das heißt die Menge der Einnahme, stetig erhöht. Man unterscheidet zwischen stoffgebundener und stoffungebundener Sucht. Bei der stoffgebundenen Sucht ist der Süchtige von einem bestimmten Stoff abhängig. Seine Sucht wird nur befriedigt, wenn er genau diesen Stoff konsumiert. Mit einem anderen, auch ähnlichen Stoff, gibt er sich nicht zufrieden. Alkoholsucht und Medikamentensucht sind Beispiele. Bei der stoffungebundenen Sucht benötigt der Süchtige keinen bestimmten Stoff, um seine Sucht zu stillen. Er ist von bestimmten Verhaltensweisen abhängig, zum Beispiel übermäßigem Essen oder Spielen. Co-Abhängigkeit bedeutet, dass die Familie des Süchtigen auch von der Sucht betroffen ist. Oft beschaffen Familienmitglieder sogar Stoff für den Süchtigen, um die Lebenssituation in der Familie erträglicher zu machen. Sie unterstützen und fördern damit ungewollt die Abhängigkeit des Süchtigen.

Drogen

Man unterscheidet legale und illegale Drogen. Legale Drogen sind vom Gesetzgeber erlaubt. Ihr Konsum, Besitz und Weiterverkauf ist nicht strafbar. Lediglich für Minderjährige gibt es Einschränkungen, die im Jugendschutzgesetz festgeschrieben sind. Zu den legalen Drogen zählen Alkohol, Nikotin und verschiedene Medikamente. Anders verhält es sich mit den illegalen Drogen. Das Betäubungsmittelgesetz verbietet ihren Konsum, Besitz und Weiterverkauf. Wer illegale Drogen konsumiert, besitzt oder damit handelt, macht sich strafbar. Zu den illegalen Drogen zählen zum Beispiel Heroin und Kokain, aber auch Haschisch. Es gibt Länder, in denen Haschisch nicht illegal ist, etwa in den Niederlanden.

Folgen der Sucht

Sucht kann vielfältige Folgen haben. Je nach Suchtmittel unterscheiden sich diese. Oft verlieren die Süchtigen den Kontakt zu ihrem sozialen Umfeld und kapseln sich ab. Bei manchen Suchtformen strukturiert sich das Umfeld neu und andere Verhaltensweisen treten auf, oft auch kriminelle. Das Suchtmittel steht für den Süchtigen im Mittelpunkt, er richtet all sein Denken und Handeln daran aus. Häufig geht mit der Sucht Beschaffungskriminalität einher.

Entzugs-erscheinungen

Süchtige, die von ihrer Sucht loskommen wollen und das Suchtmittel nicht mehr konsumieren, leiden zunächst unter Entzugserscheinungen. Sie bekommen Schweißausbrüche, zittern, werden aggressiv oder lethargisch. Während des Entzugs wird der Körper des Süchtigen entgiftet. Die Entgiftung muss abrupt und konsequent erfolgen. Bei vielen Drogen bringt der Entzug derart heftige Entzugserscheinungen mit sich, dass er unter ärztlicher Aufsicht erfolgen sollte. Entwöhnung bezeichnet den psychischen („geistigen") Entzug. Die Ursachen der Sucht sollen hier erkannt und behandelt werden. Der Süchtige soll lernen, wie er ohne die Sucht leben und seinen Alltag neu organisieren kann.

Weg aus der Sucht

Der Weg aus der Sucht ist oft langwierig und schwierig. Es gibt anonyme Beratungsstellen, die helfen oder professionelle Hilfe vermitteln. Der Weg aus der Sucht kann nur dann gelingen, wenn der Süchtige von sich aus zum Entzug bereit ist. Ohne den festen Willen zum Ausstieg ist jede Therapie sinnlos.

Weißt du Bescheid?

Löse das Rätsel.
Benutze dazu das Arbeitsblatt oder notiere die gesuchten Begriffe von 1 bis 18 auf einem Blatt. Die Buchstaben in der hervorgehobenen Spalte ergeben von oben nach unten gelesen das Lösungswort. Es bezeichnet eine neue Suchtform.

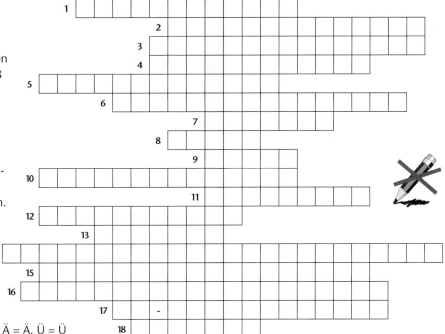

Ä = Ä, Ü = Ü

1 Eine ... ist ein enges, vertrauensvolles Verhältnis zwischen zwei Menschen.

2 Als ... werden in aller Regel Personen bezeichnet, die von harten Drogen abhängig sind.

3 Mit ... ist gemeint, dass man das tut, was andere von einem wollen oder erwarten.

4 Gruppen richten bestimmte Erwartungen an ihre Mitglieder, die sich bis zum ... steigern können.

5 Viele Jugendliche sind bei ihrem Konsum sehr ..., zum Beispiel beim Kauf von Kleidung. Damit ist gemeint, dass sie die Produkte von bestimmten Anbietern bevorzugen, die gerade „in" sind.

6 Mit ... ist gemeint, dass der Einzelne das tut, was er möchte, was er für richtig hält.

7 ... ist ein aufputschendes Suchtmittel, das häufig in Diskotheken konsumiert wird.

8 Heroin, Crack und LSD sind im Unterschied zur weichen Droge Alkohol sogenannte ... Drogen.

9 Die Abhängigkeit einer Person von einem bestimmten Stoff oder einer bestimmten Verhaltensweise bezeichnet man allgemein als ... .

10 Insbesondere bei Jugendlichen sind ... eine beliebte Freizeitbeschäftigung. Das stundenlange Sitzen vor dem Bildschirm führt bei vielen zur Vernachlässigung sozialer Kontakte.

11 Bei den Drogen unterscheidet man zwischen legalen Drogen, z. B. Alkohol, und ... Drogen, z. B. Kokain.

12 Eine exzessive Form des Alkoholkonsums ist das ..., das bei vielen Jugendlichen beliebt ist und in Einzelfällen schon bis zum Tod des jugendlichen Trinkers geführt hat.

13 Eine bei uns gesellschaftlich tolerierte Droge ist ..., der sich in unterschiedlich starker Konzentration in zahlreichen Getränken befindet.

14 Um an Geld für den Kauf von Drogen zu gelangen, begehen Süchtige häufig Diebstähle oder andere Gesetzesverstöße. Man spricht in solchen Fällen von ... .

15 Im ... ist unter anderem gesetzlich festgelegt, ab welchem Alter und in welchem Zeitrahmen Jugendliche Gaststätten und Diskotheken besuchen dürfen.

16 Süchtige, die das gewohnte Suchtmittel nicht mehr konsumieren, leiden zunächst unter ... .

17 Mit dem Begriff ... wird umschrieben, dass nicht nur der oder die Süchtige selbst von der Sucht betroffen ist, sondern auch Familienangehörige darunter zu leiden haben.

18 Das im Tabakrauch enthaltene Suchtmittel ist das ... .

Weißt du Bescheid?

Morgen ist auch noch ein Tag.

Jetzt ist endgültig Schluss ...

... mit dem Rauchen!

Ab Morgen!

(Gerhard Mester)

Plakat der Bundeszentrale für gesundheitliche Aufklärung

Was wollen die Karikaturisten mit ihren Karikaturen jeweils zum Ausdruck bringen?

Worauf zielt das Plakat ab?
Welche Idee liegt der Gestaltung zugrunde?

Umweltschutz

Es vergeht kaum ein Tag, an dem in den Medien nicht über den Klimawandel oder ein anderes Umweltproblem berichtet wird. Und manchmal bekommt die Umwelt sogar einen Platz auf der Titelseite der Zeitung oder eine Extra-Sendung im Fernsehen, etwa dann, wenn ein Öltanker leck-geschlagen ist oder giftige Chemikalien aus einer Fabrik in einen Fluss gelangt sind. Die Probleme mit der Umwelt beginnen aber bereits in jedem privaten Haushalt: Müll fällt an, Brauchwasser muss entsorgt werden, der PKW belastet mit sei-nen Abgasen die Luft mit Schadstoffen.

Die folgenden Seiten befassen sich mit der Belas-tung der Umwelt durch uns Menschen und ihrem Schutz. Sie geben Antworten auf diese Fragen:

■ Was genau versteht man unter Umwelt? Auf welche Weise belastet der Mensch die Umwelt?

■ Wasserverbrauch – Wasserknappheit: Wie ist es um das kostbare Nass weltweit bestellt?

■ Wie viel Müll fällt in Deutschland an? Wie wird der Abfall entsorgt?

■ Was versteht man unter Recycling? Welche Aufgabe hat das Duale System?

■ Ablagern oder verbrennen – wie soll nicht wie-derverwertbarer Abfall beseitigt werden?

■ Wie ist es um das Umweltbewusstsein bei uns bestellt? Wie kann jeder Einzelne zum Schutz und Erhalt der Umwelt beitragen?

■ Was tut der Staat? Welche Gesetze zum Schutz der Umwelt gibt es? Was versteht man unter nachhaltigem Handeln?

Die Belastung der Umwelt ....

Die Umwelt – was ist das eigentlich? Umwelt ist alles, was uns umgibt. Menschen, Tiere und Pflanzen gehören dazu. Aber auch der Boden, das Wasser, die Luft, die gesamte Natur ist unsere Umwelt.

Die Umwelt umfasst nicht nur unser Dorf, unsere Stadt, unser Land, sondern die ganze Erde. Unsere Lebensweise, alles, was wir tun oder lassen, wirkt sich auf die Umwelt aus.

1 _Jedes Foto hat auf irgendeine Weise damit zu tun, wie mit der Umwelt umgegangen wird. Formuliere diesen Zusammenhang zu jedem Bild in ganzen Sätzen._

2 _Nenne weitere Beispiele, wie die Umwelt belastet oder geschützt wird._

3 _Erkläre, warum die Umwelt auch dich angeht._

„Raumschiff Erde"

Stellen wir uns die Erde als riesiges Raumschiff vor. Mit Menschen an Bord rast es durch das Weltall. Die Verbindungen zum Heimatplaneten sind abgebrochen. Es gibt keine Rückkehr mehr. Die Passagiere müssen mit den vorhandenen Vorräten an Nahrung, Wasser, Sauerstoff und Energie auskommen.

Während die Zahl der Menschen an Bord steigt, verringern sich die Vorräte. Gleichzeitig steigen Abfall- und Schadstoffmengen an. Das Leben wird immer schwieriger, die Luft zum Atmen immer knapper. Einige Bewohner des Raumschiffes geraten in Panik. Sie prophezeien einen baldigen Tod durch Ersticken, Verdursten, Verhungern oder Erfrieren. Andere beuten die zu Ende gehenden Vorräte aus, schlagen Warnungen in den Wind, maßvoller damit umzugehen. Sie vertrauen darauf, dass jemandem noch in letzter Minute etwas zur gemeinsamen Rettung einfallen werde.

Um den nebenstehenden Text vom „Raumschiff Erde" zu lesen, benötigt man etwa eine Minute. In dieser Minute geschieht – statistisch gesehen – auf der Erde Folgendes:

– Es werden zwei Tonnen Fluorchlorkohlenwasserstoffe (FCKW) freigesetzt.
– Der Kohlendioxidausstoß beträgt fast 40 000 Tonnen.
– Über 3,5 Quadratkilometer Wald fallen der Motorsäge zum Opfer.
– Die Menschen produzieren über 15 000 Tonnen Müll.
– 100 neue Autos belasten die Umwelt.
– 60 000 Tonnen Erde werden weggeschwemmt oder abgetragen.
– Die Erdbevölkerung nimmt um 170 Menschen zu.
– Ein Quadratkilometer Naturfläche geht verloren, z. B. durch Bebauung.
– Ungefähr 50 Menschen sterben an Hunger.

(Freimut Wössner)

(Reinhold Löffler)

1 Was verdeutlicht der Text „Raumschiff Erde"?
2 Was passiert – statistisch gesehen – während einer Schulstunde auf der Erde? Beziehe dich auf den Text oben rechts.
3 Was bringen die Karikaturen zum Ausdruck?
4 Was meinst du zu der Aussage der Frau?

Umweltprobleme, Umweltschutz – da wird doch heillos übertrieben! Was sollen so ein paar Autoabgase schon schaden? Die Erde besteht seit vielen Millionen Jahren und die Natur ist mit den Problemen noch immer allein fertig geworden.

Wasser – eine Luxusware? ....

Der Wasserverbrauch ist in den vergangenen Jahrzehnten ständig gestiegen. 1950 verbrauchte ein Bundesbürger im Durchschnitt pro Tag etwa 85 Liter Trinkwasser, heute sind es 120 Liter. Insgesamt sind aber vor allem Industrie und Gewerbe für den gewaltig gestiegenen Wasserverbrauch verantwortlich. Zur Herstellung von Waren, z.B. von Papier, Kunststoff, Textilien, Leder oder Stahl, werden 70 Prozent des Wassers in der Bundesrepublik Deutschland benötigt.

Eingriffe des Menschen in den Wasserkreislauf verringern die Grundwasservorräte. Der Erdboden wird durch Verkehrswege, Siedlungs- und Industrieflächen zubetoniert. Dort kann das Wasser dann nicht mehr versickern und vom Bodenfilter zum wertvollen Grundwasser rein gewaschen werden. Zudem werden die begrenzten Vorräte durch die zunehmende Verschmutzung gefährdet. Hinzu kommt, dass Flussbegradigungen dazu führen, dass das Wasser viel zu schnell in Seen und Meere abfließt.

Alles schluckt Wasser

Jeder von uns verbraucht täglich Tausende Liter. Wie ist das möglich? Eine Liste der heimlichen Verschwender

Zähneputzen, Duschen, Kochen: Der Bundesbürger verbraucht pro Tag rund 120 Liter Wasser. Tatsächlich konsumieren wir viel mehr Wasser. Nämlich „virtuelles Wasser". Das ist jenes H_2O, das in den Nahrungsmitteln steckt, die wir essen, und in den Produkten, die wir nutzen. Es sind wahre Fluten (...)

EIN HAMBURGER: 2400 LITER

Ein Pappbrötchen, ein flachgeklopfter Fleischklops, Ketchup – plus 2400 Liter Wasser, um reinbeißen zu können. Wie das? Das meiste Wasser wird gebraucht, um die – im Standardfall – rund 150 Gramm Rindfleisch zwischen den beiden Weizenfladen zu produzieren. Ein Kilo davon verursacht nämlich 15000 Liter. Bis zum Schlachten konsumiert ein Rind, das 200 Kilo Fleisch liefert, rund 1300 Kilo Getreide oder Soja plus 7200 Kilo Raufutter plus 31 Kubikmeter Wasser. Auch im Getreide „steckt" natürlich Wasser, das hinzugerechnet wird. Die Futtermittel verursachen pro Kilo einen Verbrauch von 15300 Litern: Prost Hamburger! Oder: Vegetarier sparen viel Wasser.

EIN T-SHIRT: 2700 LITER

Ein T-Shirt besteht zumeist aus Baumwolle, und die hat es in sich: Ein Kilo Baumwollstoff braucht 11000 Liter, ein 250-Gramm-Hemd also 2700. Fast die Hälfte davon geht in die Bewässerung der Pflanzen, 14 Prozent werden benötigt, um das mit Dünger und Chemikalien belastete Altwasser zu verdünnen, das von den Feldern und aus der Textilindustrie stammt.

Die Baumwoll-Produktion verschluckt jedes Jahr 250 Milliarden Kubikmeter und verschmutzt 50 Milliarden: Das sind 3,5 Prozent des Wassers, das weltweit im Feldanbau eingesetzt wird.

EIN EI: 135 LITER

Manche mögen ja Toastbrot mit Marmelade, Müsli, ein Croissant. Zum richtigen Frühstück aber gehört: ein Ei. Das ist dann eine feuchte Angelegenheit. Eine Scheibe Graubrot taxieren die Experten auf 40 Liter „virtuelles Wasser". Das Ei, egal, ob weich oder hart, bringt dann 135 Liter hinzu. So viel, wie man sonst für ein Wannenbad braucht.

Berechnet ist das Standard-Ei mit 60 Gramm. Im Welt-Durchschnitt kommen auf das Produkt 3,3 Kubikmeter pro Kilo. Das meiste Wasser steckt im Futter der Hühner. Das Kochwasser ist da praktisch unerheblich.

(Joachim Wille, in: Frankfurter Rundschau, 19.08.2008, S. 20)

1 Wasser – eine Luxusware: Was ist damit gemeint?

2 Berechne die Monatsmenge und die Jahresmenge an Trinkwasser, die durch einen tropfenden Wasserhahn verloren gehen kann.

3 Erläutere den Wasserverbrauch für die drei abgebildeten Produkte. Was erstaunt dich?

> Achte darauf, dass immer alle Wasserhähne zugedreht sind und nicht lecken. Ein tropfender Wasserhahn verschwendet bis zu 45 Liter kostbares Trinkwasser pro Tag!

Methode: Grafiken und Statistiken auswerten

Thema: Wasserverbrauch – Wasserknappheit . . . .

Auf dieser und den beiden folgenden Seiten findest du Statistiken zum Thema „Wasser". In einer Statistik werden Informationen und Zahlen übersichtlich zusammengefasst. Der Vorteil einer Statistik ist, dass sie vielfältige Informationen zu einem Sachverhalt in rasch überschaubarer Form enthält. Man muss allerdings lernen, eine Statistik „richtig zu lesen" und auszuwerten.

Es gibt verschiedene Typen von Statistiken. Zunächst unterscheidet man Tabellen und Grafiken. Bei den grafischen Darstellungen gibt es:

Hinweise zur Auswertung einer Grafik

1 Schau dir die Grafik zunächst genau an. Informiere dich, wenn dir etwas unklar ist.
2 Benenne das Thema. Worum geht es?
3 Für welchen Zeitraum oder Zeitpunkt gilt die Grafik? Ist sie noch aktuell?
4 Welche Werte und Größen sind in der Grafik enthalten? Worüber machen sie Angaben? Welche Angaben fallen dir besonders auf?
5 Versuche die Werte zu vergleichen, um eine Vorstellung von den Größenzusammenhängen zu gewinnen.
6 In manchen Grafiken wird ein zeitlicher Verlauf veranschaulicht. Beschreibe die Entwicklung: Was hat sich im dargestellten Zeitraum verändert? Gibt es starke Veränderungen?
7 Fasse die Kernaussage der Grafik mit eigenen Worten zusammen.

1 Säulendiagramm	2 Balkendiagramm
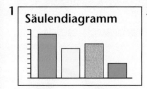	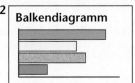
3 Kreis- oder Torten-diagramm	4 Kurvendiagramm
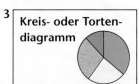	

5 **Schaubild** (Beispiel: Abbildung auf Seite 127)

Ergänzende Hinweise zur Auswertung der folgenden Grafiken

- Welche beschäftigen sich mit dem Wasserverbrauch in Deutschland, welche mit dem Wasserverbrauch in der Welt, welche mit dem Wassermangel?
- Vergleiche die Grafiken miteinander. Ergänzen sich die Werte oder widersprechen sie sich? Welche Entwicklungen kannst du erkennen, zum Beispiel beim Wasserverbrauch?

Unser Körper besteht zu zwei Dritteln aus Wasser	Wasserverbrauch in Deutschland je Einwohner pro Tag	
	1990	145 Liter
	1994	134 Liter
	1998	129 Liter
	2002	128 Liter
	2010	? Liter

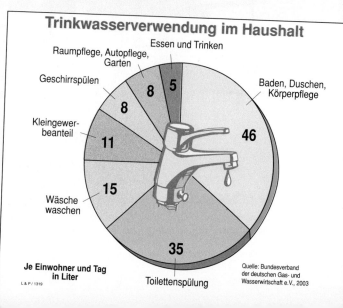

Trinkwasserverwendung im Haushalt

Essen und Trinken 5
Raumpflege, Autopflege, Garten 8
Geschirrspülen 8
Baden, Duschen, Körperpflege 46
Kleingewerbeanteil 11
Wäsche waschen 15
Toilettenspülung 35

Je Einwohner und Tag in Liter

L & P / 1319

Quelle: Bundesverband der deutschen Gas- und Wasserwirtschaft e.V., 2003

Ohne Wasser kein Leben!

Wasservorkommen auf der Erde

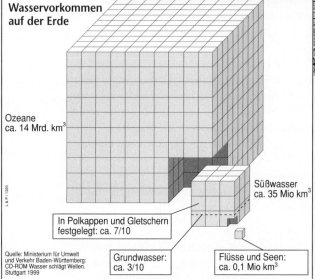

Ozeane
ca. 14 Mrd. km³

L & P / 1360

In Polkappen und Gletschern festgelegt: ca. 7/10

Süßwasser
ca. 35 Mio km³

Grundwasser:
ca. 3/10

Flüsse und Seen:
ca. 0,1 Mio km³

Quelle: Ministerium für Umwelt und Verkehr Baden-Württemberg: CD-ROM Wasser schlägt Wellen. Stuttgart 1999

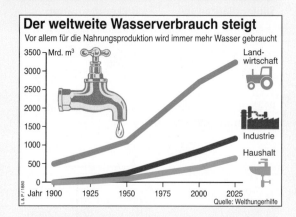

Der weltweite Wasserverbrauch steigt

Vor allem für die Nahrungsproduktion wird immer mehr Wasser gebraucht

Land-wirtschaft

Industrie

Haushalt

3500 Mrd. m³
3000
2500
2000
1500
1000
500
0

Jahr 1900 1925 1950 1975 2000 2025

L & P / 1880

Quelle: Welthungerhilfe

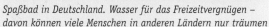

Spaßbad in Deutschland. Wasser für das Freizeitvergnügen – davon können viele Menschen in anderen Ländern nur träumen

Wasserholen von weit her in Afrika. Wasser als kostbares Gut zum Überleben – für viele Afrikaner eine tägliche Erfahrung

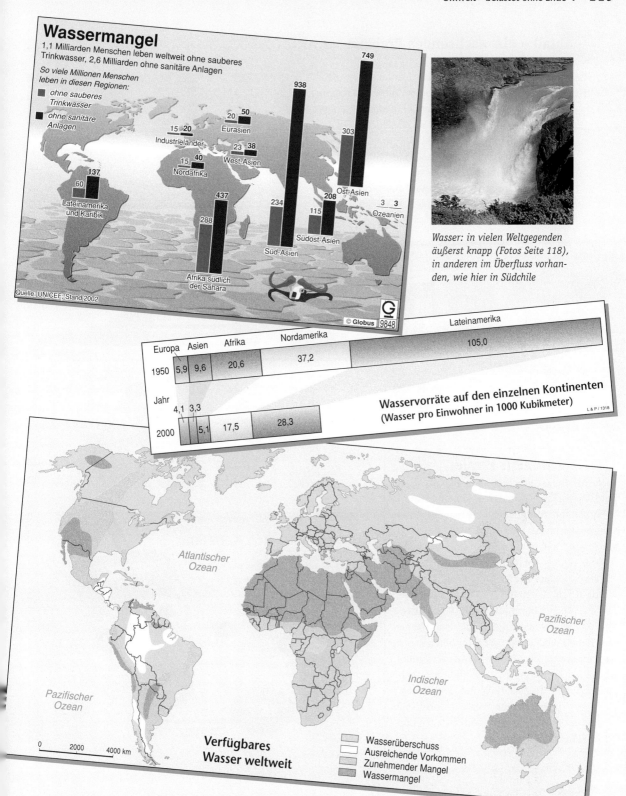

Wassermangel

1,1 Milliarden Menschen leben weltweit ohne sauberes
Trinkwasser, 2,6 Milliarden ohne sanitäre Anlagen

So viele Millionen Menschen
leben in diesen Regionen:

■ ohne sauberes
   Trinkwasser

■ ohne sanitäre
   Anlagen

749

938

303

20 50
Eurasien

15 20
Industrieländer

23 38
West-Asien

15 40
Nordafrika

137
60

Lateinamerika
und Karibik

437

288

234

208
115

Ost-Asien

3 3
Ozeanien

Südost-Asien

Süd-Asien

Afrika südlich
der Sahara

Quelle: UNICEF, Stand 2002

© Globus 9848

*Wasser: in vielen Weltgegenden
äußerst knapp (Fotos Seite 118),
in anderen im Überfluss vorhanden, wie hier in Südchile*

Wasservorräte auf den einzelnen Kontinenten
(Wasser pro Einwohner in 1000 Kubikmeter)

L & P / 1318

Jahr	Europa	Asien	Afrika	Nordamerika	Lateinamerika
1950	5,9	9,6	20,6	37,2	105,0
2000	4,1	3,3	5,1	17,5	28,3

Atlantischer
Ozean

Pazifischer
Ozean

Pazifischer
Ozean

Indischer
Ozean

0   2000   4000 km

Verfügbares
Wasser weltweit

☐ Wasserüberschuss
☐ Ausreichende Vorkommen
☐ Zunehmender Mangel
☐ Wassermangel

1 Werte jede Grafik wie auf Seite 117 beschrieben aus.

2 Fasse die Ergebnisse deiner Auswertung in einem Text zum Thema „Wasserverbrauch und Wasserknappheit weltweit" zusammen. Mache dir vorher Notizen zu diesen beiden Punkten.

Abfall – ein wachsendes Problem ....

Mit der jährlich in Deutschland anfallenden Müllmenge ließe sich ein Güterzug mit einer Länge von
Berlin bis nach Zentralafrika füllen, das sind etwa
5000 Kilometer. Er wäre mit 332 Millionen Tonnen
Müll beladen, also 332 Millionen mal 1000 Kilogramm. Allein die Siedlungsabfälle würden davon
über 46 Millionen Tonnen ausmachen, das sind
rund 1,56 Kilogramm pro Einwohner täglich. Jeden
Tag wächst die weltweit anfallende Müllmenge um
2 Millionen Tonnen.

Städtische Müllabfuhr

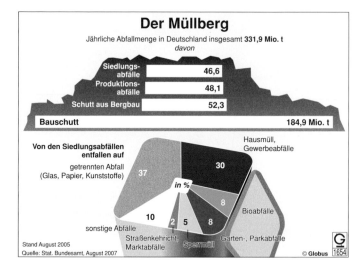

Problem Papier

Viele Menschen glauben, dass Plastik, Fast-
food-Verpackungen und Windeln das Haupt-
volumen in Müllhalden ausmachen. Das
stimmt aber nicht. Nur etwa 3–10 % des Volumens von Deponien bestehen aus dieser Art
Abfall. Würde jemand also über Nacht alles
Plastik von einer Müllhalde klauen, niemand
würde es am Volumen der Deponie merken.
Das eigentliche Hauptproblem ist Papier. Etwa
40–50 % des Volumens von Deponien bestehen
aus Papier und seinen Verwandten (Pappe,
Verpackungen, etc.). Das verwundert nicht,
wenn man bedenkt, dass die Jahresausgabe
einer großen Tageszeitung 1,5 Kubikmeter
füllt – das entspricht dem Volumen von 18 660
zerquetschten Blechdosen oder 14 969 Ham-
burger-Plastikschachteln.

1 — *Lies die Texte und beschreibe, welche Zahlenangaben dich besonders erstaunen.*
2 — *Betrachte die beiden Grafiken und beschreibe, was dir auffällt oder was dich überrascht.*
 — *Nenne Beispiele für die verschiedenen Arten von Abfall und überlege, woher der Müll jeweils kommt.*
3 — *Warum wurde die untere Grafik wohl „Kehrseite des Konsums" genannt?*

Das Wichtige in Kürze

Umweltbelastung

Die Umwelt wird durch wirtschaftliche Tätigkeit der Unternehmen in Industrie, Handel und Landwirtschaft belastet. Die Qualität von Boden, Wasser und Luft wird durch die Herstellung und Verteilung der Güter beeinträchtigt. Auch die privaten Haushalte belasten durch Konsum, Verkehr und Tourismus die Umwelt. Umweltschäden beschränken sich nicht auf ein Land. Daher muss Umweltschutz weltweit geschehen.

Wasser – ein knappes Gut

Ohne Wasser wäre kein Leben auf der Erde möglich. Der Mensch selbst besteht zu ca. zwei Dritteln aus Wasser und kann normalerweise höchstens vier Tage lang ohne Wasser überleben. Wasser ist also eines unserer kostbarsten Güter überhaupt. Rund zwei Drittel der Erde sind mit Wasser bedeckt. Wenn man alle Wasservorräte der Welt zusammen in vierzig Einheiten aufteilen würde, wären neununddreißig Einheiten Salzwasser und nur eine Einheit Süßwasser. Da über zwei Drittel des Süßwassers in Form von Eis an den Polen und in den Gletschern gebunden sind und somit nicht genutzt werden können, steht nur der kleinere Teil des Süßwassers zur Verfügung. Besonders knapp ist Wasser, das Trinkwasserqualität hat. Die schnelle Zunahme der Weltbevölkerung und der Auf- und Ausbau von Industrie haben dazu geführt, dass dieses kostbare Gut weltweit immer knapper wird. Der Verbrauch steigt ständig an. Allein im letzten Jahrhundert ist der Wasserverbrauch um das Fünffache gestiegen. Nach Schätzungen könnte sich der Wasserverbrauch durch den Menschen in den nächsten 30 Jahren noch einmal verdreifachen. Mancherorts ist das Wasser bereits so knapp, dass es darum Streitereien und kriegerische Auseinandersetzungen gibt.

Wasser – ein gefährdetes Gut

Das zweite große Problem neben der Knappheit ist die Verschmutzung und Verunreinigung des Wassers. Ein einziger Tropfen Öl kann mehrere tausend Liter Wasser verunreinigen! Nach wie vor werden weltweit riesige Mengen an verschmutztem Abwasser ungeklärt in Flüsse, Seen und Meere geleitet. In Deutschland wird zwar nahezu das gesamte Brauchwasser in Kläranlagen gereinigt, Probleme gibt es aber auch bei uns. So belasten vor allem die Düngung von Feldern mit Gülle sowie Reinigungs- oder Lösemittel unser Grundwasser.

Wasserverbrauch

Wasser wird in den privaten Haushalten, der Landwirtschaft, in Gewerbe- und Industriebetrieben verbraucht. In diesem Zusammenhang zwei Zahlen: Für die Herstellung eines Mittelklasseautos ermittelte eine Studie in der gesamten Produktionskette einen Wasserverbrauch von 400 000 Liter. Und: Jede Bundesbürgerin, jeder Bundesbürger verbraucht im Durchschnitt jeden Tag ungefähr 120 Liter Wasser. Viele benutzen Trinkwasser zum Blumengießen oder für die Autowäsche. Für solche Zwecke ist Trinkwasser eigentlich viel zu wertvoll und teuer. Regenwasser steht dagegen kostenlos zur Verfügung, vorausgesetzt man sammelt etwas davon. Der Verbrauch des kostbaren Trinkwassers lässt sich durch vielerlei Maßnahmen reduzieren. Das hilft nicht nur der Umwelt, sondern macht sich auch im Portemonnaie bemerkbar.

Abfall

Abfall wird in zwei Gruppen eingeteilt: Abfall, der verwertet werden kann und Abfall, der beseitigt werden muss. Verwertbarer Abfall sind z. B. Glasflaschen, Papier, Aluminiumdosen und Plastikverpackungen. Bauschutt und Chemikalien hingegen sind Abfälle, die beseitigt werden müssen.

Das Duale System ....

Jeder kennt den „Grünen Punkt" auf Verpackungen. Er bedeutet, dass die Verpackungen recycelt, also wiederverwertet werden können. Dazu müssen sie gesammelt werden. Diese Aufgabe nimmt das Duale System in Zusammenarbeit mit mehreren hundert Entsorgungspartnern wahr.

Warum dies alles? Um die Verpackungsflut in den Griff zu bekommen, wurde 1991 die Verpackungsverordnung erlassen, die Industrie und Handel zur Rücknahme der Verkaufsverpackungen verpflichtet. Um dem nachzukommen, wurde das Duale System gegründet. Es vergibt gegen eine Lizenzgebühr den Grünen Punkt an die Industrie- und Handelsunternehmen. Viele tausend Lizenznehmer nutzen den Grünen Punkt und finanzieren mit ihren Gebühren die Getrenntsammlung von Verkaufsverpackungen und ihre Sortierung.

„Dual" heißt das System, weil es ein zweites, zur kommunalen Abfallentsorgung hinzukommendes Entsorgungssystem ist. Die Restmüllentsorgung von nicht wiederverwertbarem Abfall ist Aufgabe der kommunalen Träger. Diese Abfälle werden in Müllverbrennungsanlagen verbrannt oder auf Deponien abgelagert.

Als das Duale System aufgebaut wurde, gab es bereits kommunale Sammelsysteme, es musste also an diese angepasst werden. Deshalb gibt es heute eine Vielzahl verschiedener Sammelsysteme in Deutschland.

– Für **Papier und Pappe** existieren sowohl Holsysteme (Bündelsammlung) als auch Bringsysteme (Papiercontainer).
– **Leichtverpackungen** aus Kunststoffen, Verbundstoffen, Weißblech und Aluminium werden meist in gelben Sammelbehältern (Säcken, Tonnen, Containern) gesammelt.
– Für **Glasverpackungen** hat sich mancherorts die Containersammlung (Bringsystem) etabliert, in anderen Regionen wird Altglas von den Entsorgungsunternehmen direkt bei den Haushalten abgeholt.

Die Verwertungsquoten sind seit Einführung des Dualen Systems deutlich gestiegen. Die Grafik „Recycelt" zeigt einen Vergleich für die Jahre 1992 und 2005.

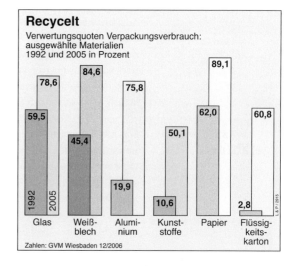

Recycelt

Verwertungsquoten Verpackungsverbrauch: ausgewählte Materialien 1992 und 2005 in Prozent

Glas: 59,5 (1992) / 78,6 (2005)
Weißblech: 45,4 / 84,6
Aluminium: 19,9 / 75,8
Kunststoffe: 10,6 / 50,1
Papier: 62,0 / 89,1
Flüssigkeitskarton: 2,8 / 60,8

Zahlen: GVM Wiesbaden 12/2006

Etwa 90 Prozent des Altpapiers werden wiederverwertet

Bei Altglas beträgt die Verwertungsquote etwa 80 Prozent

„Weg mit dem gelben Sack"

(...) Deutschland ist Weltmeister beim Mülltrennen. Die Einführung des Grünen Punkts im Jahr 1990 galt als zukunftsweisend und umweltpolitisch vorbildlich. „Damals gab es zu wenig Deponien und zu wenig Verbrennungskapazitäten. Das Duale System wurde geschaffen, als wir einen Müllnotstand hatten. Und das war damals ein richtiger Schritt", sagt Prof. Klaus Wiemer, Leiter des Fachgebiets für Abfallwirtschaft und Altlasten der Universität Kassel. „Heute ist man allerdings technisch viel weiter. Und das ganze System ist reformbedürftig."

Während Maschinen inzwischen in der Lage sind, Müll exakt zu sortieren, sind die Verbraucher damit offenbar immer noch überfordert. Bis zu 50 Prozent der Abfälle landen in der falschen Tonne, vor allem in Großstädten. „Es gibt Untersuchungen, die zeigen, dass im Restmüll mehr Verpackungen mit Grünem Punkt gefunden wurden als in der gelben Tonne", sagt Gunnar Sohn, ehemaliger Pressesprecher des Dualen Systems Deutschland und heute Herausgeber eines kritischen Umweltmagazins.

Warum also nicht gleich die gelbe Tonne abschaffen und den Müll wieder zusammenführen? Genau das wäre der richtige Schritt, ist Gunnar Sohn überzeugt. Er fordert daher: „Weg mit dem gelben Sack! Heute ist es technisch möglich, alles verwertbare Material aus dem Müll zu holen, nicht nur Verpackungen. Was über den Grünen Punkt gesammelt wird, ist von der Menge her lächerlich." Diese Überzeugung teilt auch Abfall-Experte Wiemer: „Es könnte viel mehr verwertet werden als jetzt. Da liegen Ressourcen in hohem Maße brach." (...)

Untersuchungen, ob das Trennen von Müll überhaupt noch sinnvoll ist, gab es in den vergangenen Jahren mehrere – ohne eindeutige Empfehlungen. „Manche wollen die gelbe und die schwarze Tonne wieder zusammenführen. Ein klarer Vorteil für die Umwelt ist aber nicht nachgewiesen und auch nicht, dass es insgesamt genauso gut funktioniert", sagt Maike Janßen, Verpackungsexpertin beim Umweltbundesamt. Die Kosten wären etwa gleich, und die Deutschen haben sich an die Mülltrennung gewöhnt. Das System funktioniert. Warum also soll man es dann wieder abschaffen für etwas Neues, das möglicherweise nicht so gute Ergebnisse bringt?"

Fest steht: Die Technik wird sich weiter verbessern. Und damit scheint die Wiedervereinigung von gelber und schwarzer Tonne nur noch eine Frage der Zeit.

(Verfasserin: Claudia Thöring. Quelle: http://www.tagesschau.de/wirtschaft/meldung17180.html 23. 10. 2007)

Kritik am Dualen System
– Längst nicht alle Firmen bezahlen für die Nutzung des Grünen Punktes. Experten vermuten, dass 25 bis 33 Prozent aller Verpackungen ohne die Gebühren in den Handel kommen.
– Außerdem ist die Lagerung der Verpackungsabfälle in vielen Haushalten problematisch und zum Teil mit erheblichen Belastungen verbunden.
– Moderne Mülltrennungsanlagen können bereits heute die Vorsortierung in den Haushalten überflüssig machen. Sie arbeiten gründlicher als die Verbraucher und kostengünstiger als das Duale System. Experten sagen: „Es könnte viel mehr verwertet werden. Da liegen Ressourcen brach!"

> *Dass Handel und Industrie für die Entsorgung der Verkaufsverpackungen bezahlen müssen, finde ich richtig.*

> *Na ja, letztendlich bezahlen doch wir Verbraucher die Entsorgung. Für die Unternehmen sind die Gebühren, die sie für den Grünen Punkt bezahlen müssen, Kosten. Diese Kosten rechnen sie in die Preise ihrer Produkte ein.*

1   *Welche Arten von Abfall (Grafik auf Seite 122) werden bei uns gesammelt und wiederverwertet?*
2   *Auf welche Art und Weise werden diese Abfälle in deiner Stadt bzw. Gemeinde gesammelt?*
3   *Was hältst du von der oben geäußerten Kritik am Dualen System? Wie gründlich trennt ihr den Abfall?*
4   *Wie beurteilst du die Aussagen in den beiden Sprechblasen?*

Methode: WebQuest

Thema: Papierverbrauch und Papierrecycling

Altpapier in einer Fabrik für Papierrecycling

Produkte aus Recyclingpapier

Ein WebQuest ist eine angeleitete Suche (engl.: quest) im Internet (web). Bei Durchführung eines Projekts oder der Bearbeitung eines Themas informieren sich die Schülerinnen und Schüler mithilfe von Internetseiten, die von der Lehrkraft bereits aufgerufen wurden. In unserem Beispiel lautet das Thema: „Papierverbrauch und Papierrecycling in Deutschland".

Die Lehrkraft hat dazu Internetseiten untersucht und genaue Aufgabenstellungen formuliert. Die Lerngruppe findet hier Informationen, Daten, Fakten und Quellenangaben. Internetseiten können sich verändern oder sie existieren nach einiger Zeit nicht mehr. Deshalb ist es wichtig, Seiten zu wählen, bei denen man davon ausgehen kann, dass sie regelmäßig aktualisiert werden. Ebenso wichtig ist es, dass die Autoren der Seiten seriös sind. Man sollte daher eher Seiten von Firmen, Institutionen und Interessenverbänden verwenden. Wo es sinnvoll ist, werden andere Medien eingesetzt, z. B. Atlanten, Nachschlagewerke oder Schulbücher.

Die Schülerinnen und Schüler bekommen Aufgaben, die sie in Lerngruppen erledigen. Das Ziel besteht darin, sich Wissen zu verschaffen und in attraktiver Form (z. B. als Power Point Präsentation), unterstützt mit Plakaten, den Mitschülern vorzustellen.

Für dieses WebQuest wurden folgende Internetseiten verwendet (Stand: Juli 2008):

(A) Verband der Deutschen Papierfabriken e.V.   www.vdp-online.de
(B) Greenpeace Deutschland   www.greenpeace.de
(C) Initiative Pro Recyclingpapier   www.initiative-papier.de

Zu (A): Erstellt eine Übersicht über die Geschichte des Papiers (Untermenü Schulen); stellt Zahlen und Fakten zum Papierverbrauch zusammen (Untermenü Papierkompass): In welchen Papierbereichen ist der Altpapieranteil hoch, in welchen niedrig?

Zu (B): Stellt Informationen über die großen Waldgebiete der Erde zusammen, dabei besonders über die nordischen Wälder. Stellt aus dem Untermenü Papier Informationen zu dem Umweltzeichen Altpapier und zum Kauf von Recyclingprodukten zusammen.

Zu (C): Welche Gründe nennt die Initiative, warum man Recyclingpapier verwenden sollte? Fasst die fünf Ziele der Initiative zusammen. Ermittelt mit dem Nachhaltigkeitsrechner den Papierverbrauch eurer Klasse pro Tag und vergleicht den Energieverbrauch bei Altpapier und Neupapier. Stellt aus dem Film „Recyclingpapier – just perfect" aussagekräftige Argumente zusammen.

·· **Elektroschrott**

Elektrogeräte und elektronische Geräte sind aus unserem Alltag nicht mehr wegzudenken. Ob im Haushalt, im Büro oder bei der Freizeitbeschäftigung: Die strombetriebenen Helfer begleiten uns auf Schritt und Tritt. Doch sie erleichtern nicht nur das Leben, sondern bereiten auch Entsorgungsprobleme. Seit 2006 gibt es ein Gesetz, das die Entsorgung der ausgedienten Geräte regelt.

Elektroschrott ist viel zu kostbar für die „Tonne"

Kommunen nehmen Kühlschrank, Handy und Co. kostenlos zurück – auf die durchgestrichene Mülltonne achten

(...) Alte Elektrogeräte dürfen nicht mehr in den Hausmüll. Verbraucherinnen und Verbraucher können ausgediente Fernseher, DVD-Player, Mikrowellen oder Haartrockner stattdessen kostenlos bei den Sammelstellen der Städte und Gemeinden abgeben. Neue Elektrogeräte, die für private Haushalte bestimmt sind, tragen (...) ein klares Zeichen: Die „durchgestrichene Mülltonne". Ältere Elektrogeräte ohne dieses Symbol – zum Beispiel der ausgediente Plattenspieler – dürfen ebenfalls nicht mehr in den Hausmüll. Wer dennoch sein altes Gerät über die Tonne entsorgt, muss mit Bußgeldern rechnen. Diese erheben die Kommunen. „Machen Sie mit", appelliert der Präsident des Umweltbundesamtes (UBA) Prof. Dr. Andreas Troge an die Bürgerinnen und Bürger. Denn das lohnt sich: Die Altgeräte gehen künftig über eigene Sammelsysteme an die Hersteller zurück, die den kostbaren Elektroschrott umweltgerecht verwerten und entsorgen. Dadurch können die Hersteller Kunststoffe und wertvolle Rohstoffe wie Gold oder Platin für neue Geräte zurückgewinnen. Dies schont Umwelt und Rohstoffe. Und es könnte nach Einschätzung des UBA bei steigenden Rohstoff- und Energiepreisen neue Produkte – zum Beispiel einzelne Elektrogroßgeräte wie Waschmaschinen – für die Verbraucher auf Dauer günstiger machen. Denn für die Hersteller wird vieles erneut verwendbar.

Elektronikschrott

„Die getrennte Sammlung der Elektrogeräte ist ein richtiger Schritt zur dauerhaft umweltgerechten Kreislaufwirtschaft", so UBA-Präsident Troge. Ein wichtiger Grund für die ab 24. März 2006 geltende Regelung des Elektro- und Elektronikgerätegesetzes (ElektroG) ist, dass die Elektromüllberge in den vergangenen Jahren dreimal schneller wuchsen als die Menge des übrigen Siedlungsabfalls. Dies liegt vor allem an der immer kürzeren Nutzungsdauer für elektrische und elektronische Geräte. Jährlich fallen rund 1,8 Millionen Tonnen Elektroschrott an. Dieser enthält zum Teil erhebliche Mengen umwelt- und gesundheitsgefährdender Schadstoffe – zum Beispiel Schwermetalle, Fluorchlorkohlenwasserstoffe (FCKW) und Asbest. Nur mit einer getrennten Sammlung lassen sich diese Schadstoffe aus dem Müll ausschleusen und gezielt entsorgen. Zugleich ist es möglich, bis zu 80 Prozent der eingesetzten Materialien – wie Metalle, Edelmetalle und sortenreine Kunststoffe – wieder zu verwenden oder zumindest stofflich oder energetisch zu verwerten. Dies schont natürliche Ressourcen, denn die Gewinnung und Bereitstellung neuer Rohstoffe belastet zunehmend unsere Umwelt.

Die neue Regelung betrifft alle möglichen elektronischen und elektrischen Geräte – von der elektrischen Zahnbürste bis zum Heimsolarium, von der Waschmaschine bis zur Digitalkamera – egal wie alt. Neue Elektrogeräte tragen zur besseren Orientierung der Verbraucherinnen und Verbraucher dieses Symbol:

(Pressemitteilung des Umweltbundesamtes. http://www.umweltbundesamt.de/uba-info-presse/2006/pd06-018.htm)

1 Erstelle eine Tabelle mit vier Spalten: Haushaltsgroßgeräte / Haushaltskleingeräte / Unterhaltungselektronik / Informations- und Kommunikationstechnik. Notiere in der Tabelle alle entsprechenden Geräte, die ihr in eurem Haushalt habt.

2 Werte die Pressemitteilung aus: Notiere in Stichworten die wichtigsten Informationen.

Abfallentsorgung: ablagern oder verbrennen? ....

Auf der Mülldeponie wird der Müll in Schichten abgelagert

In der Müllverbrennungsanlage wird der Müll bei Temperaturen von über 850 Grad verbrannt

Eine Deponie ist ein Ablagerungsort von Abfällen. Weil die Deponierung die Umwelt so wenig wie möglich beeinträchtigen sollte, wird modernste Technologie angewendet. Es muss z. B. möglichst weitgehend verhindert werden, dass Sickerwasser aus der Deponie in den Untergrund und damit ins Trinkwasser gelangen kann. Sickerwasser ist stark verschmutzt. Eine absolut dichte Deponie lässt sich mit einem vertretbaren technischen Aufwand allerdings nicht erreichen. Durch die Zersetzungsprozesse auf der Deponie entsteht Deponiegas. Es ist brennbar, beinhaltet Geruchs- und Schadstoffe. Zur Verhinderung von Belästigungen und Gefährdungen muss dieses Gas erfasst und beseitigt werden. Wegen des hohen Brennwertes kann das Deponiegas auch zur Erzeugung von Strom verwendet werden. Deponien können noch weitere Auswirkungen auf die Umwelt haben: Belästigungen durch den Anlieferverkehr, Einwirkungen auf die Natur und das Landschaftsbild, auf die land- und forstwirtschaftliche Nutzung, Freizeit und Erholung sowie Bodenverbrauch.

Abfalldeponie: Gefahren und Auswirkungen für die Umwelt

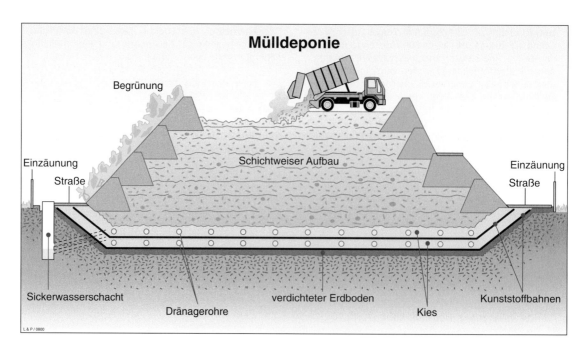

Mülldeponie

Begrünung

Einzäunung

Straße

Schichtweiser Aufbau

Einzäunung

Straße

Sickerwasserschacht

Dränagerohre

verdichteter Erdboden

Kies

Kunststoffbahnen

L & P / 0800

Die zweite Möglichkeit Abfall zu entsorgen, ist die Müllverbrennung. In Hessen arbeiten derzeit fünf Müllverbrennungsanlagen. Die „Müllöfen" sind moderne technische Anlagen, die hohe Anforderungen an einen minimalen Schadstoffausstoß erfüllen müssen. Neue Auflagen und knapper werdender Deponieraum haben die Müllverbrennungsanlagen wieder stärker in den Blick gerückt.

Etwa 25 neue Anlagen sind zurzeit in Deutschland im Bau oder in Planung. Die Hälfte der Baukosten bei einer Müllverbrennungsanlage entfällt auf die Installation von Umweltschutztechnik.
Bei der Müllverbrennung werden ca. 2,6 Milliarden Kilowattstunden elektrischer Strom jährlich erzeugt, das sind immerhin 0,5 Prozent der Gesamtproduktion in Deutschland.

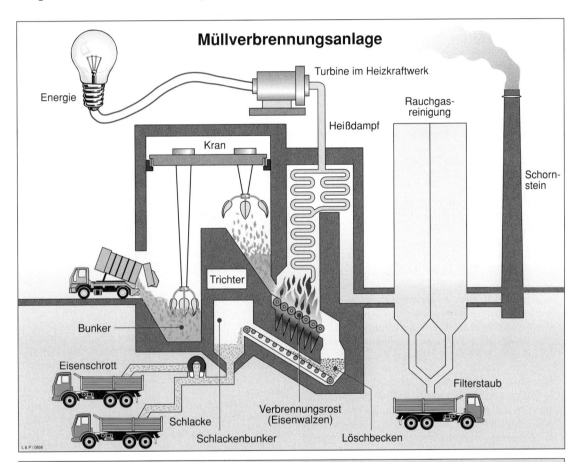

Müllverbrennungsanlage

Energie · Turbine im Heizkraftwerk · Kran · Heißdampf · Rauchgasreinigung · Schornstein · Trichter · Bunker · Eisenschrott · Schlacke · Schlackenbunker · Verbrennungsrost (Eisenwalzen) · Löschbecken · Filterstaub

L & P / 0808

Die gebräuchlichste Art der Restmüllverbrennung in Deutschland ist die Rostfeuerung. Der unzerkleinerte Abfall wird auf einen Rost geschüttet, dort getrocknet, entgast und schließlich bei über 850 Grad verbrannt. Die Verbrennungsgase werden ständig gemessen und je nach Bedarf Verbrennungsluft zugeführt. Auf diese Weise vermindert man die Abgase (Rauchgase) um ca. 1/5. Pro Tonne Abfall entstehen etwa 4000–7000 Kubikmeter Rauchgase. Rauchgasbehandlungs- und Filteranlagen reinigen die Abgase größtenteils von Schadstoffen. Bei der Verbrennung von Abfällen verbleiben allerdings Schlacken und Aschen. Die Schlacken- und Aschenreste wiegen etwa 1/3 des ursprünglichen Abfallgewichts. Sie finden im Straßenbau als Füllmaterial Verwendung. Kritiker befürchten, dass darin enthaltene Schadstoffe in das Erdreich gelangen.

1   *Erläutere anhand der Zeichnung auf Seite 126 den Aufbau einer Mülldeponie und zeige auf, wie Gefahren für die Umwelt vermieden werden sollen.*

2   *Erläutere anhand der Grafik oben die Funktionsweise einer Müllverbrennungsanlage.*

3   *Ablagern oder verbrennen? Welche Vorteile, welche Nachteile kannst du jeweils benennen?*

4   *Wo befindet sich die Deponie, auf der dein Müll landet?*

Fallbeispiel: Müllverbrennungsanlage Höchst ....

Die Standortbetreiberfirma Infraserv möchte im Industriepark Frankfurt-Höchst eine Müllverbrennungsanlage errichten. Zu diesem Zweck stellt sie 2006 beim Regierungspräsidium Darmstadt, der zuständigen Genehmigungsbehörde, einen entsprechenden Antrag. Die Bürgerinitiative „Höchster Schnüffler un' Maagucker" und viele Anwohner und Anwohnerinnen protestieren gegen den Bau der Anlage und reichen zahlreiche Einwendungen gegen das Projekt ein.

Infraserv Höchst errichtet Ersatzbrennstoffanlage – Projektbudget bei rund 300 Millionen Euro – 40 neue Arbeitsplätze

Infraserv Höchst errichtet eine Ersatzbrennstoffanlage mit zirkulierender Wirbelschicht im Industriepark Höchst mit einer maximalen Gesamtkapazität von 675 000 Jahrestonnen. Das Projektbudget liegt bei rund 300 Millionen Euro. Der Grundstein für die neue Anlage wurde im ersten Halbjahr 2007 gelegt, mit der für 2009 vorgesehenen Inbetriebnahme werden 40 neue Arbeitsplätze entstehen. (...)

Bei den sogenannten Ersatzbrennstoffen handelt es sich um die zuvor sortierten und aufbereiteten, trockenen heizwertreichen Fraktionen von Haus-und Gewerbeabfällen, die gemäß der „Technischen Anleitung Siedlungsabfall" seit 1. Juni 2005 nicht mehr deponiert werden dürfen. Der Bau der Anlage im Industriepark Höchst erhöht in der Rhein-Main-Region damit die Verwertungskapazitäten für Ersatzbrennstoffe, die für die umweltfreundliche Energieerzeugung genutzt werden können, indem sie fossile Brennstoffe wie Steinkohle und Erdgas ersetzen. (...)

Die Anlage wird etwa 70 Megawatt elektrische Leistung beziehungsweise 250 Tonnen Dampf pro Stunde in das Netz des Standortes einspeisen – Mengen, die angesichts der dynamischen Entwicklung im Industriepark Höchst dringend benötigt werden. Durch die gleichzeitige Nutzung von elektrischem Strom und Dampf ist die thermische Verwertung der Ersatzbrennstoffe im Industriepark besonders effizient. (...)

Bei der Verbrennung werden die Ersatzbrennstoffe in ein zirkulierendes Wirbelbett aus Quarzsand eingetragen. Diese Technologie garantiert einen hohen Ausbrand (...). Die bei der Verbrennung entstehenden Rauchgase werden in einer leistungsfähigen, mehrstufigen Rauchgasreinigung von Schadstoffen befreit. Bei der Abluftqualität der EBS-Verbrennung sind die Grenzwerte der Vorgaben zur Verbrennung von Abfällen einzuhalten, die deutlich strenger sind als dies bei den Anforderungen für ein herkömmliches Kraftwerk der Fall ist.

Errichtet wird die Anlage im Südwesten des Industrieparks Höchst. Das ca. 50 bis 60 Meter hohe Kesselhaus und die rund 80 Meter hohen Schornsteine werden zukünftig die Silhouette des Industrieparks prägen. Der eigentliche Kraftwerksblock wird etwa 30 Meter hoch. (...)

Die Anlieferung der Ersatzbrennstoffe wird über ein separates Tor an der Südgrenze des Industrieparks erfolgen. Aufgrund der guten Autobahnanbindung entsteht somit keine zusätzliche Verkehrsbelastung für die benachbarten Stadtteile, da keine Ortsdurchfahrung erforderlich ist. Vom Betrieb der Anlage wird auch keine Lärmbelästigung für die umliegenden Stadtteile ausgehen, die gesetzlich vorgeschriebenen Richtwerte werden unterschritten. Durch gestaffelte Maßnahmen zur Geruchsminderung kann eine Belästigung (...) weitestgehend ausgeschlossen werden. So erfolgt der Transport der Ersatzbrennstoffe mit geschlossenen Lastwagen. Die Lkw fahren in eine geschlossene Vorhalle ein und entladen direkt in den von der Vorhalle abgetrennten Lagerbereich. Die Luft der Vorhalle und des Lagerbereichs wird abgesaugt und als Verbrennungsluft in den Öfen genutzt. (...)

Die Ersatzbrennstoffanlage in der Bauphase

(http://www.infraserv.com/unternehmen/projekte/ebs.htm   Abrufdatum: 11. 11. 2008)

Müllverbrennungsanlage im Industriepark geplant!

700 000 Tonnen Müll sollen jährlich im Industriepark verbrannt werden, dies würde einen zusätzlichen Verkehr von 200 großen LKW täglich hervorrufen. Besonders skandalös erscheint uns, dass es sich komplett um getrennt gesammelten Müll, Fraktionen des „Grünen Punkts" sowie sortierter Gewerbemüll, handeln soll, also Müll, der u. a. vom Verbraucher getrennt gesammelt wird im Glauben, er würde stofflich verwertet! Für diese Getrenntsammlung und Verwertung wird dann auch noch vom Verbraucher seit Jahren eine Sondergebühr beim Einkauf von mit Grünem Punkt ausgezeichneten Verpackungsmaterialien erhoben! Wenn dieses Beispiel Schule machen würde, würden alle Bemühungen zum echten Recycling von Wertstoffen aus der Getrenntsammlung kaputt gemacht, die Abfallverwertung würde auf Jahre zementiert!

Die dabei in Höchst entstehenden Abgase (Schwermetalle, Staub, Stickoxide) würden zusammen mit den zusätzlichen LKW dazu beitragen, den Ruf der westlichen Stadtteile vollends zu ruinieren und der Einkaufsstadt Höchst schweren Schaden zufügen. Dies könnte durch die maximal 35 Arbeitsplätze, die die Anlage bieten soll, nicht aufgewogen werden!

Letztlich geht es den Anlagenbetreibern einfach nur darum, mit Müll, für den der Verbraucher schon bezahlt hat, nun noch einmal zusätzlich Geld zu machen, ohne Rücksicht auf die Umwelt, ohne Rücksicht auf zukünftige Generationen!

(Höchster Schnüffler un' Maagucker e. V. / www.maagucker.de Abrufdatum: 04. 11. 2008)

A Im März 2008 wird der Bau der Müllverbrennungsanlage durch den Regierungspräsidenten genehmigt. Die Bürgerinitiative kann nun innerhalb von vier Wochen gegen den Bau klagen.

B Aufgrund der vielen Einwendungen – inzwischen sind es mehr als 700 – verschiebt das Darmstädter Regierungspräsidium als Genehmigungsbehörde den Anhörungstermin um mehr als einen Monat.

C Im Mai 2007 wird eine vorläufige Baugenehmigung erteilt. Dies bedeutet, dass die Firma Infraserv zunächst auf eigenes Risiko baut. Sollte später die endgültige Genehmigung versagt werden, müssten alle bereits errichteten Gebäudeteile wieder abgerissen werden.

D Die Bürgerinitiative „Höchster Schnüffler un' Maagucker" richtet eine Homepage ein, um die Bewohner der Stadt Höchst über den Bau der Müllverbrennungsanlage zu informieren. Mehr als 300 Bürger reichen Widerspruch gegen den Bau ein.

E Im Dezember 2006 reicht der Standortbetreiber Infraserv einen Antrag auf Genehmigung einer Müllverbrennungsanlage im Höchster Industriepark ein.

F Bei der Anhörung gibt Infraserv zu, dass die Anlage mehr Stickoxide ausstoßen wird, als der gesamte übrige Industriepark Höchst. Müll aus ganz Europa soll verbrannt werden, außerdem auch Schrott.

1 Der Bau von Müllverbrennungsanlagen ist meist umstritten. Welche Interessen stehen sich im Fall der geplanten Müllverbrennungsanlage im Industriepark Höchst gegenüber?

2 Die Texte A bis F beschreiben Stationen auf dem Weg zur Genehmigung der Müllverbrennungsanlage. Bringe die Texte in die richtige zeitliche Reihenfolge.

Methode: Pro-Kontra-Diskussion

Thema: Müllverbrennung – ja oder nein?

Im Leben gibt es viele Dinge, zu denen man eine unterschiedliche Meinung haben kann. In einer Pro-Kontra-Diskussion versucht jeder, den anderen durch Argumente von der Richtigkeit seines Standpunktes zu überzeugen. Argumente sind verständliche und stichhaltige Begründungen für die eigene Meinung. Man sollte bereit sein, die Argumente anderer anzunehmen, wenn man von ihrer Richtigkeit überzeugt wird. Argumentieren kann man durch eine Pro-Kontra-Diskussion üben.

Vorbereitung

Die Klasse teilt sich in zwei Gruppen. Die eine Gruppe vertritt in der Streitfrage das Pro, ist also dafür oder sagt „Ja". Die andere Gruppe ist dagegen, vertritt das Kontra oder „Nein". Die Gruppen bereiten sich auch auf die zu erwartenden Argumente der anderen Seite vor. Dann wird von jeder Seite ein Spieler oder eine Spielerin für das Gespräch ausgewählt. Die Diskussion soll geordnet ablaufen. Bestimmt deshalb einen Gesprächsleiter oder eine Gesprächsleiterin.

Durchführung

Die beiden ausgewählten Spieler führen die Pro-Kontra-Diskussion durch. Der Gesprächsleiter oder die Gesprächsleiterin nennt am Anfang nochmals die Frage, um die es geht, und erteilt dann abwechselnd das Wort. Die Gesprächsleitung achtet darauf, dass jeder der beiden Spieler etwa die gleiche Zeit zum Argumentieren bekommt. Die übrigen Schüler und Schülerinnen beobachten die Diskussion und machen sich Notizen.

Auswertung

Nach der Diskussion berichten zunächst die beiden Spieler, wie sie sich gefühlt haben und was sie zum Verlauf sagen möchten. Dann bespricht die Klasse den Verlauf. Dabei geht es zum Beispiel um diese Fragen:
• Wer hat besonders geschickt argumentiert?
• Wer ist auf den anderen eingegangen?
• Wer ist sachlich geblieben?
Wenn die Zeit reicht, kann es interessant sein, die Diskussion mit anderen Spielern zu wiederholen.

Die Verbrennung von Abfällen dient nicht nur der schadlosen Entsorgung der Abfälle, sie stellt auch beachtliche Mengen an Energie als Strom und Wärme bereit. Die Abfallverbrennung trägt damit zum Klimaschutz bei und schont natürliche Ressourcen. Neben der nutzbaren Energie aus der Verbrennung, die zu einem großen Teil kohlendioxid-neutral ist (...), liefern auch die dort zurückgewonnenen Wertstoffe Eisen- und Nichteisenmetalle, zum Beispiel Kupfer und Aluminium, Gutschriften in der Klimabilanz. Die Aufbereitung und Nutzung der Altmetalle erfordert erheblich weniger Energieeinsatz als die Metallgewinnung aus Rohstoffen und spart damit Emissionen an Kohlendioxid (CO_2).

Wie bei jedem Verbrennungsprozess, entstehen auch in einer Abfallverbrennungsanlage krebserzeugende Stoffe. Konkret lässt sich nicht voraussagen, welche dies sind. Für besonders gefährliche Stoffe (...) gelten daher strenge Grenzwerte zum Schutz der Gesundheit. (...) Anders als bei Verbrennungsprozessen, die unkontrolliert und ohne Filterung der Abgase ablaufen – zum Beispiel bei Kaminöfen oder Lagerfeuer –, sind die spezifischen Emissionen bei einer Abfallverbrennungsanlage bezogen auf das verbrannte Material sehr viel geringer. Hierfür sorgt eine aufwendige Abgasreinigungstechnik, die gewährleistet, dass die strengen rechtlichen Anforderungen zur Emissionsbegrenzung erfüllt werden.

(aus: Stellenwert der Abfallverbrennung in Deutschland, Auszüge von S. 9 und S. 12. Hg.: Umweltbundesamt, Dessau, Stand: Okt. 2008)

Müllverbrennungsanlage in Frankfurt, Nordweststadt

Große Greifer befördern den Müll aus dem Müllbunker in den Verbrennungsofen. Jede der vier Brennkammern bewältigt 360 Tonnen Abfall pro Tag.

Ein Gespräch in der Klasse

Peter: *„Wird der Müll verbrannt, dann liegt er wenigstens nicht sinnlos herum und benötigt keine Lagerfläche auf der Deponie."*

Inge: *„Dafür fällt aber bei der Verbrennung Schlacke an, die dann doch wieder deponiert werden muss. Niemand weiß, was auf Dauer mit dieser Schlacke geschehen soll, da sie viele Schadstoffe enthält."*

Ari: *„Die Verbrennung liefert aber Energie, der Müll wird also sinnvoll genutzt. Das ist für mich auch eine Art ‚Recycling'".*

Thomas: *„Müll, der verbrannt wird, kann das Grundwasser nicht schädigen – ein großer Vorteil im Vergleich zur Deponie."*

Christopher: *„Auf der anderen Seite: Was ist mit der Flugasche und dem Filterstaub, die bei der Verbrennung anfallen? Das ist Sondermüll, der unsere Umwelt belastet."*

Julia: *„Genau! Der Abfall wird einfach in die Verbrennungskammer geworfen, ohne dass er vorher sortiert wird. Egal ob Kunststoff, Papier oder Dosen – alles wird gleichzeitig verbrannt. Dabei entstehen giftige Luftschadstoffe wie Blei und Cadmium."*

Natallia: *„Man müsste Plastik und so aus dem Müll aussortieren, damit beim Verbrennen keine Schadstoffe entstehen. Das ist aber zu teuer, wie ich gehört habe."*

Guido: *„Was soll die ganze Diskussion, es sind doch eh nicht genug Deponien vorhanden, um den Müll abzulagern. Wohin soll er denn, der viele Abfall?"*

Alexander: *„So eine Müllverbrennungsanlage kostet viel Geld. Die hohen Bau- und Unterhaltungskosten müssen über hohe Müllgebühren wieder hereingeholt werden. Hunderte von Euros nur für die Müllentsorgung – das ist doch heute für viele Familien schon viel zu teuer."*

Yescim: *„Trotzdem, beim Verbrennen des Abfalls verringert sich das Gewicht des Mülls um über 60 Prozent. Außerdem reduziert sich das Volumen um 80 Prozent. Das spart eine Menge Platz. Man kann nicht immer nur auf das Geld schauen."*

Angelo: *„Müllverbrennung erzeugt nur wenig Wärme. Mit einem Kilogramm Kohle kann man fünfmal so viel Wärme wie mit einem Kilogramm Müll erzeugen."*

Peter: *„Besser Energie aus dem Müll gewinnen, als ihn einfach ablagern – auch wenn es nur wenig ist. Und ansonsten ist doch die Technik heute so weit fortgeschritten, dass nur noch ganz, ganz minimale Mengen von schädlichen Abgasen bei der Müllverbrennung in die Umwelt gelangen."*

Müllheizkraftwerk Kassel

1 Bildet zwei Gruppen. Die eine Gruppe vertritt das „Pro", die andere das „Kontra".
2 Jede Gruppe bereitet sich unter Einbeziehung der Materialien auf diesen Seiten auf die Diskussion vor und notiert Argumente.
3 Führt die Pro-Kontra-Diskussion durch.

Das Wichtige in Kürze

Duales System

Eine gesetzliche Regelung schreibt vor, dass Wirtschaft und Handel alle Verpackungen zurücknehmen und der Verwertung zuführen müssen. Das Duale System organisiert die Sammlung der Verkaufsverpackungen mithilfe von Partnerfirmen. Diese stellen Glas- und Papiercontainer sowie Wertstofftonnen auf und sammeln so die Verpackungen, Papier und Wertstoffe zum Verwerten ein. Mancherorts geschieht das Einsammeln auch auf andere Art: z. B. „gelber Sack" oder Hausabholung von Papier und Glas. Das Duale System finanziert sich aus Gebühren für den Grünen Punkt. Je nach Art und Menge der Verpackungen zahlen Handel und Wirtschaft eine Gebühr an das Duale System.

Recycling

Recycling heißt Wiederverwertung. Rohstoffe, die in Abfällen gebunden sind, werden zurückgewonnen und erneut verwendet. Wichtig für das Recycling ist, dass die Abfälle getrennt gesammelt werden. Vor allem Glas, Metall und Papier werden in großen Mengen wiederverwertet. Schwieriger ist das Recycling von sogenannten Verbundstoffen. Ein Beispiel dafür sind Getränkeverpackungen wie Milchtüten. Hier müssen Papier und Innenfolie erst mühsam getrennt werden, um die Stoffe anschließend verwerten zu können.

Recyclingquoten

Die Verpackungsverordnung schreibt Recyclingquoten vor. Hierzu wird die Menge der eingesammelten Verpackungen erfasst. Die der Verwertung zugeführte Menge wird mit der Anzahl der per Lizenz bezahlten Menge verglichen. Werden z. B. 100 000 Tonnen Plastikverpackungen im Handel eingesetzt und das Duale System sammelt 90 000 Tonnen ein, dann liegt die Verwertungsquote bei 90 Prozent.

Elektroschrott

Elektroschrott stellt aufgrund seines Gehalts an Schwermetallen und anderen Schadstoffen ein wachsendes Problem dar. Besonders bei Haushaltsgeräten und Unterhaltungselektronik steigen die Abfallmengen sprunghaft. Auch Computer und Kommunikationselektronik machen mittlerweile einen beträchtlichen Anteil am Elektroschrott aus. Elektroschrott ist zum großen Teil Sondermüll und muss entsprechend entsorgt werden. Kern der Europäischen Elektroschrottverordnung ist die Wiederverwertung (Recycling). Diese kann einen wichtigen Beitrag bei der Herstellung neuer Güter liefern. Abfälle werden so wieder zu Rohstoffen, wodurch zudem knappe Ressourcen wie Erdöl geschont werden.

Abfallentsorgung

Die Abfallentsorgung gliedert sich in drei Bereiche: (1) Auf Deponien werden Abfälle, die nicht wiederverwertet werden, geordnet und dauerhaft abgelagert. Es gibt Hausmüll-, Bauschutt- und Sondermülldeponien. Gesetzliche Sicherheitsstandards sollen garantieren, dass Deponien eine möglichst geringe Gefahr für die Umwelt darstellen. (2) In Müllverbrennungsanlagen wird Restmüll, der nicht auf Deponien gelagert wird, bei ca. 850° C verbrannt. Schlacke und Asche werden meist als Füllmaterial im Straßenbau verwendet. Kritiker befürchten, dass dadurch Schadstoffe in den Boden gelangen. Der aus den Rauchgasen gefilterte Staub muss als Sondermüll entsorgt werden. (3) Durch das Duale System sollen alle mit dem Grünen Punkt gekennzeichneten Verpackungen eingesammelt und der Wiederverwertung zugeführt werden. Der Erfolg des Dualen Systems hängt allerdings davon ab, wie gründlich in den Haushalten gesammelt und sortiert wird.

Umweltbewusstsein – Umweltverhalten

Das Thema Umweltschutz gewinnt in Deutschland wieder an Bedeutung, nachdem das Interesse daran über Jahre eher rückläufig war. Probleme wie Arbeitslosigkeit, Alters- und Gesundheitsvorsorge, Bildung und Ausbildung hatten die Umwelt vom Spitzenplatz der Themen verdrängt. Nach der Studie „Umwelt 2006" ist für 25 Prozent der Befragten der Schutz der Umwelt das wichtigste Problem. Hinter dem Thema Arbeitsmarkt rangiert der Umweltschutz damit auf Platz 2. Dem relativ hohen Bewusstsein für Umweltprobleme entspricht das tatsächliche Verhalten allerdings oft nicht.

The story about four people

This is a story about four people: Everybody, Somebody, Anybody, and Nobody.
There was an important job to be done and Everybody was asked to do it.
Everybody was sure Somebody would do it.
Anybody could have done it, but Nobody did it.
Somebody got angry about that because it was Everybody's job.
Everybody thought Anybody could do it, but Nobody realized that Everybody would do it.
It ended up that Everybody blamed Somebody when actually Nobody asked Anybody.

(unbekannter Verfasser, zit. nach: Udo E. Simonis (Hg.): Ökologische Umorientierung der Industriegesellschaft. Beilage zur Wochenzeitung Das Parlament, B 7/96, S. 3)

WIR HABEN DIE ERDE VON UNSEREN KINDERN NUR GELIEHEN

MIT BESTEM DANK ZURÜCK!

(Horst Haitzinger)

Sparsame Autos sind Ladenhüter

Das Drei-Liter Auto Lupo 3L ist ein Ladenhüter, dem Sparmobil A2 der VW-Tochter Audi geht die Puste aus. Von einem Ein-Liter-Auto erwartet VW nun auch nichts mehr und gibt seine Entwicklung auf, berichtet eine Zeitung. (...)

Hamburg – „Das Fahrzeug lässt sich nicht zu vernünftigen Kosten produzieren", sagte VW-Konzernchef Pischetsrieder der „Financial Times Deutschland". Vom Lupo 3L habe VW seit der Einführung des Modells 1999 rund 27 000 Fahrzeuge gebaut. Der Konzern hätte mit mindestens dem Doppelten gerechnet. Audi stellte sein Sparmobil A2 wegen der enttäuschenden Nachfrage noch im laufenden Jahr ein. „Wir hatten uns für den A2 höhere Stückzahlen versprochen", sagte ein Audi-Sprecher (...).

(http://www.spiegel.de/auto/aktuell/0,1518,351253,00.html)

> Es regnet schon wieder. Da fahre ich lieber mit dem Auto.

> Müll trennen? Das bringt doch eh nichts. Deshalb macht das auch keiner.

> Energiesparlampen finde ich gut, aber sie sind mir zu teuer.

> Ich würde ja mit dem Bus fahren, aber der kommt nur einmal die Stunde, und die Fahrpreise sind auch schon wieder gestiegen.

> Wie soll ich denn Kompost sammeln, wenn ich gar keinen Garten habe?

---

1 Vermute, aus welchen Gründen es vielen Menschen schwer fällt, ihre guten Vorsätze umzusetzen. Beziehe dabei auch die Sprechblasen mit ein.

2 Übersetzt gemeinsam den englichen Text. Auf welche Einstellung macht „The story about four people" aufmerksam? Welche Auswirkung hat diese Einstellung auf das Verhalten gegenüber der Umwelt?

3 Was will die Karikatur zum Ausdruck bringen? Wie sollte man sich ihr zufolge verhalten?

Was ist nachhaltiges Handeln? ....

Der Begriff Nachhaltigkeit ist in Deutschland seit dem Ende des 18. Jahrhunderts bekannt und gilt als Grundprinzip in der Forstwirtschaft. Er besagt, dass nur so viel Holz geschlagen werden sollte, wie im Wald wieder nachwächst. Das Prinzip Nachhaltigkeit lässt sich auf fast alle Lebensbereiche und Bereiche politischen Handelns überhaupt übertragen.

„Nachhaltigkeit ist ja ein sehr sperriger Begriff. Ich verstehe unter nachhaltig konsumieren, dass ich mir beim Einkaufen darüber Gedanken mache, wo und unter welchen Bedingungen die Produkte entstanden sind, ob zum Beispiel Kinderarbeit mit im Spiel ist.“

Anette Pohlit, Bremen

Sandra Nötzel, Berlin

„Mein Beitrag zur Nachhaltigkeit: ich habe kein Auto – das braucht man in Berlin auch nicht. Hier kann man alles sehr gut mit öffentlichen Verkehrsmitteln oder mit dem Fahrrad erreichen.“

„Wir haben beim Bau unseres neuen Hauses bewusst darauf geachtet, viel mit natürlichen Baustoffen zu bauen. Mein Mann leidet stark unter Allergien. Da wollten wir für unsere Kinder gleich von Anfang an vorsorgen.“

Nadine Rohrbach, Kaiserslautern

„Nachhaltig einkaufen? Also, ich habe mir gerade meinen ersten Geschirrspüler gekauft und schon darauf geachtet, dass der Verbrauch an Energie und Wasser möglichst gering ist. Das habe ich nicht nur der Umwelt zuliebe getan, sondern auch für meinen Kontostand.“

Nora Wollmann, Dresden

(nach: http://www.echtgerecht.de/konsumieren.html)

Nachhaltige Entwicklung

Wachsender Verbrauch endlicher Rohstoffe und eine zunehmende Belastung des Klimas u. a. durch weltweit wachsende Volkswirtschaften zwingen zu international abgestimmtem Handeln. Die UNCED-Konferenz für Umwelt und Entwicklung hat daher im Jahr 1992 in Rio de Janeiro eine Agenda 21 formuliert: eine Zielvereinbarung für eine nachhaltige Entwicklung, die weit über das bisherige Selbstverständnis des Umwelt- und Naturschutzes hinausgeht.

Bei dieser Konferenz verständigten sich 178 Staaten der Erde auf das zukunftsweisende Leitbild des „Sustainable Development" (deutsch: „Nachhaltige Entwicklung").

Ziel einer nachhaltigen Entwicklung ist es, die Ressourcen sparsam und effizient zu nutzen, sodass die natürlichen Lebensgrundlagen auch künftig erhalten bleiben. Eine Entwicklung gilt als nachhaltig, wenn sie den Bedürfnissen der heutigen Generation entspricht, ohne die Möglichkeiten künftiger Generationen zu gefährden, ihre eigenen Bedürfnisse zu befriedigen und ihren eigenen Lebensstil zu wählen. Das bedeutet: Notwendig ist eine Entwicklung, die langfristig für das Ökosystem tragfähig ist. Dieser Grundsatz gilt nicht nur für die nachfolgenden Generationen, sondern in gleicher Weise auch für die jetzt lebenden Menschen auf der ganzen Erde. Eine dauerhaft umweltgerechte Entwicklung soll deshalb auch dazu beitragen, die großen Unterschiede zwischen den armen und reichen Staaten zu verringern, den Nord-Süd-Konflikt zu entschärfen, und dafür zu sorgen, dass in den industrialisierten Ländern der Wohlstand nicht zu Lasten der natürlichen Lebensgrundlagen und auf Kosten der Bevölkerung der Dritten Welt erwirtschaftet wird.

Die dauerhaft umweltgerechte Entwicklung verlangt, dass soziale, ökonomische und ökologische Belange gleichrangig zu betrachten sind. Ökologisch begründete Forderungen müssen deren ökonomische und soziale Auswirkungen beachten. Ebenso muss sich aber auch die Wirtschaftsweise an ihrer ökologischen Verträglichkeit messen lassen. Eine Entwicklung, die die natürlichen Lebensgrundlagen gefährdet, entspricht nicht dem Postulat der Nachhaltigkeit.

(Horst Neumann, in: POLITIK & UNTERRICHT Heft 4/1999. http://www.politikundunterricht.de/4_99/lokaleagenda4.htm)

Lebe ich nachhaltig? Ein Test zum nachhaltigen Verhalten für Erwachsene und Jugendliche

Auf deinem Einkaufszettel stehen Obst und Gemüse. Welche Produkte befinden sich in deinem Einkaufskorb?

- ○ Das, was die Jahreszeit so bietet, da ich gern frische Produkte aus der Region esse. Am besten sogar Bio.
- ○ Ab und zu kaufe ich regionale Lebensmittel aus der Saison oder Bioware.
- ○ Ich kaufe nur nach dem günstigsten Preis, wo und wie die Lebensmittel hergestellt wurden ist zweitrangig.

„So leben wir, so leben wir, so leben wir alle Tage..."

ENERGIEVORRAT

(Jupp Wolter)

Du brauchst dringend eine neue Hose. Sie passt und sieht gut aus. Was nun?

- ○ Wenn die Hose passt und gut aussieht, achte ich auf das Material und die Verarbeitung, damit ich die Hose möglichst lange tragen kann.
- ○ Ich habe die Hose nicht nur nach Passform und Aussehen ausgewählt, sondern auch nach umweltverträglicher Herstellung.
- ○ Wenn die Hose passt und gut aussieht, muss nur noch der Preis stimmen.

Wie kommst du normalerweise zur Schule?

- ○ Ich fahre meistens mit öffentlichen Verkehrsmitteln.
- ○ Ich nutze oder biete meistens eine Mitfahrgelegenheit.
- ○ Ich nehme meistens das Fahrrad oder laufe zu Fuß.
- ○ Ich fahre mit dem Roller, weil ich mit öffentlichen Verkehrsmitteln wesentlich länger brauchen würde.
- ○ Mit dem eigenen Roller, weil das am einfachsten ist.

Es ist Winter und der Raum ist ein wenig überheizt. Was tust du?

- ○ Ganz einfach, das Fenster wird gekippt und wenn es zu kalt wird, dann schließe ich es wieder.
- ○ Zuerst einmal öffne ich alle Fenster für ein paar Minuten und drehe die Heizung herunter.
- ○ Soweit lasse ich es gar nicht kommen. Es ist sowieso ungesund, sich in überheizten Räumen aufzuhalten.

Du kommst nach Hause und schaltest den Fernseher ein. Wann und wie schaltest du das Gerät wieder ab?

- ○ Wenn ich den Fernseher nicht mehr nutze, schalte ich ihn über den Netzstecker aus. Bevor ich ins Bett oder aus dem Haus gehe, schalte ich generell alle Geräte über die Steckerleiste (,Powersaver') aus.
- ○ Wenn ich etwas in der Küche koche oder zum Telefonieren das Zimmer wechsle, bleibt der Fernseher meist an. Vor dem Schlafengehen schalte ich das Gerät über den Netzstecker ab.
- ○ Mein Fernseher läuft eigentlich meistens, wenn ich zu Hause bin – auch wenn ich das Zimmer verlasse. Zum Ausschalten benutze ich die Fernbedienung.

(Fragen und Antworten zusammengestellt nach: www.echtgerecht.de)

1   *Erkläre mithilfe der Aussagen und des Textes auf Seite 134 und der Karikatur oben, was man unter nachhaltigem Handeln versteht. Warum sollte man nachhaltig handeln?*

2   *Welche der vorgeschlagenen Handlungen im Test sind nachhaltig? Begründe deine Entscheidung.*

3   *Finde weitere Beispiele für nachhaltiges Handeln.*

Müllvermeidung ....

Wer schon beim Einkauf nachdenkt, kann in beträchtlichem Maße das Entstehen von Müll vermeiden und die Umweltbelastung durch Müll verringern. Wer unverpacktes Gemüse in seinen Einkaufskorb legt und anschließend im Rucksack nach Hause trägt, kann später alles übrig gebliebene in die Biotonne stecken oder auf den Komposthaufen werfen. Apfel- und Kartoffelschalen, Salatreste und verblühte Blumen kehren so in den ökologischen Kreislauf zurück. Und nach ein paar Monaten sind sie wieder Erde.
Chipstüten, Aludeckel und verschiedene Plastikverpackungen werden zwar zu einem Großteil recycelt, wenn sie in der entsprechenden Mülltonne landen, allerdings entstehen daraus nicht wieder neue Chipstüten, Joghurtbecher oder Käsefolien, sondern nur minderwertige Produkte. Für die nächste Generation Chipstüten, Aludeckel und Plastikbecher werden wieder neue

Lebensmittel mit unterschiedlichen Verpackungen

Rohstoffe benötigt. Im Klartext: Je weniger Verpackung, desto besser für die Umwelt!
Stell dir vor, dein selbst gestrickter Pulli ist schmutzig und muss gewaschen werden. Was tust du? **A** Du steckst ihn in die Waschmaschine oder greifst zur Waschschüssel.
B Du dröselst den Pulli auf, formst aus den Wollfäden Wollknäuel, wäschst diese und strickst anschließend aus den gesäuberten Wollfäden einen neuen Pulli.
Wohl kaum jemand käme auf die Idee, die zweite Variante zu wählen! Doch bei Einwegflaschen passiert genau das: Die Flaschen werden zerkleinert, dann gewaschen und anschließend mit hohem Energieaufwand zu neuen Flaschen verarbeitet – die auch nicht anders aussehen als ihre Vorgänger. Mehrwegflaschen hingegen kommen gleich in die Spülmaschine und können anschließend wieder befüllt werden. Das ist für die Umwelt besser.

Richtig oder falsch?	richtig	falsch
1 Nur durch Müllvermeidung kann der Müllberg verkleinert werden.		
2 Verpackungen sind generell überflüssig.		
3 Jeder kann dazu beitragen, den Müllberg zu verringern.		
4 Am besten ist, wenn der gesamte Müll verbrannt wird.		
5 Es kann nur ein ganz geringer Teil des Mülls wiederverwertet werden.		
6 Ohne eine aufwendige Verpackung ist kein Produkt zu verkaufen.		
7 Nur wenn der Müll in den Haushalten sortiert wird, kann er wiederverwertet werden.		
8 Die Müllmenge wird zwangsläufig immer mehr zunehmen.		
9 Viele Verpackungen sind überflüssig.		
10 Es wird viel zu wenig unternommen, um das Müllproblem zu lösen.		
11 Müll ist ein wertvoller Rohstoff.		
12 Bei richtiger Entsorgung stellt Müll keinerlei Problem für die Umwelt dar.		

1 Notiere zu jeder Aussage, ob sie richtig oder falsch ist bzw. kreuze auf dem Arbeitsblatt an.

2 Nutzt die Informationen aus dem Text und gestaltet in Partnerarbeit Plakate zum Thema „So kann Müll vermieden werden".

·· **Persönliche CO₂-Bilanz**

Kohlendioxid (CO₂) entsteht bei der Verbrennung fossiler Energieträger wie Holz, Öl oder Gas. Der steigende Kohlendioxidgehalt in der Luft ist eine wesentliche Ursache für den Treibhauseffekt. Die Pflanzen der Erde können insgesamt 13 bis 14 Milliarden Tonnen Kohlendioxid pro Jahr aufnehmen.

Diese Menge dürfte die Menschheit also durch die Verbrennung fossiler Energieträger freisetzen, wenn die Kohlendioxidkonzentration in der Lufthülle stabil bleiben soll. Verteilt man diese Menge auf alle heute lebenden Menschen, so hätte jeder das Recht, pro Jahr etwa 2 Tonnen CO₂ freizusetzen.

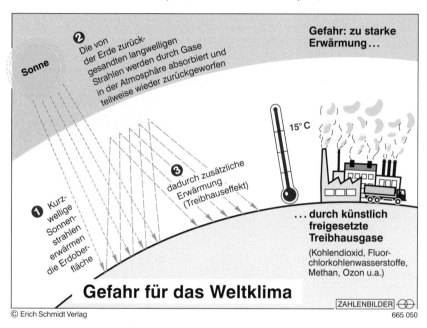

Die wirtschaftliche Entwicklung eines Landes führt in aller Regel zu einem steigenden Energieverbrauch, da für die Produktion von mehr Gütern auch mehr Energie benötigt wird. Deshalb setzen die Industriestaaten am meisten Kohlendioxid frei. In Europa ist Deutschland der größte Verursacher. Würden alle Menschen auf der Erde so viel Energie verbrauchen wie wir Deutschen, dann müsste es fünfmal so viele Pflanzen geben.

Mithilfe dieser Übersicht kannst du die CO₂-Emission einer Person, eines Haushalts oder eines Unternehmens ermitteln. So kannst du feststellen, wie viel zusätzlicher Wald notwendig wäre, um die CO₂-Mengen wieder zu binden.	Der CO₂-Wert ist mit dem Jahresverbrauch zu multiplizieren, d. h.:	CO₂-Wert pro verbrauchte Einheit (in kg)	X	Jahresverbrauch (Einheit)	=	kg CO₂ insgesamt
	Heizöl	2,8	x	l	=	....
	Erdgas	1,8	x	m³	=	....
	Flüssiggas	2,39	x	kg	=	....
	Steinkohle	2,7	x	kg	=	....
	Rohbraunkohle	0,93	x	kg	=	....
	Braunkohlenbriketts	2,15	x	kg	=	....
	Holz	1,15	x	kg	=	....
	Fernwärme	0,22	x	kWh$_{th}$	=	....
	Strom	1,0	x	kWh$_e$	=	....
	PKW-Benzin	2,8	x	l	=	....
	Bus-/Bahn-Personen-km	0,06	x	km	=	....
	Flugzeug-Personen-km	0,25	x	km	=	....

Mithilfe dieser Übersicht könnt ihr den CO₂-Jahresverbrauch eures Haushalts oder eurer Schule errechnen.

= Summe
kg CO₂

1 Ermittle den CO₂-Jahresverbrauch für folgenden Zwei-Personen-Haushalt: Heizölverbrauch: 2200 Liter, Stromverbrauch: 3392 kWh, Benzinverbrauch: 22000 km Fahrleistung, Verbrauch 6,5 Liter auf 100 km, Bahnkilometer: 1200 km, Flugzeugkilometer – Flug auf die Kanarischen Inseln: 3200 km einfache Entfernung, zwei Personen.

2 Ein Quadratmeter Wald kann pro Jahr ca. 1 kg CO₂ aufnehmen. Welche Waldfläche ist notwendig, um den CO₂-Ausstoß des Haushalts aufzunehmen?

Umweltschutzgesetze

Grundgesetz Artikel 20 a: Der Staat schützt auch in Verantwortung für die künftigen Generationen die natürlichen Lebensgrundlagen im Rahmen der verfassungsmäßigen Ordnung durch die Gesetzgebung und nach Maßgabe von Gesetz und Recht durch die vollziehende Gewalt und die Rechtsprechung.

Bereiche des Umweltschutzes

- Schutz des Wassers
- Schutz der Luft
- Lärmschutz
- Strahlenschutz
- Schutz von Landschaft, Natur, Boden
- Vermeidung von Abfall und Abfallentsorgung

Gesetze und Verordnungen

- Bundesnaturschutzgesetz
- Atomgesetz
- Verpackungsverordnung
- Abwasserabgabengesetz
- Abfallgesetz
- Großfeuerungsanlagen-Verordnung
- Waschmittelgesetz
- Fluglärmgesetz

A Diese Verordnung schreibt bestimmte Mindestverwertungsquoten für Verkaufsverpackungen vor. Diese Verwertungsquoten müssen vom Dualen System Deutschland (DSD), das den Grünen Punkt vergibt, eingehalten werden.

B Nach diesem Gesetz müssen die Einleiter schädlichen Abwassers eine Abgabe zahlen. Die Höhe der Abgabe richtet sich nach der Schädlichkeit des Abwassers.

C Nach diesem Gesetz sind Abfälle möglichst schon bei der Produktion zu vermeiden. Dennoch anfallende Abfälle sind mit Vorrang zu verwerten.

D Nach diesem Gesetz werden für Flughäfen Lärmschutzbereiche festgelegt und der Flugverkehr auf bestimmte Tageszeiten beschränkt.

E Dieses Gesetz sieht die Einrichtung von Landschaftsschutzgebieten und Nationalparks vor, um die Funktionsfähigkeit der Naturhaushalte zu sichern.

F Nach diesem Gesetz wird der Betrieb von Atomkraftwerken überwacht.

G Diese Verordnung bestimmt, dass beim Betrieb von Kraftwerken bestimmte Grenzwerte für Luftschadstoffe, z. B. für Kohlenmonoxid, Stickoxide, einzuhalten sind.

H Nach diesem Gesetz können bestimmte gewässerschädigende Stoffe in Waschmitteln verboten werden.

1 Ordne die Gesetze und Verordnungen ihren Beschreibungen zu. Notiere dann, welcher Bereich des Umweltschutzes durch diese Regelung betroffen ist.

2 Warum erlässt der Staat Gesetze und Verordnungen zum Schutze der Umwelt?

.... **Die umweltbewusste Schule**

> Testet, ob eure Schule das Umweltsiegel erhält! Der folgende Fragebogen kann euch
> dabei helfen. Für jedes Kreuzchen gibt es einen Punkt (Frage 10 = 2 Punkte!).
>
> 0–9 Punkte: An eurer Schule gibt es noch viel zu tun. Packt es an!
> 10–19 Punkte: Eure Umweltbilanz sieht schon ganz gut aus. Verbessert sie!
> 20–29 Punkte: Glückwunsch – eure Schule erhält das Umweltsiegel. Weiter so!
> 30 Punkte: Eure Schule hat den Titel „Umweltkönig" verdient. Super!!

FRAGEBOGEN – FRAGEBOGEN – FRAGEBOGEN – FRAGEBOGEN

(seitlich:) EBOGEN – FRAGEBOGEN – FRAGEBOGEN – FRAGEBOGEN – FRAGEBOGEN

1. Wird in eurer Schule das Thema Umwelt regelmäßig angesprochen?

   ○ ja, im Unterricht
   ○ ja, in der SV-Stunde
   ○ ja, bei Schulveranstaltungen

2. Gibt es an eurer Schule Müllcontainer zur Getrenntsammlung?

   ○ ja, für Papier
   ○ ja, für Verbundstoffe
   ○ ja, für Glas
   ○ ja, für Metall
   ○ ja, für Kompost

3. Verwendet ihr an eurer Schule Recycling-Produkte?

   ○ ja, Arbeitsblätter
   ○ ja, Heftumschläge
   ○ ja, Papierhandtücher
   ○ ja, Druckerpapier für Computer

4. Werden bei euch Materialien im Unterricht wiederverwendet?

   ○ ja, Holz, Papier im Kunstunterricht
   ○ ja, Heft- und Buchumschläge
   ○ ja, Einkaufstüten im Kochunterricht

5. Steht in eurer Schule ein Sammelbehälter für Altbatterien?

   ○ ja

6. Stehen in euren Klassenräumen Sammelbehälter für Abfall?

   ○ ja, für Papier
   ○ ja, für Verbundstoffe
   ○ ja, für Restmüll

7. Verwendet ihr umweltfreundliche Produkte im Unterricht?

   ○ ja, beim Renovieren des Klassenzimmers
   ○ ja, lösungsmittelfreie Filzstifte
   ○ ja, lösungsmittelfreie Kleber

8. Finden in eurer Schule zusätzliche Sammelaktionen statt?

   ○ ja, für Flaschenkorken
   ○ ja, für Druckerpatronen
   ○ ja, für CDs

9. Achten eure Lehrer auf umweltfreundliches Verhalten?

   ○ ja, im Unterricht
   ○ ja, in den Pausen
   ○ ja, bei Schulveranstaltungen

10. Hat eure Schule eine Umweltpatenschaft übernommen?

    ○ ja

Das Wichtige in Kürze

Umwelt-bewusstsein

Umweltbewusstsein gründet auf der Verantwortung des Menschen für die Schöpfung. Umweltbewusstes Handeln ist die Erfüllung des ökologischen Generationenvertrages. Umweltbewusstsein entwickelt sich in Familien, Schule und Gesellschaft. Auch der Staat nimmt z. B. durch Lehrpläne auf die Umwelterziehung Einfluss. Obwohl das Umweltbewusstsein in den letzten 20 Jahren gestiegen ist, entwickelt sich ein umweltverträglicher Konsum nur langsam.

Nachhaltiges Handeln

Im 18. Jahrhundert wurde der Grundsatz der „Nachhaltigkeit" in der Forstwirtschaft formuliert: Schlage nur so viel Holz ein, wie nachwachsen kann! Konzept und Begriff „Nachhaltigkeit" im Zusammenhang mit der Umweltschutzdiskussion meinen eine dauerhafte (nachhaltige) Entwicklung, die die Bedürfnisse der Gegenwart befriedigt, ohne zu riskieren, dass künftige Generationen ihre eigenen Bedürfnisse nicht befriedigen können.

Müllvermeidung

Unsere Umwelt wird durch Abfall und Müll belastet. Um die Umwelt zu schonen ist es wichtig, dass so wenig Müll wie möglich entsteht. Jeder kann dazu beitragen, vor allem dadurch, dass er Müll vermeidet, wo dies möglich ist. Beim Einkaufen kann man beispielsweise auf aufwendige Verpackungen verzichten und Mehrwegflaschen wählen.

Fossile Brennstoffe

Öl, Kohle und Gas sind fossile Brennstoffe, die in Millionen von Jahren aus Biomasse entstanden sind. Ihre Vorräte sind begrenzt. Fossile Brennstoffe belasten bei ihrer Umwandlung in Energie die Umwelt, z. B. durch den Ausstoß von CO_2.

Treibhauseffekt und Klimawandel

Der steigende Kohlendioxidgehalt in der Luft ist eine der wesentlichen Ursachen für den Treibhauseffekt. Dieser entsteht zum einen durch die natürlichen Spurengase in der Erdatmosphäre, die die Wärmeabstrahlung der Erde verringern, sodass die Atmosphäre erwärmt wird. Dieser natürliche Treibhauseffekt wird seit einigen Jahrzehnten durch den vom Menschen verursachten Schadstoffausstoß, die sogenannten Emissionen, drastisch erhöht. Viele Fachleute sehen die Erderwärmung als das größte Umweltproblem des Jahrhunderts an. Die Erwärmung führt dazu, dass weltweit die Gletscher und die Eiskappen der Pole abschmelzen, wodurch eine Kettenreaktion ausgelöst wird. Der Meeresspiegel steigt, Naturkatastrophen häufen sich. Entgegen den Beteuerungen mancher Politiker wird weltweit bisher viel zu wenig für den Klimaschutz getan und es ist zu befürchten, dass die Erde unaufhörlich weiter in die Klimakatastrophe schlittert.

Umweltschutz

Nach dem Grundgesetz hat der Staat für die künftigen Generationen die natürliche Lebensgrundlage zu schützen. Man spricht von einem ökologischen Generationenvertrag. Zum Schutz der Umwelt hat der Staat viele Gesetze und Verordnungen erlassen. Es gibt staatliche Gebote, z. B. die Einhaltung bestimmter Grenzwerte für Luftschadstoffe. Daneben gibt es auch staatliche Verbote, z. B. das Verbot schädliche Stoffe in Gewässer abzuleiten. Diese staatlichen Regelungen sollen dafür sorgen, dass der Umweltschutz auch bei wirtschaftlichen Entscheidungen berücksichtigt wird. Ein wichtiges umweltpolitisches Ziel ist die Reduzierung des Kohlendioxidausstoßes. Der steigende Kohlendioxidanteil in der Luft ist eine wesentliche Ursache für den Treibhauseffekt. Deutschland will den CO_2 Ausstoß bis 2012 um 21 % gegenüber 1990 verringern.

Weißt du Bescheid?

Löse das Rätsel. Benutze dazu das Arbeitsblatt oder notiere die gesuchten Begriffe von 1 bis 19 auf einem Blatt. Die Buchstaben in den gelb unterlegten Kästchen ergeben von oben nach unten gelesen die Lösung. Es ist die Sammelbezeichnung für bestimmte Energieformen.

1 Die Umwelt wird von uns Menschen auf vielfache Weise [ ] [ ] [ ] [ ] [ ] [ ] [ ], zum Beispiel durch die Emission von Schadstoffen an die Luft oder die Verschmutzung des Wassers.

2 Das Grundgesetz bestimmt in Artikel 20: „Der Staat schützt auch in Verantwortung für die künftigen Generationen die natürlichen [ ] [ ] [ ] [ ] [ ] [ ] [ ] [ ] [ ] [ ] [ ] [ ] [ ] ...".

3 Das [ ] [ ] [ ] [ ] [ ] [ ] [ ] [ ] [ ] [ ] [ ] [ ] [ ] [ ] [ ] [ ] [ ] [ ] [ ] sieht die Einrichtung von Landschaftsschutzgebieten und Nationalparks vor, um die Funktionsfähigkeit der Naturhaushalte zu sichern.

4 Restmüll wird auf [ ] [ ] [ ] [ ] [ ] [ ] [ ] [ ] oder in Müllverbrennungsanlagen entsorgt.

5 Mit dem Begriff [ ] [ ] [ ] [ ] [ ] [ ] [ ] [ ] [ ] [ ] werden alle Maßnahmen und Verhaltensweisen umschrieben, die auf die Erhaltung der natürlichen Lebensgrundlagen zielen.

6 Die Wiederverwertung von Abfällen wird mit einem Fremdwort auch als [ ] [ ] [ ] [ ] [ ] [ ] bezeichnet.

7 Computer machen mittlerweile einen beträchtlichen Anteil am [ ] [ ] [ ] [ ] [ ] [ ] [ ] [ ] [ ] aus, der aufgrund seiner hohen Schadstoffanteile oft als Sondermüll entsorgt werden muss.

8 Bei der Entsorgung von Müll in der [ ] [ ] [ ] [ ] [ ] [ ] [ ] [ ] [ ] [ ] [ ] [ ] [ ] [ ] [ ] [ ] lässt sich über Turbinen in einem angeschlossenen Heizkraftwerk elektrischer Strom erzeugen.

9 Das [ ] [ ] [ ] [ ] [ ] [ ] [ ] [ ] [ ] heißt so, weil es ein zweites, die kommunale Abfallentsorgung ergänzendes Entsorgungssystem ist.

10 Mit dem [ ] [ ] [ ] [ ] [ ] [ ] [ ] [ ] [ ] [ ] [ ] versucht der Gesetzgeber, die Lärmbelästigung für die Anwohner in der Nähe von Flughäfen in Grenzen zu halten.

11 Einen besonders großen Anteil am Hausmüll hat [ ] [ ] [ ] [ ] [ ] [ ] . Allerdings ist dabei auch die Wiederverwertungsquote mit am höchsten, sie beträgt etwa 90 Prozent.

12 Das bei der Verbrennung fossiler Energieträger entstehende [ ] [ ] [ ] [ ] [ ] [ ] [ ] [ ] [ ] gilt als einer der Hauptverursacher des Treibhauseffekts.

13 Viele Menschen auf der Erde leiden schon heute unter [ ] [ ] [ ] [ ] [ ] [ ] [ ] [ ] [ ] [ ] , insbesondere in den trockenen Regionen Afrikas.

14 Die Treibhausgase in der Atmosphäre behindern die natürliche Wärmeabstrahlung der Erde. Dieses Phänomen wird [ ] [ ] [ ] [ ] [ ] [ ] [ ] [ ] [ ] [ ] [ ] genannt.

15 Mit Katalysatoren in Autos, Filtern in Kraftwerken und Fabriken und Energiesparmaßnahmen wird versucht, der [ ] [ ] [ ] [ ] [ ] [ ] [ ] [ ] [ ] [ ] [ ] entgegenzuwirken.

16 Das Ziel einer [ ] [ ] [ ] [ ] [ ] [ ] [ ] [ ] [ ] [ ] Entwicklung ist es, die Ressourcen sparsam und effizient zu nutzen, damit die natürlichen Lebensgrundlagen auch für die Zukunft erhalten bleiben.

17 Der [ ] [ ] [ ] [ ] [ ] [ ] [ ] [ ] ist eins der drängendsten Umweltprobleme.

18 Erdöl, Kohle und Gas zählen zu den [ ] [ ] [ ] [ ] [ ] [ ] [ ] Energieträgern.

19 Jeder kann zur [ ] [ ] [ ] [ ] [ ] [ ] [ ] [ ] [ ] [ ] [ ] [ ] beitragen, indem er zum Beispiel Mehrwegflaschen statt Einwegflaschen kauft und auf aufwendige Verpackungen verzichtet.

Weißt du Bescheid?

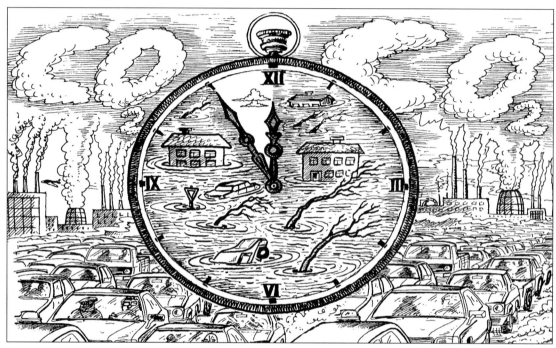

Umdenken!

(Waldemar Mandzel)

Worauf will der Zeichner mit dieser Zeichnung hinweisen?

Partner- oder Gruppenarbeit: Ihr wollt zum Schutz der Umwelt aufrufen. Findet einen griffigen Slogan und setzt eure Idee in einen Plakatentwurf um.

Jugend und Recht

Niemand lebt für sich allein. Jeder muss mit anderen auskommen: in der Familie, in der Schule, im Betrieb. Wenn Menschen miteinander auskommen müssen, brauchen sie Regeln. Jeder muss wissen, was er tun darf und was nicht und nach welchen Regeln Konflikte gelöst werden. Dies alles hat mit „Recht" zu tun. Damit sind die Verhaltensvorschriften gemeint, deren Einhaltung für alle verbindlich vorgeschrieben ist. Die Rechtsvorschriften setzen den Rahmen für die Ordnung des Zusammenlebens. Alle Menschen eines Landes sind dieser Rechtsordnung unterworfen.

Um Fragen im Zusammenhang mit der Rechtsordnung geht es im folgenden Kapitel.

■ Warum muss es rechtliche Regelungen geben? Hat sich das Recht im Lauf der Zeit gewandelt?

■ Was kennzeichnet einen Rechtsstaat? Was ist mit Unabhängigkeit der Richter gemeint?

■ Wie läuft eine Gerichtsverhandlung ab? Worin unterscheiden sich Zivilprozess und Strafprozess?

■ Welche Rechte und Pflichten haben Jugendliche? Gibt es für sie besondere Vorschriften?

■ Warum begehen Jugendliche Straftaten? Wie werden jugendliche Straftäter bestraft?

Wozu Recht? ....

Rechte setzen in einer Gesellschaft auch Pflichten voraus. Rechte können nur erfolgreich wahrgenommen werden, wenn gleichzeitig Pflichten anerkannt werden. Das Grundgesetz der Bundesrepublik Deutschland garantiert zahlreiche Rechte, dazu gehören:

- Recht auf Leben und körperliche Unversehrtheit
- Recht auf freie Entfaltung der Persönlichkeit
- Gleichheit vor dem Gesetz
- Meinungs- und Religionsfreiheit
- Recht auf Eigentum
- Recht der Eltern auf Pflege und Erziehung ihrer Kinder
- Recht auf Berufsfreiheit
- Recht auf Bildung und Chancengleichheit
- Recht auf Mitwirkung im Staat
- Recht auf freie wirtschaftliche Betätigung

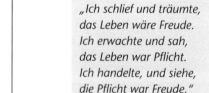

„Ich schlief und träumte, das Leben wäre Freude. Ich erwachte und sah, das Leben war Pflicht. Ich handelte, und siehe, die Pflicht war Freude."

Tagore, indischer Dichter und Philosoph, 1861–1941

Mitschülerinnen malten 13-Jähriger SS-Runen auf die Stirn

Schule im Muldentalkreis konnte Spirale der Gewalt nicht stoppen / Polizei ermittelt

Grimma. Nur drei Wochen nachdem ein 16-jähriger Schüler auf einem Schulhof in Bitterfeld erschlagen wurde, kam gestern ein neuer brutaler Fall von Misshandlung im Zusammenhang mit der Verherrlichung rechtsextremistischer Parolen an einer Schule im Muldentalkreis an die Öffentlichkeit. Mitschülerinnen schlugen ein 13-jähriges Mädchen, zeichneten ihr SS-Runen auf die Stirn und schrieben den Satz „Bin eine Verräterin" dazu. Aus Gründen des Opferschutzes wollte die Polizei gestern den genauen Ort nicht nennen.

Der Vorfall ereignete sich bereits anfangs des Monats und bildet das vorläufige Ende einer Spirale der Gewalt. Bereits zuvor war das Mädchen von einer Gruppe aus ihrer Klasse immer wieder malträtiert worden. Ihre Klassenkameraden verbanden ihr die Augen, sie wurde beschmiert. Man nahm ihr das Fahrrad weg und warf es in einen Bach. Sie bekam Schläge, in ihre Jacke wurden Löcher gebrannt. Zur körperlichen Gewalt kam seelische. Die

Schule konnte die Spirale nicht stoppen, zahlreiche Gespräche und Ermahnungen blieben ohne Erfolg. Offenes Bekenntnis zu rechtsradikaler Einstellung, Akzeptanz von Gewalt als Mittel zur Meinungsdurchsetzung, keinerlei Einsicht – ein Täterinnen-Profil, dem mit den schulischen Maßnahmen nicht beizukommen war.

Jetzt ermitteln Polizei und Staatsanwaltschaft in der Angelegenheit. Bernd Merbitz, Leiter der Polizeidirektion in Grimma und lange Jahre auf Landesebene Chef der Sonderkommission Rechtsextremismus in Dresden, zeigt sich von dem Vorfall erschüttert. Dass derartige Übergriffe jetzt bereits unter 13-Jährigen passierten, habe ihn nahezu fassungslos gemacht. Er sieht dabei vor allem die Einstellung der Täterinnen und bringt sie in Zusammenhang mit dem Ergebnis der NPD bei den Landtagswahlen. Merbitz warnt eindringlich vor einem braunen Virus, der sich in den Köpfen ausbreite: „Wir alle müssen uns fragen, was wir dagegen tun."

An der Schule sind inzwischen auch unterstützende Maßnahmen des Regionalschulamtes Leipzig angelaufen. Ein Patentrezept allerdings hat auch dort niemand. Schulstrafen hätten die Spirale der Gewalt nicht stoppen können, räumt Roman Schulz ein.

Für den Pressesprecher des Amtes verdeutlicht der Vorfall vor allem, welch hohe Verantwortung die Schule trage. Vermittlung von historischem Wissen, Aufklärung über die Entwicklung der Demokratie zum Beispiel: „Schule hat einen Bildungs- und Erziehungsauftrag, muss ethische und moralische Werte vermitteln", sagt er. Gerade das aktuelle Wahlergebnis zeige, dass sich Schule einer Herausforderung zu stellen habe. „Wir müssen gegensteuern." Doch Schulz sieht auch Grenzen. „Schule kann nicht alles reparieren". Die Einflüsse im Elternhaus oder im Freundeskreis würden Kinder und Jugendliche prägen. Erziehung sei eine Aufgabe, die nicht komplett auf Lehrerinnen und Lehrer abgeladen werden könne.

(Heinrich Lillie, in: Leipziger Volkszeitung, 1. 10. 2004)

Wenn Freiheitsrechte kollidieren, erfolgt ein Abwägungsprozess zwischen den einzelnen Freiheitsbereichen. Es ist jeweils zu prüfen, wie die eine Freiheit möglichst weitgehend verwirklicht werden kann, ohne dass die andere Freiheit an ihrer möglichst weitgehenden Verwirklichung gehindert wird. Dieser gerecht abwägende Ausgleich als Grundlage des Rechts spiegelt sich im Bild der Justitia wider.

Aufgabe des Rechts ist es, mit den Mitteln des Rechtsstaats den inneren Frieden in der Gemeinschaft zu sichern. Dabei sind die Konflikte im Rahmen der geltenden Gesetze so zu regeln, dass dies als fair und gerecht empfunden wird. Das Strafrecht legt z. B. fest, ob und wie die Staatsgewalt denjenigen gegenübertritt, die die Strafgesetze verletzt haben. Es schützt somit die Rechte aller in der Gemeinschaft.

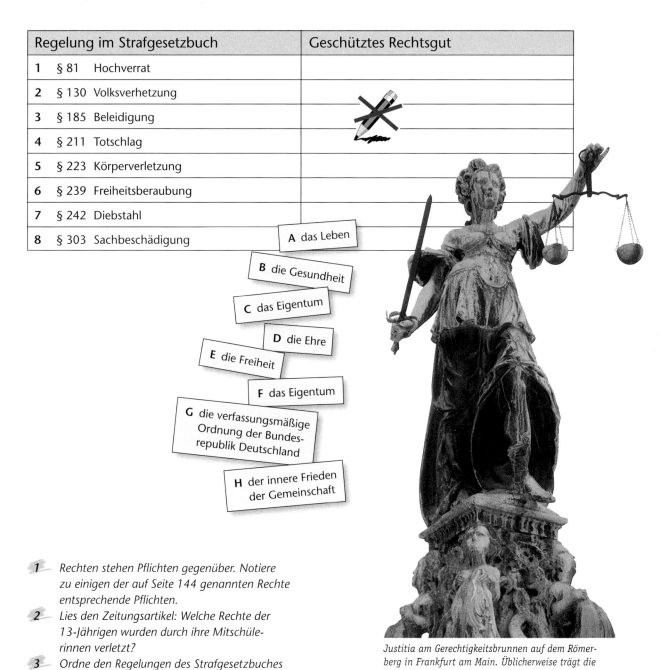

Regelung im Strafgesetzbuch		Geschütztes Rechtsgut
1	§ 81 Hochverrat	
2	§ 130 Volksverhetzung	
3	§ 185 Beleidigung	
4	§ 211 Totschlag	
5	§ 223 Körperverletzung	
6	§ 239 Freiheitsberaubung	
7	§ 242 Diebstahl	
8	§ 303 Sachbeschädigung	

A das Leben

B die Gesundheit

C das Eigentum

D die Ehre

E die Freiheit

F das Eigentum

G die verfassungsmäßige Ordnung der Bundesrepublik Deutschland

H der innere Frieden der Gemeinschaft

1 Rechten stehen Pflichten gegenüber. Notiere zu einigen der auf Seite 144 genannten Rechte entsprechende Pflichten.

2 Lies den Zeitungsartikel: Welche Rechte der 13-Jährigen wurden durch ihre Mitschülerinnen verletzt?

3 Ordne den Regelungen des Strafgesetzbuches die aufgeführten Rechtsgüter zu.

Justitia am Gerechtigkeitsbrunnen auf dem Römerberg in Frankfurt am Main. Üblicherweise trägt die Justitia zusätzlich eine Augenbinde.

Aufgaben des Rechts ....

Menschen leben in Gemeinschaften zusammen. Dazu ist es erforderlich, dass Vorschriften und Verabredungen das Verhalten der Menschen regeln. Verhaltensregeln können sich aus überlieferten Lebensgewohnheiten, Glaubens- und Moralvorstellungen ergeben. Die Einhaltung solcher sozialen Normen wird zwar erwartet, man ist dazu jedoch nicht verpflichtet. Anders ist es beim Recht. Damit sind die Verhaltensvorschriften gemeint, deren Einhaltung für alle verbindlich vorgeschrieben ist. Die Rechtsvorschriften setzen den Rahmen für die Ordnung des Zusammenlebens in einer Gemeinschaft. Alle Menschen eines Landes sind dieser Rechtsordnung unterworfen.

1 Das Recht sichert notfalls durch Zwang den inneren Frieden in einer Gesellschaft. Es gewährleistet aber auch die Freiheit des Einzelnen. Das erscheint auf den ersten Blick widersprüchlich. In einer Gesellschaft, in der viele Menschen auf engem Raum zusammenleben, kann es aber keine uneingeschränkte Freiheit geben. Freiheit endet dort, wo das Recht des anderen beginnt.

C Das Arbeitsrecht bespielsweise enthält zahlreiche Regelungen zum Schutz der Arbeitnehmer: Kündigungsschutz, Arbeitszeitbegrenzung, Lohnfortzahlung, Schutz vor den Gefahren des Arbeitslebens, Mutter- und Jugendschutz, Mitbestimmung.

3 Das Recht schützt nicht nur Frieden und Freiheit, es stellt auch ein System von rechtlichen Regeln für Privatpersonen bereit. Innerhalb dieser Regelungen handelt jeder Einzelne, wie er es für richtig hält.

Das Recht regelt die privaten Rechtsbeziehungen

A Wer will, kann durch ein Testament bestimmen, wie sein Vermögen auf die Erben aufgeteilt werden soll.

Das Recht sichert den Frieden

Das Recht gestaltet die Gesellschaft

4 Die wichtigste Aufgabe des Rechts ist die Sicherung des inneren Friedens. In einer Gesellschaft gibt es unterschiedliche Interessen, die unausweichlich zu Konflikten führen. Das Recht sorgt dafür, dass sie auf friedliche Weise in einem geregelten Verfahren ausgetragen werden.

2 In einem sozialen Rechtsstaat werden alle Bereiche des persönlichen, sozialen und wirtschaftlichen Lebens durch rechtliche Regelungen gestaltet. Gesetzliche Regelungen schützen die Schwächeren und sorgen für den Ausgleich sozialer Gegensätze.

Das Recht gewährleistet die Freiheit

B Das Opfer einer Straftat darf an dem Täter keine Rache nehmen. Ein Gläubiger darf nicht das Auto des säumigen Schuldners entwenden, um es bis zur Zahlung der Schuld als Pfand zu behalten. Der Bürger muss sich an die Gerichte wenden und sein Recht mithilfe der Staatsgewalt durchsetzen.

D Ein Journalist darf in der Zeitung über Missstände im Staat berichten und die Mächtigen kritisieren. Eine Zensur ist verboten.

1 Ordne jeder Aufgabe des Rechts (rot) die entsprechende Erklärung (blau) zu.

2 Welches Beispiel (schwarz) gehört zu welcher Aufgabe des Rechts?

Recht – früher und heute

Folter im Mittelalter

6 Der Fabrikbesitzer legt die Arbeitsbedingungen seiner Arbeiter – z. B. Arbeitszeit, Kündigung, Urlaub – nach eigenem Gutdünken fest.

7 Unehelichkeit ist ein Makel für das ganze Leben. So kann ein unehelich Geborener weder die Bürgerrechte erlangen noch in eine Zunft aufgenommen werden.

8 An Kreuzungen gilt der Grundsatz „rechts vor links", außer die Vorfahrt ist durch Verkehrszeichen, Lichtsignale oder Polizeibeamte anders geregelt.

9 Niemand darf wegen seiner Abstammung benachteiligt oder bevorzugt werden.

1 Die Folter darf angewendet werden, wenn bei einem Prozess der Angeklagte hartnäckig die ihm vorgeworfene Straftat leugnet, das Gericht jedoch Zweifel an seiner Unschuld hat.

10 Zur Regelung der Vorfahrt auf Straßen gilt, dass der leere Wagen den beladenen, der leicht beladene den schwer beladenen, der Reiter den Wagen und der Fußgänger den Reiter vorbeilassen muss.

2 Der Betriebsrat überwacht als Interessenvertretung der Arbeitnehmer die Einhaltung der Gesetze und hat bei sozialen Angelegenheiten Mitbestimmungsrechte.

11 Jeder hat das Recht auf freie Entfaltung seiner Persönlichkeit. Daher gibt es keine Vorschriften zur Kleidung.

3 Keine Regelung.

12 Wer unerlaubt eine Kopie von einem geschützten Computer-Programm anfertigt, verstößt gegen das Urheberrecht und macht sich strafbar.

4 Die Kleiderordnungen schreiben vor, dass sich jeder gemäß seines Standes zu kleiden hat. So ist es z. B. in einer Stadt den Handwerksgesellen verboten, gefärbte Schuhe mit Spitzen oder Schnäbeln zu tragen.

13 Keine Regelung.

14 Die Verwendung von Pflanzenschutzmitteln in unmittelbarer Nähe von Gewässern ist grundsätzlich verboten.

5 Der Angeklagte hat beim Prozess das Recht, die Aussage zu verweigern.

1 In den 14 Aussagen geht es um sieben verschiedene Sachverhalte. Zu jedem Sachverhalt gehört eine Aussage von „früher" und eine von „heute". Notiere die entsprechenden Zahlenpaare.

2 Worin liegen die wesentlichen Veränderungen zwischen „früher" und „heute"? Wähle dazu drei Gegenüberstellungen aus.

Unabhängigkeit der Richter – ein wichtiger Grundsatz des Rechtsstaates ....

Richter

Aus einem Interview mit einem Richter am Bundesverfassungsgericht:

Sie urteilen aber auch manchmal gegen den offensichtlichen Willen der Mehrheit?

Nur weil über unseren Urteilen „Im Namen des Volkes" steht, müssen wir nicht der aktuellen Mehrheitsmeinung des Volkes entsprechen. Wir müssen vielmehr nach bestem Wissen und Gewissen der Verfassung des Volkes, dem Grundgesetz, entsprechen. Das ist der einzige Maßstab, den wir haben. Schutz von Grundrechten ist im Wesentlichen Schutz von Minderheiten. Die Mehrheit setzt sich – zugespitzt gesagt – zumeist auch ohne Grundrechtsschutz durch.

(aus: PZ EXTRA/Dezember 1998, S. 20. Hg.: Bundeszentrale für politische Bildung, Bonn. Auszug aus einem PZ-Gespräch mit Bertold Sommer, Richter am Bundesverfassungsgericht. Das Gespräch führte Sandra Daßler.)

Unabhängige **Richter**

Mit einem Gesetz, das den Richter vom Staatsbeamten abgrenzt, wird die Selbstständigkeit der Dritten Gewalt garantiert.

Der Richter ist sachlich frei. Nur er leitet ein Gerichtsverfahren, nur er entscheidet. Keine Weisung kann ihn beeinflussen, kein Vorgesetzter beirren. Renate Knauer, Richterin am Amtsgericht Duderstadt, nennt ein Beispiel aus der Praxis: Ein Fahrverbot in einer Bußgeldsache hatte allein sie zu entscheiden. Da half auch eine Petition an den Landtag nichts. ②

Der Richter ist persönlich unabhängig. Er kann nicht ohne Zustimmung versetzt werden. Kein Minister hat eine Chance gegen einen missliebigen Richter. ③

Doch die Unabhängigkeit, so erklärt der Göttinger Landgerichtspräsident Peter Götz von Olenhusen, ist kein Privileg. Sie schützt vielmehr den Rechtsuchenden vor dem Eingriff des Staates. An welchen Richter jemand gerät, wird nicht willkürlich bestimmt. In den Göttinger Strafverfahren zum Beispiel entscheidet ein Nummernprinzip nach Eingang der Fälle über die Zuständigkeiten. ④

Auch wenn im deutschen Strafverfahren das Prinzip mündlicher Verhandlung herrscht, muss jeder Richter die Akten kennen. Für das Urteil nutzen darf er aber nur, was mündlich eingeführt wurde. Zugleich hat er die Pflicht, alles zu erforschen, was zu Lasten oder Gunsten des Angeklagten spricht. ⑤

Richter sind zur Neutralität und Unvoreingenommenheit verpflichtet. Schon die Besorgnis der Befangenheit – nicht der Nachweis – reicht, einen Richter im Prozess abzulehnen. Privat gilt für ihn wie für Beamte das Mäßigungsgebot für politische Äußerungen.

Jürgen Gückel

①

(aus: PZ Nr. 96/Dezember 1998, S. 11. Hg.: Bundeszentrale für politische Bildung, Bonn)

---

1 Im Text sind Sätze markiert, die für die Arbeit von Richtern wichtig sind. Warum sind sie wichtig?

2 Was ist der Kern der Aussage des Verfassungsrichters?

3 Die richterliche Unabhängigkeit ist ein wichtiger Grundsatz des Rechtsstaates. Begründe dies.

....Weitere Grundsätze des Rechtsstaates

Beschreibung dieser Grundsätze unseres Rechtsstaates

A ....
bedeutet, dass sich Regierung und Verwaltung mit ihren Maßnahmen streng an die Grundrechte und das geltende Recht halten müssen.

B ....
bedeutet, dass die Gesetze für alle gelten und ohne Ansehen der Person auf alle gleich angewandt werden.

C ....
bedeutet, dass die gesetzgebende Gewalt (Parlament), die vollziehende Gewalt (Regierung) und die Rechtsprechung voneinander unabhängig sind und sich gegenseitig kontrollieren.

D ....
bedeutet, dass die Rechtsvorschriften vorher bekannt sein müssen, damit sie eingehalten werden können. Daher darf niemand für eine Tat bestraft werden, die vorher nicht verboten war.

E ....
bedeutet, dass der Bürger einen Anspruch hat, sich an Gerichte zu wenden, wenn er sich ungerecht behandelt fühlt.

Rechtsgleichheit

Rechtsschutz

Rechtssicherheit

Gewaltenteilung

Rechtsbindung

Fall 1 Das Grundgesetz soll so geändert werden, dass Gesetze, die vom Bundestag mit Zweidrittelmehrheit beschlossen wurden, nicht mehr vom Bundesverfassungsgericht daraufhin überprüft werden können, ob sie den Grundrechten entsprechen.

Fall 2 Obwohl das Grundrecht auf freie Berufswahl besteht, will das zuständige Ministerium den Zugang zu einigen Berufen für Frauen verbieten.

Fall 3 Ein Schüler ist der Meinung, das Abschlusszeugnis sei ihm zu Unrecht – weil einige Lehrer ihn nicht mochten – verweigert worden. Die Eltern erhalten von der Schulbehörde die Auskunft, sie könnten nichts dagegen unternehmen.

Fall 4 Ein bekannter und beliebter Filmstar hat in seiner Steuererklärung offensichtlich falsche Angaben gemacht. Es wird aber vom Finanzamt wegen seiner Beliebtheit großzügig behandelt.

Fall 5 Nachdem einige aufsehenerregende tödliche Unfälle wegen starker Überschreitung der Geschwindigkeit passiert sind, sollen die Rechtsvorschriften zum Führerscheinentzug verschärft und auf Schuldige in den geschehenen Fällen angewendet werden.

1 Ordne die fünf weiteren Grundsätze unseres Rechtsstaates (Rechtsgleichheit, Rechtsschutz, Rechtssicherheit, Gewaltenteilung, Rechtsbindung) den Beschreibungen A bis E zu.

2 Welcher Fall würde gegen welchen Grundsatz verstoßen?

Der Zivilprozess

Rechtsstreitigkeiten zwischen Privatleuten werden in Zivilprozessen entschieden. Bei Streitigkeiten mit einem Wert bis 5000 € ist das Amtsgericht zuständig, bei einem höheren Streitwert das Landgericht. Die Familiengerichte bei den Amtsgerichten sind zuständig für Ehescheidungen und damit zusammenhängende Fragen, z.B. elterliche Sorge für die Kinder aus geschiedenen Ehen.

Beim Amtsgericht kann man die Klage entweder selbst schriftlich einreichen oder sie mündlich zu Protokoll geben. Beim Landgericht muss die Klage schriftlich durch einen Anwalt eingereicht werden. Aus der Klage muss hervorgehen, wen der Kläger verklagt, worum der Streit geht, wie der Anspruch begründet wird und welchen Antrag der Kläger stellt. Der Richter prüft, ob die Behauptungen des Klägers den Klageantrag rechtfertigen. Dann setzt er einen Verhandlungstermin fest und stellt dem Beklagten und dessen Anwalt die Klageschrift zu.

Kläger und Beklagter – auch „Parteien" genannt – stehen sich bei der mündlichen Verhandlung gleichberechtigt gegenüber. Das Gericht darf sich zur Wahrheitsfindung nur auf das stützen, was die beiden Parteien vorbringen (Zeugenaussagen, Gutachten usw.); es darf also nicht von sich aus Nachforschungen anstellen.

Ein Zivilprozess kann vor einem Urteil auch auf andere Weise beigelegt werden:
- ▶ Oft schließen Kläger und Beklagter während des Rechtsstreites einen Vergleich und legen den Streitfall durch gütliche Einigung bei.
- ▶ Der Kläger kann mit Zustimmung des Beklagten die Klage zurücknehmen.
- ▶ Der Beklagte macht die Klage gegenstandslos, z.B. indem er die geforderte Summe bezahlt.

Kommt es jedoch zu einem Urteil, dann muss das Gericht entscheiden, ob der Klage ganz oder teilweise stattgegeben oder ob sie abgewiesen wird. Im Urteil sind die Gründe aufgeführt, die für die Entscheidung des Gerichts maßgeblich waren. Im Urteil steht auch, welcher der Prozessbeteiligten die Kosten des Rechtsstreites zu tragen hat.

Der Gang eines Zivilverfahrens

Streitwert über 5000 €

① und ② → ③ → (Gericht) → ④ → ⑤ und ⑥

Verhandlung

⑦ oder ⑧ → Berufung beim Oberlandesgericht möglich

L & P / 0413

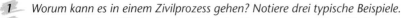

1 Worum kann es in einem Zivilprozess gehen? Notiere drei typische Beispiele.

2 Notiere zu jeder Ziffer in der Grafik den im Text unterlegten Begriff, der an diese Stelle gehört.

Methode: Beobachtung

Thema: Gerichtsverhandlung

Verhandlungen gegen Jugendliche sind grundsätzlich nicht öffentlich. Schulklassen können den Ablauf eines Strafprozesses jedoch bei einer Verhandlung gegen einen Erwachsenen kennenlernen. Meist werden dazu in einem Amtsgericht Verhandlungen vor einem Einzelrichter oder vor einem Schöffengericht besucht. Ein Prozess kann mitunter lange dauern, sodass man nur einen Teil der Verhandlung beobachten kann. Dann sollte man sich durch Nachfragen informieren, wie der Prozess ausgegangen ist. Eine Möglichkeit dazu besteht darin, den Richter zu einem Gespräch in den Unterricht einzuladen. Die Übersicht zeigt den Ablauf einer Hauptverhandlung. Er ist bei allen Verhandlungen gleich, also beim Einzelrichter ebenso wie beim Schöffengericht.

Fragen zum äußeren Ablauf

1. Vor welchem Gericht wird die Verhandlung durchgeführt?
2. Wie viele Personen sind am Prozess beteiligt?
3. Hat der Angeklagte einen Verteidiger?
4. Treten Zeugen auf? Werden sie vereidigt?
5. Gibt es Sachverständige?
6. Gibt es weitere Zuhörer? Ist die Presse vertreten?
7. Beobachtungen zum äußeren Ablauf, z. B. Kleidung der Richter, Auftreten von Polizeibeamten …

Fragen zum verhandelten Fall

1. Was wird dem Angeklagten vom Staatsanwalt vorgeworfen?
2. Über welche Rechte wird er vom Richter belehrt?
3. Welche Beweismittel werden vorgebracht?
4. Meinung des Staatsanwalts in seinem Plädoyer, d. h. in seiner Schlussrede? Welchen Antrag stellt er?
5. Meinung des Verteidigers in seiner Schlussrede? Welchen Antrag stellt er?
6. Äußert sich der Angeklagte im „letzten Wort"?
7. Wie lautet das Urteil?

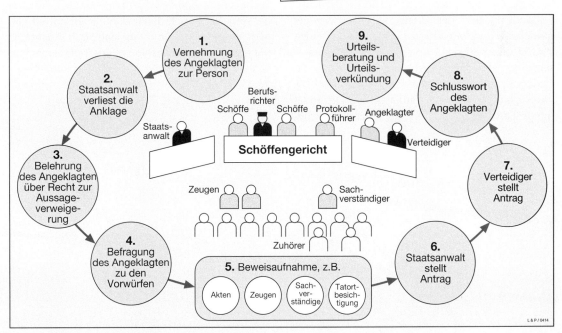

1. Falls du eine Gerichtsverhandlung besucht hast: Welche Teile der Hauptverhandlung konntest du beobachten?
2. Verwende den Fragenkatalog zum Notieren deiner Beobachtungen.

Der Strafprozess

Eine strafbare Handlung wird grundsätzlich vom Staat verfolgt. Die Polizei hat die Pflicht, alle Straftaten der Staatsanwaltschaft zu melden. Jeder, der von einer strafbaren Handlung erfährt, kann eine Strafanzeige erstatten.

Im **Vor- oder Ermittlungsverfahren** prüft die Staatsanwaltschaft, ob es sich wirklich um eine Straftat handelt und wer der mutmaßliche Täter ist. Zu diesen Ermittlungen beauftragt die Staatsanwaltschaft die Polizei. Während des Ermittlungsverfahrens kann die Staatsanwaltschaft beim Ermittlungsrichter beantragen, den Beschuldigten in Untersuchungshaft zu nehmen, z.B. bei Fluchtgefahr. Auch Maßnahmen wie z.B. die Durchsuchung der Wohnung, die Beschlagnahme von Gegenständen oder die Überwachung des Telefons müssen vom Ermittlungsrichter genehmigt werden.

Die Staatsanwaltschaft ist verpflichtet, bei ihren Ermittlungen nicht nur belastende, sondern auch entlastende Gesichtspunkte zu berücksichtigen. Wenn der Verdacht begründet erscheint, erhebt die Staatsanwaltschaft beim zuständigen Gericht Anklage. Grundsätzlich kann nur die in der Anklageschrift beschriebene Tat später Gegenstand der Gerichtsverhandlung und des Urteils sein. Bei weniger gewichtigen Straftaten kann die Staatsanwaltschaft, statt Klage zu erheben, unter bestimmten Voraussetzungen einen Strafbefehl beantragen, den das Gericht dann ohne Hauptverhandlung erlässt. Die weitaus größte Zahl der Ermittlungsverfahren endet mit der Einstellung, z.B. wenn der Täter nicht ermittelt werden kann oder wenn sich kein hinreichender Verdacht ergeben hat. Das Verfahren kann auch eingestellt werden, wenn die Schuld des Täters gering ist und kein Interesse der Allgemeinheit an der Strafverfolgung besteht. Das zuständige Gericht muss damit jedoch einverstanden sein.

Im **Zwischenverfahren** prüft das zuständige Gericht die Anklageschrift der Staatsanwaltschaft und entscheidet, ob ein hinreichender Verdacht auf eine strafbare Handlung vorliegt. Wenn nicht, lehnt das Gericht eine Verhandlung ab.

Ist jedoch mit Wahrscheinlichkeit eine Verurteilung zu erwarten, dann eröffnet das Gericht das sogenannte Hauptverfahren und setzt den Termin für die Hauptverhandlung fest.

Die Verhandlung im **Hauptverfahren** ist grundsätzlich öffentlich, allerdings können die Zuhörer in bestimmten Fällen ausgeschlossen werden. Die Verhandlung beginnt mit der Vernehmung des Angeklagten zur Person, dann verliest der Staatsanwalt die Anklage. Bevor der Richter den Angeklagten zu den Vorwürfen befragt, belehrt er ihn über sein Recht zur Aussageverweigerung. Wenn er will, kann der Angeklagte sich durch einen Rechtsanwalt verteidigen lassen. Wenn es um eine Straftat geht, die mit einer Freiheitsstrafe von mindestens einem Jahr geahndet wird, ist ein Verteidiger vorgeschrieben.

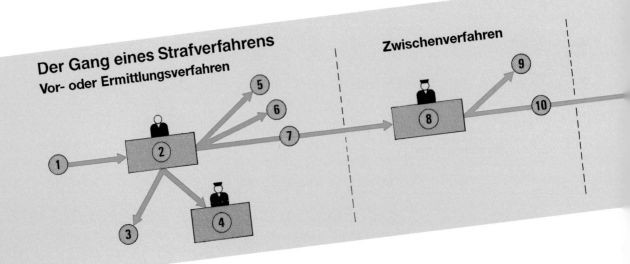

Der Gang eines Strafverfahrens
Vor- oder Ermittlungsverfahren

Zwischenverfahren

Die Beweisaufnahme ist ein wichtiger Teil der Hauptverhandlung. Oft werden Zeugen vernommen. Sie sind verpflichtet die Wahrheit zu sagen und müssen damit rechnen, dass sie ihre Aussage beschwören müssen. Wer bewusst eine falsche Aussage beschwört, macht sich wegen Meineid strafbar. Auch aus Nachlässigkeit falsch gemachte Zeugenaussagen werden bestraft. Zur Beweisaufnahme können auch die Vernehmung von Sachverständigen oder die Besichtigung des Tatortes gehören.

Nach der Beweisaufnahme kommt zuerst der Staatsanwalt, dann der Verteidiger zu Wort. Beide tragen in ihren Schlussreden dem Gericht ihre Ansicht über den Fall vor und beantragen eine bestimmte Strafe oder Freispruch. Danach erhält der Angeklagte grundsätzlich noch einmal das Wort. Das Gericht zieht sich dann zur nichtöffentlichen Urteilsberatung zurück. Zum Schluss der Hauptverhandlung verkündet der Vorsitzende Richter „Im Namen des Volkes" das Urteil und begründet es. Das Urteil kann entweder eine bestimmte Strafe aussprechen, auf Freispruch lauten oder die Einstellung des Verfahrens anordnen. Werden innerhalb einer Woche keine Rechtsmittel eingelegt, wird das Urteil also nicht angefochten, dann ist es rechtskräftig.

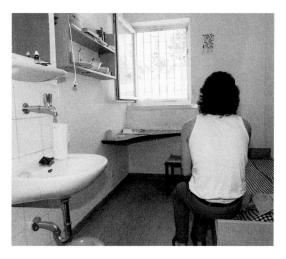

Zelle und Außenbereich in einer Strafvollzugsanstalt

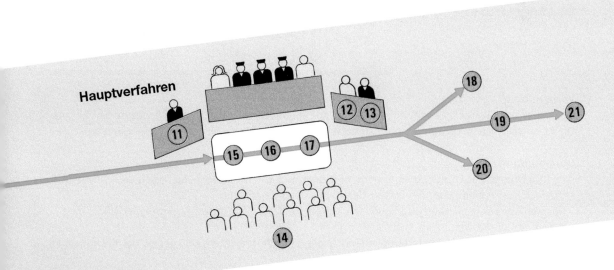

Hauptverfahren

11 12 13 14 15 16 17 18 19 20 21

1 Notiere in deinem Heft zu jeder Ziffer in der Grafik eines der gelb unterlegten Stichwörter.

2 Warum muss jeder Schritt in einem Strafverfahren genau festgelegt sein?

Methode: Karikaturenrallye

Thema: Recht ....

(Ernst Hürlimann)

Eine Karikatur ist ein zeichnerisch gestalteter Kommentar zu einer politischen, wirtschaftlichen oder gesellschaftlichen Streitfrage. Dabei versucht der Zeichner durch seine übertreibende Darstellung auf ein Problem hinzuweisen, Stellung zu beziehen bzw. Kritik auszudrücken.

Bei einer Karikaturenrallye werden zu einem Thema verschiedene Karikaturen untersucht. Durch die unterschiedlichen Darstellungen wird man auf verschiedene Aspekte aufmerksam gemacht und erfährt so mehr über das Thema.

(Jupp Wolter)

Vorbereitung
Die Karikaturen werden vergrößert und dann an verschiedenen Stellen im Klassenzimmer ausgehängt. Die Klasse teilt sich in Kleingruppen entsprechend der Anzahl der ausgewählten Karikaturen auf.

Durchführung
Jede Kleingruppe begibt sich zu einer der Karikaturen und untersucht sie nach diesen Gesichtspunkten:
– Um welches Problem, welchen Sachverhalt geht es in der Karikatur?
– Mit welchen zeichnerischen und textlichen Mitteln stellt der Karikaturist das Problem dar?
– Was bringt die Karikatur zum Ausdruck?
Die Ergebnisse werden stichwortartig notiert. Nach einer festgelegten Zeit gehen die Kleingruppen zur nächsten Karikatur weiter.

Auswertung
Im gemeinsamen Auswertungsgespräch tragen die Gruppen zu jeder Karikatur vor, was sie sich notiert haben. Der Vergleich zeigt, wie die Karikaturen von den verschiedenen Gruppen gedeutet wurden und ob es Unterschiede gibt.

(Zeichnung: © Marie Marcks, Heidelberg)

(Fritz Wolf)

(Horst Haitzinger)

„Vorsicht, Mann, nicht ins eigene Fleisch!!!"

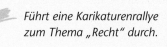

Führt eine Karikaturenrallye zum Thema „Recht" durch.

Das Wichtige in Kürze

Recht

Menschen leben in Gemeinschaften zusammen. Dazu ist es erforderlich, dass Vorschriften und Verabredungen das Verhalten der Menschen regeln. Mit Recht sind die Verhaltensvorschriften gemeint, deren Einhaltung für alle verbindlich ist. Die Rechtsvorschriften setzen den Rahmen für die Ordnung des Zusammenlebens. Alle Menschen eines Landes sind dieser Rechtsordnung unterworfen.

Aufgaben des Rechts

In einer Gesellschaft gibt es unterschiedliche Interessen, die zu Konflikten führen. Das Recht ermöglicht es, diese Konflikte in geregelten Verfahren auszutragen. So sichert das Recht den inneren Frieden. Weitere Aufgaben des Rechts sind, die Freiheit des Einzelnen zu gewährleisten, durch Regeln die Beziehungen zwischen den Menschen zu ordnen und die Entwicklung der Gesellschaft zu gestalten.

Menschenrechte – Grundlage unserer Rechtsordnung

Jeder Mensch hat Rechte, die ihm von Natur zustehen, ihm angeboren sind. Diese Menschenrechte sollen die Würde des Menschen schützen. Sie sind unantastbar, d. h. keine Regierung darf einem Menschen diese Rechte absprechen. Im Grundgesetz, der Verfassung der Bundesrepublik Deutschland, sind die Menschenrechte an erster Stelle in dem Abschnitt „Die Grundrechte" aufgeführt. Sie bilden die Grundlage unserer Rechtsordnung.

„Die Würde des Menschen ist unantastbar" –
Relief an einem Gerichtsgebäude in Frankfurt/M.

Kennzeichen des Rechtsstaates

Durch die Rechtsordnung übt der Staat Macht über seine Bürger aus. Um einem Missbrauch vorzubeugen, wird in einer Demokratie die staatliche Macht durch Grundrechte eingeschränkt. So ist in einem Rechtsstaat immer eine gesetzliche Grundlage notwendig, wenn die Freiheit der Menschen beeinträchtigt wird. Richterliche Unabhängigkeit, Rechtsgleichheit, Rechtsschutz, Rechtssicherheit, Rechtsbindung und Gewaltenteilung sind Kennzeichen eines Rechtsstaates.

Zivilprozess

Bei Streitigkeiten zwischen Privatpersonen sind die Zivilgerichte zuständig. In einem Zivilprozess stehen sich Kläger und Beklagter gleichberechtigt gegenüber. Das Gericht entscheidet den Streitfall auf der Grundlage der Beweise, die Kläger und Beklagter angeführt haben. Oft schließen die Parteien einen Vergleich, d. h. sie legen ihren Streitfall durch gütliche Einigung bei. Der Kläger kann auch mit Zustimmung des Beklagten seine Klage zurücknehmen.

Strafprozess

Bei Verstößen gegen Bestimmungen der Strafgesetze hat der Staat die Aufgabe, dem Recht Geltung zu verschaffen. Die Staatsanwaltschaft ermittelt bei strafbaren Handlungen von Amts wegen. In einem Strafprozess wird dann vor Gericht geprüft, ob tatsächlich eine Rechtsverletzung vorliegt. Bei nachgewiesener Schuld des Angeklagten setzt das Gericht die Höhe der Strafe fest, wobei es innerhalb des gesetzlich vorgeschriebenen Strafrahmens einen Ermessensspielraum hat. Das Urteil kann auch auf Freispruch lauten oder die Einstellung des Verfahrens anordnen.

Methode: Umfrage

Thema: Rechtsbewusstsein..

Bei einer Umfrage geht es darum, von einer größeren Anzahl von Personen Informationen zu einem bestimmten Thema zu erhalten oder deren Meinung dazu zu erfragen.

Vorbereitung

Ihr müsst genau überlegen, welche Fragen ihr stellen wollt. Dabei gibt es zwei Möglichkeiten:

1. Man kann die Fragen so stellen, dass nur mit „ja" oder „nein" geantwortet werden kann. Beispiel: „Soll es in diesem Jahr ein Schulfest geben?"
Vorteil: Man kann nachher leicht auszählen, wer dafür und wer dagegen ist.
Nachteil: Jeder Befragte kann nur zu den vorgegebenen Meinungen Stellung nehmen. Vielleicht hätte er jedoch etwas anderes zum Thema sagen wollen.
2. Man kann die Fragen so stellen, dass jeder seine eigene Antwort geben kann. Beispiel: „Wie soll das Schulfest gestaltet werden?"
Vorteil: Die Befragten können ihre individuelle Meinung äußern.
Nachteil: Es ist schwierig, die Antworten auszuwerten. Man kann nicht einfach auszählen, wie viele der Befragten für eine bestimmte Meinung oder Maßnahme sind und wie viele dagegen.

Vor einer Umfrage müsst ihr außerdem überlegen, wie ihr diese organisiert: Sollen Einzelne fragen oder soll die Umfrage von Zweier- oder Dreiergruppen durchgeführt werden? Sollen die Antworten auf einem Fragebogen oder mittels Tonband festgehalten werden?

Durchführung

Führt die Umfrage anonym durch, also ohne nach dem Namen zu fragen. Wenn es für die spätere Auswertung eine Rolle spielt, sollten Alter und/oder Geschlecht der Befragten festgehalten werden.

Auswertung

Die Antworten werden durchgesehen. Dabei solltet ihr darauf achten, ob sich deutliche Häufungen bzw. Unterschiede in den Einschätzungen ergeben. Die Ergebnisse der Umfrage werden dann zusammengefasst. Wenn es für das Thema interessant ist, könnt ihr eine zusätzliche Auswertung nach Alter und/oder Geschlecht der Befragten vornehmen.
Ihr müsst auch überlegen, wie ihr die Ergebnisse eurer Umfrage präsentieren wollt. Ihr könnt zum Beispiel eine Wandzeitung gestalten oder einen Bericht für die Schülerzeitung verfassen.

Rechtsbewusstsein
Drei Viertel aller Jugendlichen und jungen Erwachsenen bis 25 Jahre und ein Drittel der Erwachsenen geben zu, sich für ihre Freizeitzwecke illegal verhalten zu haben. Dies ergab eine Untersuchung, die hierzu insgesamt 1547 Personen befragte. Die Liste der „gestandenen" Delikte wird vom Schwarzfahren angeführt, gefolgt vom Raubkopieren. Der Diebstahl von Freizeitartikeln, Zechprellerei, das Nichtzahlen von Eintrittsgeldern sowie das Fälschen und illegale Beschaffen von Ausweisen rangieren im Mittelfeld. Die Delikte stehen in engem Zusammenhang mit einem mangelnden Rechtsbewusstsein bei vielen hinsichtlich solcher „Kavaliersdelikte": So ist z. B. für nahezu 50 % der jungen Erwachsenen und 20 % der älteren Erwachsenen Schwarzfahren nicht kriminell. 58 % der jüngeren und 26 % der älteren Befragten finden Raubkopieren „in Ordnung".

„Wie oft hast du schon im Laden geklaut?" – So direkt können wir doch nicht fragen!

Natürlich nicht! Wenn wir wirklich wissen wollen, wie Jugendliche zum Ladendiebstahl stehen, dann müssen wir anders fragen, etwa so: …

---

1   *Welches Problem bei Umfragen machen die Aussagen in den Sprechblasen deutlich?*
2   *Wie würdest du Fragen zum Thema „Ladendiebstahl" formulieren?*
3   *Führt eine Umfrage zum Rechtsbewusstsein bei Jugendlichen durch.*

Rechte und Pflichten

Von Geburt an:
• Rechtsfähigkeit

12 Jahre:
• Erziehung in einem anderen
  Glauben nur mit Zustimmung
• Filme, PC-Spiele usw.
  „ab 12 Jahren"

13 Jahre:
• leichte geeignete Arbeiten
  sind stundenweise erlaubt

16 Jahre:
• Ausweispflicht
• Ehefähigkeit
• Eidesfähigkeit
• Besuch von Gaststätten,
  Discos und Kinos bis 24 Uhr
• Filme, PC-Spiele usw. mit
  Freigabe „ab 16 Jahren"
• Moped-Führerschein möglich

6 Jahre:
• Beginn der Schulpflicht
• Kinobesuch bis 20 Uhr
• Filme, PC-Spiele usw.
  „ab 6 Jahren"

7 Jahre:
• beschränkte Geschäftsfähigkeit
• beschränkte Deliktfähigkeit

14 Jahre:
• Religionsmündigkeit
• bedingte Strafmündigkeit
• Kinobesuch bis 22 Uhr

15 Jahre:
• Ende des Beschäf-
  tigungsverbots

18 Jahre:
• Volljährigkeit
• volle Geschäftsfähigkeit
• Strafmündigkeit
• aktives und passives Wahlrecht
• Ehemündigkeit
• Wehrpflicht für Männer
• Ende der Berufsschulpflicht

A Man muss einen Personalausweis besitzen.

B Schon ein Säugling kann z. B. erben oder klagen, also Rechtsgeschäfte tätigen. Für ihn handeln die Eltern oder der Vormund.

C Vor Gericht kann man als Zeuge vernommen und vereidigt werden.

D Man ist nun für sich selbst verantwortlich und muss auch für alle Taten selbst einstehen.

E Jeder kann seine Religionszugehörigkeit selbst bestimmen, also z. B. auch aus dem Religionsunterricht oder aus der Kirche austreten.

F Unter bestimmten Voraussetzungen (z. B. Zustimmung des Vormundschaftsgerichtes) darf man heiraten, wenn der Ehepartner volljährig ist.

G Kinder können über ihr Taschengeld selbst verfügen.

H Man darf wählen und kann sich zur Wahl aufstellen lassen.

I Man wird bestraft, wenn man von seiner Entwicklung her reif genug war zu wissen, dass man ein Unrecht begeht.

J Unter bestimmten Voraussetzungen muss ein Kind für den Schaden haften, den es verursacht hat.

K Ohne Genehmigung der Eltern darf nun geheiratet werden.

L Man darf unbeschränkt Verträge abschließen und ist für alle eingegangen Verpflichtungen haftbar.

1 Ordnet die Erklärungen A bis L den gelb unterlegten Fachausdrücken in der Übersicht auf Seite 158 zu.

2 Für euch gelten bereits eine Reihe dieser Bestimmungen. Nennt die, die euch bekannt sind.

3 Vervollständigt die Sätze mit den richtigen Bezeichnungen für die Altersstufen.

Das Jugendschutzgesetz ....

Fünf Fälle zum Jugendschutz

1  **Silke** ist 14 Jahre alt geworden. Zu ihrem Geburtstag hat sie sich gewünscht, an einem Samstagsabend mal ganz lange tanzen zu gehen. Ihr Vater hat ihr versprochen, mit ihr in der Kreisstadt in eine Disco zu gehen.

2 **Ulrike** und **Kareen**, beide 13 Jahre alt, freuen sich auf die Disco-Party, die der Stadtjugendring am Freitagabend im Jugendklub in ihrem Stadtteil veranstaltet. Da am nächsten Tag keine Schule ist, wollen die beiden möglichst lange bleiben und erst um 22 Uhr nach Hause gehen.

3 **Bernd**, 16 Jahre alt, und **Rainer**, 15 Jahre alt, haben am Nachmittag in ihrem Zweier-Ruderboot für die Vereinsmeisterschaften am Wochenende trainiert. Es war heiß und das Training anstrengend. Jetzt wollen sich die beiden in der Vereinsgaststätte mit Weißbier stärken.

4  **Carsten**, 16 Jahre alt, will mit seinen Freunden in einem Billard-Cafe feiern. Er will mindestens bis 23 Uhr bleiben. Carsten hat auch versprochen, eine Runde Whisky auszugeben.

5  **Stephanie**, 15 Jahre alt, möchte in die Disco „Aramis" zum Tanzen gehen. Damit ihre Eltern nicht dagegen sind, verspricht sie, spätestens um 22 Uhr wieder zu Hause zu sein.

Gesetz zum Schutz der Jugend in der Öffentlichkeit

§ 4 Gaststätten

(1) Der Aufenthalt in Gaststätten darf Kindern und Jugendlichen unter 16 Jahren nur gestattet werden, wenn eine personensorgeberechtigte oder erziehungsbeauftragte Person sie begleitet oder wenn sie in der Zeit zwischen 5 Uhr und 23 Uhr eine Mahlzeit oder ein Getränk einnehmen. Jugendlichen ab 16 Jahren darf der Aufenthalt in Gaststätten ohne Begleitung einer personensorgeberechtigten oder erziehungsbeauftragten Person in der Zeit von 24 Uhr bis 5 Uhr morgens nicht gestattet werden.

(2) Absatz 1 gilt nicht, wenn Kinder oder Jugendliche an einer Veranstaltung eines anerkannten Trägers der Jugendhilfe teilnehmen oder sich auf Reisen befinden.

§ 5 Tanzveranstaltungen

(1) Die Anwesenheit bei öffentlichen Tanzveranstaltungen ohne Begleitung einer personensorgeberechtigten oder erziehungsbeauftragten Person darf Kindern und Jugendlichen unter 16 Jahren nicht und Jugendlichen ab 16 Jahren längstens bis 24 Uhr gestattet werden.

(2) Abweichend von Absatz 1 darf die Anwesenheit Kindern bis 22 Uhr und Jugendlichen unter 16 Jahren bis 24 Uhr gestattet werden, wenn die Tanzveranstaltung von einem anerkannten Träger der Jugendhilfe durchgeführt wird oder der künstlerischen Betätigung oder der Brauchtumspflege dient.

§ 9 Alkoholische Getränke

(1) In Gaststätten, Verkaufsstellen oder sonst in der Öffentlichkeit dürfen
1. Branntwein, branntweinhaltige Getränke oder Lebensmittel, die Branntwein in nicht nur geringfügiger Menge enthalten, an Kinder und Jugendliche,
2. andere alkoholische Getränke an Kinder und Jugendliche unter 16 Jahren weder abgeben noch darf ihnen der Verzehr gestattet werden.

Seit dem 1.4.2003 gilt eine Erweiterung des Jugendschutzes. Die neuen Bestimmungen zielen vor allem darauf ab, Kindern und Jugendlichen den Zugang zu Gewalt verherrlichenden Spielen und Videos deutlich zu erschweren. Dazu wurde u. a. Folgendes geregelt:

▶ Wie schon bisher für Filme und Videos wird auch für Computerspiele eine Altersfreigabe eingeführt: freigegeben ab 6, 12, 16 oder 18 Jahren. Die Computerspiele dürfen nur an Kinder und Jugendliche abgegeben werden, die das erlaubte Alter haben. Verstößt ein Händler gegen diese Bestimmung, wird er mit einem Bußgeld bestraft. Die Alterskennzeichnung der Spiele muss auf der Hülle und direkt auf dem Datenträger ersichtlich sein.

▶ Schon bisher konnte die Bundesprüfstelle jugendgefährdende Medien nach Prüfung auf eine Liste, den „Index" setzen. Was auf dieser Index-Liste steht, also „indiziert" wurde, darf an Kinder und Jugendliche nicht verkauft oder verliehen werden. Allerdings durfte die Bundesprüfstelle früher nur tätig werden, wenn ein Antrag gestellt wurde, z. B. von einem Jugendamt. Nach der neuen Regelung kann die Bundesprüfstelle nun auch ohne Antrag prüfen, also von sich aus nach jugendgefährdenden Medien suchen.

▶ Bücher, Videos, CDs, CD-ROMs und DVDs, die den Krieg verherrlichen oder Gewaltdarstellungen zeigen, sind für Kinder und Jugendliche grundsätzlich verboten, also auch ohne Indizierung durch die Bundesprüfstelle.

Szene aus einem Computerspiel

Einschätzung von Gewaltvideos ist oft problematisch

Jährlich kommen immer mehr Medien auf den Markt, die pornografische und gewaltverherrlichende Darstellungen zeigen. Sie zu bekämpfen wird schwieriger – auch, weil die Behörden die Verbreitung im Internet kaum kontrollieren können.

„Es ist ein heikles Thema", sagt Oberstaatsanwalt Klaus Walther, der Leiter der Zentralstelle des Landes zur Bekämpfung gewaltdarstellender, pornografischer und sonstiger jugendgefährdender Schriften. „Die Grenzen sind fließend, das ist das Problem." (…)

Beim Thema Gewaltdarstellung verschwimmen die Grenzen. „Wann beispielsweise ist ein Computerspiel gewaltverherrlichend, wann im Rahmen des Legalen?", fragt Klaus Walther. Computerspiele, in denen der Spieler menschenähnliche Wesen erschießt, seien ein Grenzfall. „Der Spieler sieht das Blut spritzen und hört Schmerzensschreie der Sterbenden", erklärt der Oberstaatsanwalt. Dennoch sei das Spiel (…) frei verkäuflich, weil die Wesen nicht als Menschen gelten. Das Gesetz sieht vor, dass keine Gewalthandlungen gegen Menschen gezeigt werden dürfen. Das Aufschlitzen von Leichen und das Töten von Tieren zähle somit nicht zu diesem Verbot. „In einem anderen Spiel werden eindeutig Menschen dargestellt, auf die geschossen wurde", erklärt Walther. Anstatt das Spiel vom Markt zu nehmen, ersetzten die Hersteller die Menschen durch Fässer. „Damit ist das Spiel im Bereich des Legalen", sagt Klaus Walther. (…)

(Karolin Kraus in: Stuttgarter Zeitung, 11. 2. 2003, S. 6)

1 Untersuche die fünf Fälle auf Seite 160: Was bestimmt jeweils das Jugendschutzgesetz?

2 Bei Verstößen gegen das Jugendschutzgesetz werden nicht die Jugendlichen bestraft, sondern die Erwachsenen, z. B. Wirte, Veranstalter. Wie ist das zu erklären?

3 Wie wird durch das neue Jugendschutzgesetz versucht, Jugendliche vor Gewaltdarstellungen zu schützen? Notiere stichwortartig.

4 Der Zeitungsartikel nennt ein Problem bei der Durchsetzung der neuen Bestimmungen. Welche könnte es noch geben?

5 Der 15-jährige Sven wird von einem Klassenkameraden zu einem Computerspiel eingeladen, das sich dieser ausgeliehen hat. Sven merkt rasch, dass es sich um ein Gewalt verherrlichendes Spiel handelt. Wie sollte sich Sven verhalten?

Jugendkriminalität ....

Klauen, keilen, kiffen und die Folgen
Verstöße gehören zur Entwicklung von Jugendlichen/
Bei Straftaten wird es problematisch

Wer ist nicht schon mal schwarzgefahren? (…) Und wer hat nicht schon mal im Laden etwas mitgehen lassen? Derartige Vergehen und Strafen seien Teil des Erwachsenwerdens, so Jürgen Frölich, Jugendrichter in Frankfurt, „eigentlich begeht jeder mal eine". Doch wer dabei erwischt wird, muss mit juristischen Folgen rechnen.

Jugendliche begehen vor allem Diebstähle: „Das sind über 50 Prozent der Fälle", sagt Professor Heribert Ostendorf von der Forschungsstelle für Jugendstrafrecht und Kriminalprävention der Universität Kiel. Danach kommen Sachbeschädigung und Verkehrsdelikte. „Fahren ohne Fahrerlaubnis, häufig mit frisiertem Mofa, ist ein typisches Jugenddelikt", so der Experte. Aber auch durch Schwarzfahren, Körperverletzung … kommen Jugendliche mit dem Gesetz in Konflikt, berichtet Rolf-Dieter-Baer, Jugendkoordinator der Polizei in Frankfurt. (…)

„Die meisten Jugendlichen hören nach ein oder zwei Delikten auf", so Ostendorf. Ganz wenige seien Wiederholungstäter. (…)

(Eva Dorothée Schmid, in: Wormser Zeitung, 19. 07. 2001)

Jung und kriminell
Tatverdächtige in 1000

Jugendliche
(14 - unter 18)

Heranwachsende
(18 - unter 21 Jahre)

Kinder
(unter 14)

300
250
200
150
100
50

1993 94 95 96 97 98 99 00 01 02 03 04 05 06 2007

⊕⊕ ZAHLENBILDER   Quelle: PKS
131 123   © Erich Schmidt Verlag

Die fehlende Zukunftsperspektive macht Jugendliche aggressiv, z. B., wenn sie erleben, dass ihr Schulabschluss nicht ausreicht, um eine Lehrstelle zu bekommen.

Manche Jugendliche wollen durch Gewalt und Mobbing das eigene Gefühl der Unterlegenheit ausgleichen. Das äußert sich dann in Gewalt gegen andere Jugendliche, denn die sind es ja, an denen man sich selbst misst.

Was Experten und Expertinnen zum Thema Jugendkriminalität sagen

Viele Jugendliche sind auf „Haben" programmiert. Hinzu kommt der Gruppenzwang. Um in der Clique mithalten zu können, sind dann auch ungesetzliche Mittel wie Klauen geeignet.

Viele Menschen, die sich wirtschaftlich am Rande fühlen, streben danach, mithalten zu können – notfalls auch mit kriminellen Mitteln. Dadurch gleiten Jugendliche in Delikte wie Ladendiebstahl, Diebstahl und Raub hinein.

Mängel bei der Integration junger Ausländer und Aussiedler sind häufig Ursachen für Kriminalität. Sie sprechen kaum deutsch, haben Schulschwierigkeiten und sind stark von Arbeitslosigkeit betroffen. Hinzu kommen oftmals Konflikte mit den Eltern und Großeltern, die sich in der „neuen Welt" nur schwer zurechtfinden. Fehlende Kontakte zur einheimischen Bevölkerung, mangelndes Vertrauen in den Staat, Abschottung, Gruppenbildung, Aggression, Gewalt und leben nach „eigenen Regeln" sind häufig die weiteren Stationen auf dem Weg in die Kriminalität.

Kriminalität im Jugendalter ist allgemein verbreitet, aber vorübergehend. Zum Glück bleibt sie für die meisten Jugendlichen ohne Folgen.

---

 1 Werte den Zeitungsbericht und die Grafik aus. Notiere jeweils zwei, drei wichtige Ergebnisse.

2 Die Experten nennen Ursachen für Jugendkriminalität. Notiere jede Ursache in einem Satz.

Streitfall Strafmündigkeit

Der Fall Christopher	Er hatte geprügelt, geraubt und mit einer Pistole geschossen. 160-mal kam Christopher M. in seinem jungen Leben mit dem Gesetz in Konflikt. Bestraft wurde er nie. Denn er war zur Zeit der Taten noch nicht 14 Jahre alt, rechtlich also noch ein Kind. Nach deutschem Recht gilt ein Kind als strafunmündig, es kann also für von ihm begangene Taten strafrechtlich nicht zur Verantwortung gezogen werden. Bei Straftaten von Kindern darf der Staat nur eingreifen, wenn die Eltern in der Erziehung versagt haben. Nach dem Kinder- und Jugendhilfegesetz von 1991 sollen die Jugendämter in solchen Fällen durch Erziehungsberatung, soziale Gruppenarbeit, Erziehungsbeistandschaft, Heimerziehung u. Ä. betroffene Kinder in ihrer sozialen Entwicklung fördern und unterstützen.	**Beispiele aus Christophers Sündenregister:** • Einbruch in ein Blumengeschäft, Beute: 275 Euro • Einbruch in zwei Wohnungen • Christopher demoliert sechs Autos, einen Bagger, eine Telefonzelle • Er schießt mit einer 38er Smith & Wesson auf einen Güterzug • Einbruch in einen Kindergarten • Christopher verprügelt einen Elfjährigen, erbeutet 6,50 Euro und eine Fahrkarte

Strafmündigkeit schon ab 12 Jahren?

PRO

Ich bin für Strafmündigkeit ab 12 Jahren. Es ist doch heute so, dass …

• Die Vorstellung, dass junge Menschen erst nach dem 14. Geburtstag zwischen Recht und Unrecht unterscheiden können, ist überholt. Ein 13-jähriger Handtaschenräuber weiß sehr wohl, dass er etwas Unrechtes tut.

• Entscheidend ist doch, dass einem jungen Menschen bei einer Rechtsverletzung von der Gesellschaft ein deutliches Signal gesetzt wird, dass er auf dem falschen Weg ist. Je früher, desto besser!

• Es geht nicht darum, 12-Jährige ins Gefängnis zu stecken. Auch bei über 14-Jährigen muss der Jugendrichter sorgfältig prüfen, was für die weitere Entwicklung des Täters am besten ist.

KONTRA

Ich sehe das anders. Ein Zwölfjähriger weiß noch gar nicht, was es …

• Bei wachsender Armut in unserer Gesellschaft und vielen in der Erziehung überforderten Familien lenkt der Ruf nach einer Herabsetzung des Alters für die Strafmündigkeit von den Ursachen der zunehmenden Kinderkriminalität ab.

• Die Strafmündigkeit erst bei 14 beginnen zu lassen, ist wohlüberlegt, denn die moralische Urteilsfähigkeit, also das Norm- und Unrechtsbewusstsein, ist bei Kindern noch nicht ausgeprägt.

• Es bringt doch nichts, angesichts der Verlockungen durch unsere Konsumgesellschaft einen 12-jährigen Ladendieb bestrafen zu wollen!

1. *Streitfall Strafmündigkeit: Was ist hier der entscheidende Punkt? Beziehe in deine Antwort auch den Fall Christopher ein.*
2. *Pro und Kontra: Untersuche, wie jede Seite argumentiert.*
3. *Welche Position vertrittst du persönlich? Begründe mit mindestens vier Argumenten deine Position vor der Klasse.*

Methode: Info-Ausstellung

Thema: Problem Ladendiebstahl

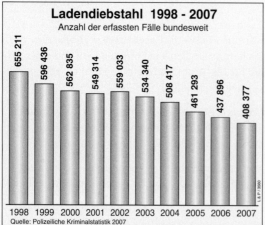

Nach der Kriminalstatistik sind die am häufigsten gestohlenen Waren Kosmetikartikel, Elektroartikel, Spirituosen, Tabakwaren und Textilien.

Ladendiebstahl ist kein Kavaliersdelikt

Würselen. In einem kleinen Lederwaren-Laden in der Innenstadt fällt uns ein Mann auf, der um ein Regal mit Taschen herumschleicht. Die Verkäuferinnen kümmern sich um andere Kunden und achten nicht auf den Mann. Er zieht sich seine Jacke aus, legt sie über seinen Arm und schleicht weiter um die Taschen. In einem Moment, in dem er sich unbeobachtet fühlt, greift er eine Tasche, hängt sie an den Unterarm und wirft seine Jacke darüber, sodass man die Tasche nicht sieht. Sofort verlässt er den Laden...

Solche Situationen ereignen sich täglich in kleinen und großen Geschäften. Die meisten Ladendiebe sind Kinder und Jugendliche; eher selten auch ältere Leute. Damit versuchen sie Geld zu sparen oder sich bei Mutproben zu behaupten. Oft zählt hierbei nur der Nervenkitzel.

Meistens sind es nur kleinere Sachen, wie Kosmetikprodukte, Zigaretten und Alkohol, manchmal aber auch teurere Artikel, wie Kleidung und Taschen, die geklaut werden.

„Wir machen dadurch riesige Verluste!", sagt eine Tankstellenangestellte. Die meisten Verluste machen kleinere Geschäfte wie Boutiquen, obwohl der Wert der geklauten Ware selten mehr als 250 € beträgt.

Doch schon diese „geringe" Summe schadet den kleineren Läden mehr als großen Warenhäusern. Hinzu kommt, dass sie selten Überwachungskameras oder andere Sicherheitsvorkehrungen [...] besitzen und so den Diebstahl nicht sofort bemerken. [...] In den meisten größeren Läden werden aber versteckte Kameras und andere Sicherheitsvorkehrungen wie Sicherheitschips angebracht.

Dadurch werden die Ladendiebe zu 90 Prozent gefasst. „Ich weiß nicht, was damals in mich gefahren ist, als ich geklaut habe. Aber ich habe aus meinen Fehlern gelernt!", berichtete die 21jährige Sarah W. (Name wurde von der Redaktion geändert).

(aus: Aachener Zeitung vom 09.11.2004; Artikel von Schülerinnen der Klasse 8d, Heilig-Geist-Gymnasium Würselen)

Info-Ausstellung

Eine Info-Ausstellung richtet sich an eine größere Öffentlichkeit. Eine Klasse, die eine Info-Ausstellung gestaltet, will über einen Sachverhalt oder ein Problem informieren, mit dem sie sich ausführlich beschäftigt hat. Sie fertigt dazu Plakate mit Texten, Zeichnungen, Fotos usw. an, die auf einer Wandfläche oder auf Stellwänden ausgehängt werden.

Die Ausstellung kann im Eingangsbereich oder einem Flur der Schule präsentiert werden. Sie kann aber auch außerhalb der Schule gezeigt werden, z. B. im Rathaus, in der Stadtbücherei oder in einer Bank.

Vorbereitung

Die Klasse legt Thema, Adressaten und Zielsetzung ihrer Info-Ausstellung fest, z. B. dass Mitschüler und Mitschülerinnen vor Ladendiebstahl gewarnt oder Erwachsene zu einer Spendenaktion aufgerufen werden sollen. Es wird geklärt, wo die Ausstellung stattfinden kann.

Zum ausgewählten Thema werden in Gruppenarbeit Informationen zusammengetragen. Eine Gruppe führt z. B. eine Erkundung durch, eine andere macht eine Umfrage und eine dritte wertet Zeitungsmeldungen aus. Das erarbeitete Material wird gemeinsam gesichtet und der Inhalt der Info-Ausstellung festgelegt. Außerdem müssen die für die Herstellung der Ausstellung notwendigen Dinge beschafft werden (Packpapier oder Plakatkarton, Farbstifte, Klebstoff, Stellwände usw.).

Durchführung

Eine Info-Ausstellung muss übersichtlich dargeboten werden, damit die Betrachter die verschiedenen Informationen rasch erfassen können. Die Texte sollten noch aus einem gewissen Abstand lesbar sein, die Schrift also nicht zu klein gewählt werden. Es ist außerdem darauf zu achten, dass die Textteile nicht dominieren und ausreichend viele Fotos, Zeichnungen und Schaubilder die Darstellung auflockern. Bei der Gestaltung immer daran denken, dass die Betrachter angeregt werden sollen, sich mit der Ausstellung auseinanderzusetzen. Ein Hinweis darauf, wer die Info-Ausstellung gemacht hat und warum, sollte außerdem nicht fehlen.

Empfehlenswert ist, die Teile der Info-Ausstellung zunächst nur vorläufig anzubringen. Durch Hin- und Herschieben der einzelnen Plakate und Materialien kann dann die ansprechendste Gestaltung herausgefunden werden, bevor sie endgültig befestigt werden.

Es kann sinnvoll sein, dass einige Schüler aus der Klasse anwesend sind, um Besuchern die Ausstellung zu erläutern.

Auswertung

Wie reagieren die Besucher auf die Info-Ausstellung, wie „kommt sie an"? Um dies festzustellen, können Betrachter nach ihrem Eindruck und ihrer Meinung befragt werden. Eine gute Möglichkeit ist auch, an geeigneter Stelle Platz für schriftliche Stellungnahmen zu lassen.

 Gestaltet eine Info-Ausstellung zum Thema „Problem Ladendiebstahl".

Als Jugendlicher vor Gericht ....

Wird eine Straftat entdeckt, erfolgt eine Anzeige. Die Staatsanwaltschaft ermmittelt dann den Sachverhalt. Ist der Tatverdächtige jünger als 21 Jahre, dann wird der Fall von einem besonders geschulten Staatsanwalt – dem Jugendstaatsanwalt – bearbeitet. Im Auftrag der Staatsanwaltschaft untersucht die Polizei z. B. die Umstände der Tat, befragt Zeugen oder vernimmt den Beschuldigten. Bei Jugendlichen wird die Jugendgerichtshilfe, z. B. ein Sozialarbeiter des Jugendamtes, eingeschaltet. Er berichtet über die Persönlichkeit des Jugendlichen, seine Entwicklung und seine Lebensumstände.

Sind die Ermittlungen abgeschlossen, dann entscheidet der Jugendstaatsanwalt, ob eine Einstellung des Verfahrens, z. B. wegen Geringfügigkeit, möglich ist oder ob er Anklage erheben muss. In leichteren Fällen kann der Jugendstaatsanwalt dem Jugendgericht vorschlagen, auf eine Verhandlung zu verzichten und dafür bestimmte Erziehungsmaßnahmen anzuordnen.

Kommt es zur Anklage, wird eine Jugendgerichtsverhandlung durchgeführt. Es hängt von der Schwere der Straftat ab, ob beim Amtsgericht der Jugendrichter als Einzelrichter oder das Jugendschöffengericht (ein Berufsrichter und zwei Schöffen) zuständig ist. Für besonders schwere Strafen ist beim Landgericht die Jugendkammer (drei Berufsrichter, zwei Schöffen) zuständig. Schöffen sind ehrenamtliche Richter, wobei Jugendschöffen in der Erziehung besonders erfahren sein sollten.

Die Anklage wird vom Jugendstaatsanwalt erhoben. Ein jugendlicher Angeklagter kann sich von einem Rechtsanwalt verteidigen lassen. Bei der Verhandlung ist ein Vertreter der Jugendgerichtshilfe anwesend, der über die persönliche Entwicklung des Angeklagten berichtet oder zu Maßnahmen des Gerichts Stellung nimmt. Die Erziehungsberechtigten des Angeklagten dürfen und sollen an der Verhandlung teilnehmen. Sonst jedoch ist eine Verhandlung gegen Jugendliche nicht öffentlich.

Die Verhandlung endet mit dem Urteil. Entweder wird der jugendliche Angeklagte freigesprochen oder es wird eine Maßnahme des Jugendstrafrechts auf ihn angewendet.

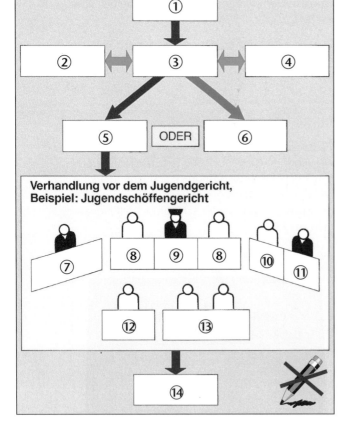

1. *Ordne die Ziffern in der Grafik so den gelb hervorgehobenen Stichwörtern zu, dass der Ablauf eines Strafverfahrens gegen Jugendliche deutlich wird.*
2. *Was ist bei einem Strafverfahren gegen Jugendliche anders als bei einem Prozess gegen Erwachsene? Warum wohl?*

> *Wenn Sie ein Urteil fällen müssen:*
> *Worin sehen Sie den Sinn der Strafe?*

> *Als Richterin überlegt man sich natürlich ein Urteil ganz gründlich. Da muss man sich um das Vorleben des Täters kümmern. Man muss berücksichtigen, unter welchen Umständen die Tat zustande kam. Und man muss sich überlegen, wie sich eine Strafe auf diesen Täter auswirken wird. Durch das Urteil sollte einerseits eine Sühne des begangenen Unrechts erfolgen, damit also die Gesellschaft insgesamt das Gefühl haben kann, dass eine Straftat nicht ohne Folgen für den Täter bleibt. Andererseits sollte eine Abschreckung möglicher künftiger Täter duch Bestrafung erreicht werden. Schließlich – und besonders wichtig – sollte der Täter die Möglichkeit haben, sich in die Gesellschaft irgendwann wieder einzuordnen, sodass von ihm künftig keine solchen Taten mehr verübt werden. Nun muss ich aber dazu sagen, dass der Gesichtspunkt der Abschreckung anderer nach dem klaren Willen des Gesetzgebers im Jugendstrafrecht keine Berücksichtigung finden darf. Und zwar deshalb, weil hier der Täter im Vordergrund steht. Dies ergibt sich einfach aus der Erkenntnis, dass ein nicht unerheblicher Teil der Straftaten von Jugendlichen und Heranwachsenden mit der Persönlichkeitsentwicklung dieser jungen Menschen zu tun hat. Deshalb muss hier wirklich überlegt werden, durch welche Maßnahmen man eine positive Entwicklung des jungen Täters fördern kann. Daher steht bei der Jugendstrafe der Erziehungszweck im Vordergrund.*

> *Welche Maßnahmen und Strafen kommen denn infrage, wenn ein Jugendlicher eine Straftat begeht? Können Sie das kurz schildern?*

> *Dazu habe ich eine kleine Übersicht vorbereitet, die in knapper und übersichtlicher Form die Maßnahmen nennt, die ein Urteil gegen jugendliche Täter enthalten kann.*

Erziehungsmaßregeln	Verwarnung, Erteilung von Auflagen und Jugendarrest	Jugendstrafe
• Weisungen für die Lebensführung, z.B. Annahme einer Ausbildungs- oder Arbeitsstelle, Verbot des Besuchs bestimmter Gaststätten • Anordnung eines Erziehungsbeistandes oder einer Fürsorgeerziehung	• Verwarnung • Auflagen, z.B. Wiedergutmachung des Schadens, Zahlung einer Geldsumme für gemeinnützige Zwecke • Jugendarrest (Freizeitarrest), Kurzarrest bis 6 Tage, Dauerarrest bis 4 Wochen	• Freiheitsentzug – mindestens 6 Monate, in besonders schweren Fällen bis zu 10 Jahren

1 Worin liegt nach der Aussage der Richterin der Sinn einer Strafe?

2 Was ist bei der Bestrafung von Jugendlichen anders als bei der von Erwachsenen?

3 Ein Jugendrichter oder eine Jugendrichterin hat vielfältige Möglichkeiten, auf die Verfehlung eines Jugendlichen zu reagieren. Warum wohl?

Das Wichtige in Kürze

Jugendliche im Rechtsleben

Kinder und Jugendliche haben noch nicht die gleichen Pflichten, aber auch nicht die gleichen Rechte wie Erwachsene. Mit zunehmendem Alter wachsen Rechte und Pflichten. Ein Kind ab dem 7. Lebensjahr ist nur beschränkt geschäftsfähig und beschränkt deliktfähig. Ein Jugendlicher ab dem 14. Lebensjahr ist bedingt strafmündig. Mit 18 Jahren wird man volljährig. Nun kann man alle Rechte voll in Anspruch nehmen, muss aber auch die Pflichten voll tragen.

Jugendschutzgesetz

In der Öffentlichkeit sind Kinder und Jugendliche vielfältigen Gefährdungen ausgesetzt. Das Jugendschutzgesetz will die noch nicht Erwachsenen vor diesen Gefahren und schädlichen Einflüssen schützen. Es unterscheidet dabei zwischen Kindern und Jugendlichen. Im Sinne des Gesetzes ist jeder unter 14 Jahren ein Kind. Ein Jugendlicher ist, wer zwischen 14 und 18 Jahren alt ist. Bei Verstößen gegen das Jugendschutzgesetz werden nicht die Kinder und Jugendlichen bestraft, sondern Erwachsene, z. B. Wirte, Veranstalter.

Jugendkriminalität

Etwa jeder vierte von der Polizei ermittelte Tatverdächtige ist unter 21 Jahren alt. Der Anteil der Jugendlichen (14 bis 18 Jahre) und der Heranwachsenden (18 bis 21 Jahre) an der Gesamtzahl der Tatverdächtigen ist etwa dreimal höher als der entsprechende Anteil an der Bevölkerung. Bei der Jugendkriminalität spielt der Diebstahl eine besondere Rolle. Dabei steht der Ladendiebstahl an der Spitze. Als Ursachen für die Jugendkriminalität werden u. a. mangelnde Integration, schlechte Berufschancen, fehlende Werteorientierung und der Verlust von Bindungen angesehen.

Ladendiebstahl – eine von Jugendlichen häufig begangene Straftat

Strafmündigkeit

Das deutsche Strafgesetzbuch schreibt für die Strafmündigkeit das vollendete 14. Lebensjahr vor. Ab diesem Alter wird den Jugendlichen zugetraut, die Folgen ihrer Handlungen zu überblicken. Kinder, die jünger sind, können nicht bestraft werden. Der Richter des Vormundschaftsgerichtes kann jedoch außerhalb des Strafverfahrens bestimmte Maßnahmen anordnen.

Jugendgericht

Strafverfahren gegen Jugendliche (14 bis 18 Jahre) und Heranwachsende (18 bis 21 Jahre) finden vor Jugendgerichten statt. Dies sind beim Amtsgericht der Jugendrichter bzw. die Jugendrichterin oder das Jugendschöffengericht, beim Landgericht die Jugendkammer. Grundsätzlich unterscheidet sich ein Strafverfahren gegen Jugendliche nicht von dem gegen Erwachsene. Zwei Unterschiede gibt es allerdings: Vor Gericht nimmt ein Vertreter der Jugendgerichtshilfe, z. B. eine Sozialarbeiterin des Jugendamtes, zur persönlichen Entwicklung des jugendlichen Beschuldigten Stellung und äußert sich zu den vorgesehenen Maßnahmen. Außerdem sind Verfahren gegen Jugendliche nicht öffentlich.

Weißt du Bescheid?

1. Was ist mit „Recht" gemeint?
2. Nenne die vier Aufgaben des Rechts.
3. Was gehört zu den Kennzeichen eines Rechtsstaates?
4. Recht früher und heute: Nenne zwei Veränderungen.
5. Was versteht man unter Religionsmündigkeit?
6. Was versteht man unter Kriminalität?
7. Mit welchem Alter wird man strafmündig?
8. Was geschieht im Zwischenverfahren?
9. Beschreibe den Ablauf der Hauptverhandlung in einem Strafprozess.
10. Welche Straftat begehen Jugendliche am häufigsten?
11. Nenne einige Ursachen für Jugendkriminalität.
12. Wer ist nach dem Jugendstrafrecht Heranwachsender?
13. Welches Gericht ist für Strafverfahren gegen Täter unter 21 Jahren zuständig?
14. Was ist eine Schöffin oder ein Schöffe?
15. Worin unterscheiden sich Strafverfahren gegen Jugendliche und gegen Erwachsene?
16. Welche Möglichkeiten der Nachprüfung eines Urteils sieht unser Recht vor?
17. Welches Ziel steht bei der Bestrafung jugendlicher Straftäter im Vordergrund?
19. Welche Maßnahmen kann ein Jugendrichter oder eine Jugendrichterin anordnen?
19. Ab welchem Alter ist man beschränkt geschäftsfähig?
20. Erläutere, was unter Eidesfähigkeit zu verstehen ist.
21. Was bestimmt das Jugendschutzgesetz hinsichtlich alkoholischer Getränke?
22. Wie kann die Bundesprüfstelle gegen jugendgefährdende Medien vorgehen?
23. Wie kann ein Zivilprozess vor dem Urteil beigelegt werden?

„Er sagt: Schuldig sei die Vernachlässigung der Jugend, der Mangel an jugendgerechtem Städtebau und die Nachahmungswirkung des Fernsehens."

Was wollen die Karikaturen jeweils ausdrücken?

(LUFF)

(Clodwig Poth)

Weißt du Bescheid?

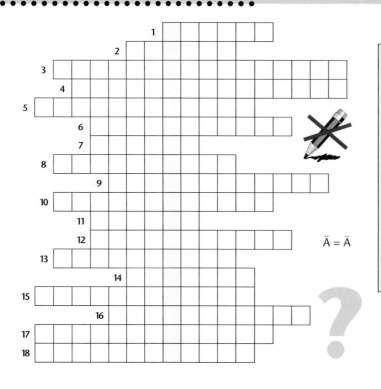

Plakatwettbewerb

Klau dir nicht die Zukunft!

Ladendiebstahl lohnt sich nicht und ist absolut uncool. Davor müssen besonders Schüler und Schülerinnen gewarnt werden!

Eure Jdeen zum Thema „Klau dir nicht die Zukunft" sind gefragt. Gestaltet Plakate, die eure Mitschüler vom Ladendiebstahl abhalten sollen.

Löse das Rätsel. Benutze dazu das Arbeitsblatt oder notiere die gesuchten Begriffe untereinander auf einem Blatt und markiere anschließend das gelb unterlegte Lösungswort. Es nennt den Oberbegriff für Rechtsverstöße von Jugendlichen.

1 Von … ist die Rede, wenn man zusammenfassend die Rechtsprechung meint.
2 In der Beweisaufnahme eines Prozesses berichten … über ihre Beobachtungen.
3 Mit … ist gemeint, dass die Gesetze für alle gleich und ohne Ansehen der Person gelten.
4 Die Grundrechte, die die Freiheit des Einzelnen schützen, werden auch … genannt.
5 Bei einem Strafprozess vertritt der … die Anklage.
6 In unserer Verfassung, dem …, sind an erster Stelle die Menschenrechte aufgeführt.
7 Das Wort … bedeutet so viel wie Straftat, unerlaubte Handlung.
8 Ein Urteil kann eine Strafe enthalten oder auf … lauten.
9 Ein … ist ein Rechtsstreit zwischen Privatpersonen.
10 Ein Urteil ist rechtskräftig, wenn keine … eingelegt werden.
11 Ein Strafprozess endet mit einem … „im Namen des Volkes".
12 Der … ist ein neues Grundrecht.
13 Der Beschuldigte in einem Strafprozess ist der … .
14 Als Teil der ausführenden Gewalt sorgt die … für Sicherheit und Ordnung.
15 Im Aufbau der Gerichtsbarkeit bilden die … die untere Ebene.
16 Der Rechtsanwalt eines Angeklagten wird auch … genannt.
17 Alle Personen unter 18 Jahren werden im Recht als … bezeichnet.
18 Die … ist die schärfste Maßnahme, die ein Jugendrichter oder eine Jugendrichterin verhängen kann.

(Erich Liebermann)

Kraftwerke und andere Verbrennungsanlagen, Industriebetriebe, Kraftfahrzeuge und die Privathaushalte sind Verursacher von Emissionen

Bekenntnis einer hessischen Stadt zu Toleranz, Menschlichkeit, Demokratie und gegen Rassismus und Fremdenfeindlichkeit – Schild an einem öffentlichen Gebäude

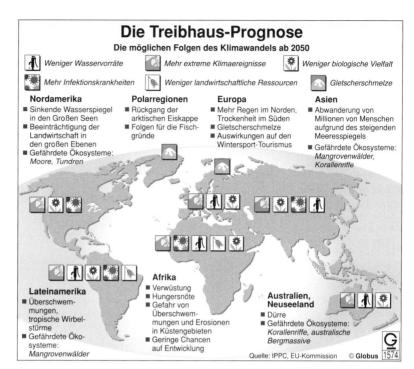

Nach einer Einschätzung von 200 führenden Wissenschaftlern und Umweltexperten stellt der Klimawandel das mit Abstand größte Umweltproblem des 21. Jahrhunderts dar. Als weitere große Probleme sehen die Experten die Wasserknappheit und Wasserverschmutzung und die Zerstörung der Wälder und die Wüstenbildung an. – Das Schaubild weist auf mögliche Folgen des Klimawandels für die verschiedenen Kontinente ab dem Jahr 2050 hin.

(Gerhard Mester)

In Anspielung auf den Untergang der Titanic, die 1912 mit einem Eisberg im Nordatlantik kollidierte und sank, weist der Karikaturist darauf hin, dass dem Planet Erde nur noch sehr wenig Zeit verbleibt, um etwas gegen die bevorstehende Klimakatastrophe zu tun und sehr viel entschlossenere Maßnahmen notwendig wären als bisher ergriffen, um die Katastrophe mit ihren unabsehbaren Folgen noch abzuwenden.

Interessante Informationen über das Rauchen und die damit verbundenen gesundheitlichen Gefahren sind kostenlos erhältlich bei der Bundeszentrale für gesundheitliche Aufklärung (BZgA), 51101 Köln

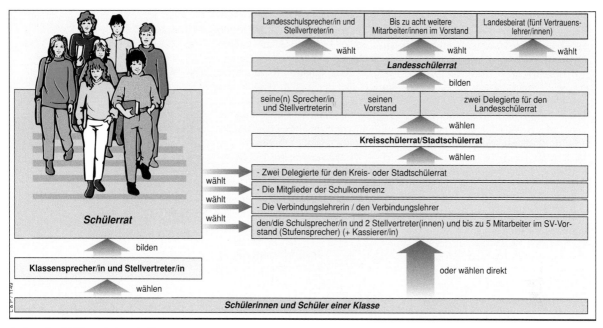

| Landesschulsprecher/in und Stellvertreter/in | Bis zu acht weitere Mitarbeiter/innen im Vorstand | Landesbeirat (fünf Vertrauenslehrer/innen) |

Aufbau der Schülervertretung in Hessen